发现内蒙古

全域到全球的新丝路

房晓　张立鹏　韩菲子◎著

中国经济出版社
CHINA ECONOMIC PUBLISHING HOUSE
·北京·

图书在版编目（CIP）数据

发现内蒙古：全域到全球的新丝路 / 房晓，张立鹏，韩菲子著.
—北京：中国经济出版社，2019.4

ISBN 978-7-5136-5537-8

Ⅰ. ①发… Ⅱ. ①房… ②张… ③韩… Ⅲ. ①区域经济发展—经济发展战略—研究—内蒙古 Ⅳ. ①F127.26

中国版本图书馆CIP数据核字（2019）第021074号

责任编辑　伏建全　孙喆浩
责任印制　马小宾
封面设计　中尚图

出版发行　中国经济出版社
印 刷 者　河北盛世彩捷印刷有限公司
经 销 者　各地新华书店
开　　本　710mm×1000mm　1/16
印　　张　20.5
字　　数　303千字
版　　次　2019年4月第1版
印　　次　2019年4月第1版
定　　价　69.00元
广告经营许可证　京西工商广字第8179号

中国经济出版社 **网址** www.economyph.com **社址** 北京市西城区百万庄北街3号 **邮编** 100037
本版图书如存在印装质量问题，请与本社发行中心联系调换（联系电话：010－68330607）

Preface

序

2017年12月，呼和浩特在北京举办了京蒙高端产业对接大会，期间结识了北京市跨区域产业协作中心主任房晓先生，并聆听了其关于区域协作、产业变革、城市转型诸方面的精彩演讲，当时受益匪浅，感触颇多。

此后，我们一直保持着密切联系。期间，他告诉我已经开始研究“一带一路”与区域协作，并试图通过梳理内蒙古的历史进程、发展历程与开放过程，思考区域一体化与经济全球化的发展脉络，得以从中探寻中华民族伟大复兴的战略之道。彼时，非常期待其大作能早日问世，盼望再次领略其独特视角与战略思维。

果然，一年不到，《发现内蒙古：全域到全球的新丝路》即将付梓，甚感欣喜。第一时间，看到样稿后，旋即为书中翔实的史料、恢宏的气势、前瞻的视野所吸引，细细品读，掩卷回首，意犹未尽、回味无穷。此书主题鲜明、脉络清晰，事理透彻、论证细密，充分体现出三位作者独运之匠心，深厚之笔力，战略之远见。

整部著作以草原丝绸之路的起源、传承、发展为主线，从历史、文化、民族、经济等不同维度，详细分析了“一带一路”与内蒙古的历史渊源，以及为内蒙古带来的战略机遇，全面展示了内蒙古在融入“一带一路”倡议中取得的辉煌成就。对于内蒙古，特别是呼和浩特把握时代脉搏、顺应发展潮流、深度融入“一带一路”建设、打造我国向西向北开放的重要“桥头堡”，提供了有益参考和积极借鉴。

房晓先生邀请我为本书作序，深感荣幸。借此，简单谈谈自己的一些看法，谨供读者参考。

“丝绸之路”历史传承悠久、区域跨度广阔、文化底蕴深厚，是世界不同地域、不同时期、不同文明相互交织、相互碰撞、相互融合的产物。数千年前，游牧民族在广袤无垠的草原上繁衍生息，并将东方的丝绸、茶叶、手工品传向西方，由此诞生了最早的丝绸之路——草原丝绸之路。这是亚欧大陆最初的文化纽带，也是四条丝路中路途最远、跨度最广、历史最久的一条丝路。内蒙古作为草原丝路的肇兴之地，见证了这条古老悠久丝路的发轫与传承，也依此孕育出辉煌灿烂的草原文明。

进入新世纪，内蒙古经济快速发展，创造了举世瞩目的“内蒙古现象”，经济社会各项事业迈上了新台阶。特别是党的十八大以来，内蒙古将高质量发展作为奋斗目标和根本遵循，经济发展的质量和效益显著提升。2013年，以习近平总书记为核心的新一届中央领导集体，高瞻远瞩、统揽全局，提出了“一带一路”伟大倡议。自那时起，边连两国、横跨三北、毗邻八省的内蒙古自治区就被确立为直接参与“一带一路”建设的18个省市之一。作为内蒙古自治区的首府，呼和浩特市凭借优越的地理位置，在“一带一路”中占据了重要的节点地位，是国家确立的45个公路交通枢纽城市、国家级物流节点城市、电子商务示范城市之一。本书结合内蒙古与呼和浩特的独特区位优势，提出将内蒙古打造成为大远东共同体承载区、将呼和浩特打造为京津冀协同发展拓展区的战略定位，颇具前瞻性。目前，在“一带一路”建设持续推进的大背景下，内蒙古与呼和浩特正处于大有可为的战略机遇期，亟待创新发展思路，创造性开展工作，再造时代新创举。

本书提到，内蒙古自治区，特别是呼和浩特市一定要顺应时代发展潮流、抓住发展机遇，创新发展思路，更积极、更有力、更全面地融入“一带一路”建设。在此过程中，我们必然面临着各种机遇与挑战，必须要做好长远规划，做足心理准备，做实各项工作。我们要牢牢把握全球化的发展趋势和时代特征，深入研究与形势发展相适应、与呼和浩特及内蒙古历史文脉相契合的发展方式，通过区域协作与国际合作，全方位扩大对内对外开放，寻求在更高水平、更高层次的区域合作中推动地区发展，维护国家稳定与民族团结。

透过本书，我们还看到了作者对内蒙古的无限热爱，正是基于此，才有了他们不辞辛劳的调查研究，深入细致的钻研精神、大胆探索的理论勇气。总之，这本书非常值得向大家推荐，无论是讲故事，还是讲道理，均有精彩妙趣之笔；无论是对工作，还是对学习，均有可资借鉴之处。

为本书的顺利出版由衷高兴，为作者的更大成就真诚祝福，为内蒙古的全面腾飞不懈奋斗。

是为序。

内蒙古自治区呼和浩特市委副书记

内蒙古自治区呼和浩特市人民政府市长

冯玉臻

2018年12月于呼和浩特

Contents
目　录

下 卷

引　言

为未来探寻过去，从内蒙古走向世界

我们可以放弃追逐，却不能停止思考。

我是谁？从哪里来？现在哪里？要到哪里去？

这一哈姆雷特式的命题，从未像今天这样，如此紧要，如此迫切，如此攸关地困惑着每一位国人。

站在改革开放四十周年的门槛上，放眼今日之中华大地，大至全球化的历史进程，中至这个国家的未来命运，小至一个区域或城市的发展趋势，不论你是否情愿，是否理解，是否承认，只要想少走弯路，少付代价，就必须要科学、准确地做出回答。

欧美三百年，中国四十年。中国用四十年的变革之旅，走完了欧美发达国家三百年的现代化之路。这是一个千年未遇的大变局时代，中国的迅速崛起必然伴随着电闪雷鸣与石破天惊。今天，当中国这艘巨轮开始驶出内河，进入浩渺的海洋，必然要面对无数的风险与挑战，不断上演无数沧海桑田、风云际会的翻腾与震荡。

此时，中国正在转大弯，面临严峻的考验，正如一个即将临盆的产妇，必定备受煎熬。然而，危机无疑是当下最好的一副清醒剂。那种心浮气躁、急功近利、杀鸡取卵、涸泽而渔的做法终于可以停下来，世人需要厘清思路，寻找新的出路。

今天，人类正花费巨额财富在太空探索未来的发展空间；国家正在全球寻找经济的增长空间；企业正在市场上开拓全新的利润空间；个人则在社会上谋求自己的生存空间。

然而，我想这所有的空间都应当取决于人的思想空间。因为我们始终坚信，思路决定出路，思想改变世界。

今天的中国就像一条穿越时空隧道的巨龙，龙头已经开始与全球化和信息化时代的最前沿对接，龙身正在工业化的浪潮之中翻腾，而龙尾还深深地扎在农业文明的泥土之中。巨龙翻身，三种文明同时交织转换，由此不知将给我们带来多少这个时代所特有的哥德巴赫猜想。

于是，面对一个个前所未有、错综复杂的时代命题，我们选择了“一带一路”与内蒙古，因为前者是中国全球化的战略路径，而后者则是中国全面“走出去”的桥头堡和试验田。我们试图通过解剖一个点——内蒙古，来解读一条线——草原丝路，然后解决一个面的问题——大远东共同体。通过“点—线—面”的延伸与扩展，探索一个区域从全域到全球的战略发展之路，从中发现中国走向区域经济一体化，加速融入全球经济一体化战略的成功经验与失败教训。

中国“一带一路”倡议，一头纵贯历史，一头引领当下，不仅抒发着千年风雨沧桑的历史魅力，而且充满着日新月异的时代活力。内蒙古见证了万里草原丝绸之路发轫于此，并成为世界草原文明的集大成者；同时，内蒙古雄踞祖国北疆，转承“三北”，连接中俄蒙，对民族团结、国家稳定和国际开放都有极其重要的作用。

在中国犹如雄鸡一样的版图上，内蒙古自治区横跨了近30个经度，从东北到西北画了一道弧线，正如厚实坚韧的脊梁挺立在中国的北方。正是凭借这种边连两国、横跨三北、毗邻八省的区位优势，内蒙古才具备了开创北上南下、东进西出、内外联动、八面来风的区域协作与国际合作新格局的优越条件。

内蒙古作为引领“一带一路”，践行中国全球化战略的典型区域，正是我们选择其作为研究对象的重要原因。

但是，我们选择内蒙古的主要原因还不是来自地理空间上的跨度，而是历史时间上的深度。因为五千年来，内蒙古所经历的三次全球化冲击，在整个中国历史乃至世界历史上都是无可比拟的壮举，其历史价值与借鉴意义不可估量。

第一次，全球化的序幕。公元前2000年左右，亚欧草原带上的青铜之路，引领了人类历史上第一波全球化的世界文明大交流。现代考古证明，大约在五六千年前的青铜时代，东西方世界以亚欧草原带为桥梁不断加快交流融合的步伐。当时，西亚、中亚、东亚之间存在着一条西东文化交流的青铜之路。青铜之路上传播的不只是青铜技术和青铜器，还包括动物的迁徙和农作物的传播。因为，青铜冶炼需要跨地区的合作，西亚及其附近地区五千年前就形成了以红铜、锡、铅、青铜和粮食为主要商品的长距离贸易网，构成了一个具有“中心—边缘”关系的古代世界体系。

第二次，全球化的高潮。公元13世纪，成吉思汗开创了蒙古帝国。成吉思汗带领蒙古人打下了3000多万平方公里的土地，领土可从现在的越南一直到匈牙利，欧亚大陆的大部分都归入其版图。这是人类历史上疆土连贯，面积最大的帝国，它把原来相互隔绝的东西方帝国紧密联系在了一起。正是在人类历史上最关键的转折点，蒙古人为通向新时代铺平了道路，为新世界、新时代的到来划定了新秩序，从而带来了“地球村”的概念，人类第一次拥有了世界史的意识。

第三次，全球化的复兴。公元21世纪，“一带一路”倡议下的草原丝绸之路。在这个区域一体化和经济全球化的时代，开放是繁荣的必由之路。伴随国家“一带一路”建设和经略周边战略的深入实施，内蒙古在国家对外开放格局中的地位更加重要、作用更加凸显，对外开放到了一个打造升级版的重要窗口期，不开放没有出路，开放徘徊不前也没有前途。只有通过实施更加主动的对外开放战略，把内蒙古的潜力和优势充分释放出来，才能在新一轮竞争中抢占先机，为经济发展注入新动力、拓展新空间，在新常态下实现新突破。

正是透过内蒙古特殊的地理优势、历史魅力与发展历程，让我们得以重新发现往昔中国、现在中国与未来中国的全球化发展脉络，重新思考大国崛起、中华复兴的战略抉择，重新探寻中国全面开放，加速融入全球化，携手世界共建人类命运共同体的战略之道。

只问耕耘，不问收获。感谢这个伟大的时代，让我们在一个个纷繁庞杂的命题面前，有幸一次次扮演了领航员和破冰船的角色，让我们在改造客观世界的同时，也改造了自己的主观世界。也许，我们只是一批探路者，一批摆渡者，但我们充分燃烧了自己，实现了自己的人生价值。

这是三个人的探险，却借助了无数人的智慧。衷心感谢为本书提供素材、图片、观点的广大师友们。也许，我们素未谋面，但从你们身上我们汲取了无数的营养，获得了突破的力量。因为技术原因，恕我们不能逐一罗列原著出处及作者姓名，在此只能一并致谢。

最后，我想告诉大家，本书并不是一部完整的理论著作，但它贯穿了一个团队的理论思考与实践总结。至于社会价值的评判，有待于广大读者的检验。

房　晓

2018年11月5日

上卷

历史绝唱：四大丝路之首，万里草丝之源

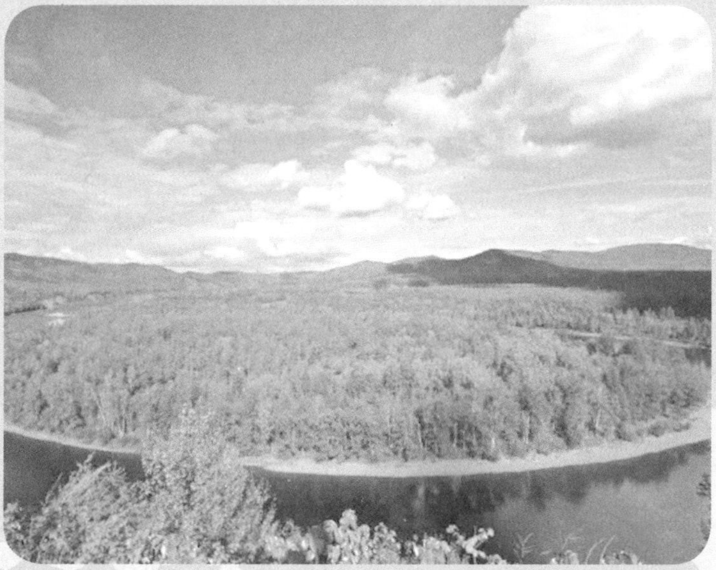

很难想象，近代中国地质学研究的先行者竟是一位德国人，正是他首次提出了“丝绸之路”的概念。[1]

十九世纪六七十年代，这个德国人以上海为基地，在中国做了七次远征，对大清帝国十八个行省中的十三个进行了地理、地质考察，“踏查之普遍，著述之精深博大”，远非清人所及。

1870年，他到达洛阳，考察了南关的丝绸、棉花市场，参观了山陕会馆和关帝庙，在他的著作《中国：亲身旅行和据此所作的研究》中，首次提出从洛阳到撒马尔罕（今属乌兹别克斯坦）有一条古老的商路，将其命名为“丝绸之路”。

这个人，就是德国地理、地质学家李希霍芬。后来，在他众多学生之中，著名瑞典探险家斯文·赫定把自己历时八年在中国西部的探险之旅结集成书，命名为《丝绸之路》。

德国地理、地质学家李希霍芬

李希霍芬提出的丝绸之路主要是指欧亚之间的一条陆路通道（后被称为“沙漠丝绸之路”），中途经过亚洲腹地，在干旱的沙漠、戈壁和高原中由绿洲相连而成。而中间又有分道，如从西安出发经河西走廊到敦煌后，就在新疆维吾尔自治区内分为南、中、北三道，其中南、中两道到喀什又汇成一

[1] 《中国：亲身旅行和据此所作的研究》，李希霍芬，1877年。

道，翻越帕米尔高原后进入中亚地区。通过乌兹别克斯坦、吉尔吉斯斯坦、塔吉克斯坦、土库曼斯坦等为主的中亚两河流域，到达伊朗高原，然后再到达地中海沿岸。其实，这一路线在中国古籍《隋书·裴矩传》中已有记载，虽然有所不同，但大体相似。

今天，无论从时间还是空间上，人们对“丝绸之路”的理解都已经远远超出了李希霍芬所下的定义。

如今人们提到的“丝绸之路”是世界文明相互交流发展的产物。丝绸之路的形成与发展大致可以分成三大历史阶段：首先，以草原丝路为主的青铜时代到早期铁器时代；其次，以沙漠和绿洲丝路为主的汉唐时期；最后，以海上丝路为主的宋元明时期。

由此看出，途经欧亚草原的草原丝绸之路在四条丝绸之路中出现最早。

早在5000年前，世界上的古文明格局已经初步形成，四大文明古国与欧洲的米诺斯—迈锡尼文明分列亚洲、非洲、欧洲各地。但人们对这一时期的草原几乎一无所知。

当世界历史进入青铜时代，这些文明的区域范围都在不断扩张，而在它们的过渡地带，文明的交往方式则选择了最为便捷的草原途径，最先依赖游牧民族来进行。

于是，人们对草原民族开始有所了解。他们的活动地域就在欧亚草原之上，从东到西，都有他们活动的身影。

著名学者徐苹芳[1]指出，中国北部广阔的草原地带，自古以来便是游牧民族栖息牧猎之地。东起大兴安岭，西至黑海，从公元前10世纪至公元前3世纪春秋战国时代，游牧民族便在这片横贯欧亚大陆的草原上活动，中国的丝绸早在此时已通过游牧民族从东方传向西方。

草原游牧文明是中华文明的重要组成部分，而内蒙古则是草原文明的集大成者。作为世界丝绸之路最早的线路之一，草原丝绸之路经历了3000多年历史，内蒙古作为草原丝路的肇兴之地，不但见证了这条最古老的草原丝绸之路发轫于此，而且成就了无数的商业奇迹和历史传奇。

---

[1]　考古学上所见中国境内的丝绸之路，《燕京学报》新一期，1995年。

第一编　那些开拓草原丝路的雄鹰

“敕勒川，阴山下，天似穹庐，笼盖四野。天苍苍，野茫茫，风吹草低见牛羊。”

——南北朝的《敕勒歌》

勒勒车旁的父与女

内蒙古地处中国北疆，版图犹如一匹驰骋的骏马，奋勇向前，势不可挡，纵横古今五千年，地跨“三北”八千里。

内蒙古大草原——世界草原文明的集大成者，万里草原丝路的肇兴之地。

从自然的角度讲，全世界共有三大草甸草原，但是没有哪一个草原能像内蒙古大草原一样，有如此悠久的万里丝路，有如此雄壮的金戈铁马，有如此众多的历史悬念，又有如此丰富的民族融合史。

□ 中华文明的动力源泉

5000多年前，内蒙古草原上的红山玉龙闪耀着中华文明的曙光；3000多年前，马背上的青铜帝国打通了横贯亚欧大陆的草原之路，鄂尔多斯青铜器便是明证；2000多年前，匈奴、鲜卑开启了中华多民族血脉融合的序幕；800多年前，蒙古帝国主导着世界史的诞生，元朝初步奠定了今日中国的国家版图和管理体制；500多年前，蒙古民族为维护国家统一进行了浴血奋战，确保了祖国东北、西北、西南陆地边疆的稳定；70多年前，民族区域自治制度首先在内蒙古得以实现，并成为社会主义新中国政治文明的重要组成部分。

从更广阔的时空来看，中华民族是三大文明的融合——黄河文明、长江文明、草原文明，草原文化始终是中华文明源远流长、发展壮大的动力源泉之一，而万里草原丝路带来的文明成果则持续惠及后世。

在人类历史最久远的四大文明古国中，为什么只有中华文明传承五千年而从未断裂，正是因为源泉的多元化与动力的多样性。

正是北方草原民族对整个中原文化一次次的冲击、征服，使中华文明一次次融合、换血，从而不断地焕发出生机。这就像生猛海鲜里扔进一条"狗鱼"一样，不断激活衰败的农耕文明，去掉它的惰性，注入阳刚之美，从而实现中华民族共同体的大繁荣。

北方草原民族在拼命冲击别人的同时，最后也把自己消融进去。同时，它每一次都带来了盛大的嫁妆，中华民族现在的疆域版图就是在几次游牧文化的冲击下形成的。一次是鲜卑，另一次是蒙古，最后一次是女真。还有文化的融合，带来很多碰撞。包括清朝的旗袍，北京的胡同，还有很多乐器，胡琴、笛子、琵琶，甚至包括葡萄、胡萝卜、菠菜等果蔬，都是万里草原丝路带来的文明成果。

法国著名学者勒内·格鲁塞的成名作《草原帝国》，曾被美国《发现》杂志评为二十世纪最伟大的历史著作之一，其中便记述了亚欧大陆三千年来草原民族在世界舞台上演的宏大史诗，尤其是蒙元时代的草原英雄与勇士们对东方与西方文明、草原与农耕文明之间的联通融合所做出的巨大历史贡献。

世界上有很多草原，但文化积淀最深厚的，当属内蒙古大草原。它有一个全世界草原都不具备的特色，除了绝美的自然风光，它还是孕育中华北方民族的摇篮，是万里草原丝绸之路的肇兴之地。

内蒙古大草原

内蒙古草原文明，蕴涵着关于中国北方游牧民族深厚而未被开掘的历史文化。在这片古老的草原上，从匈奴、鲜卑，到突厥、回纥，再到契丹、女真、蒙古，这些北方游牧民族，一个个像雄鹰一样掠过历史的天空，转瞬间又消失得无影无踪，它们从哪里来？它们向哪里去？这个千古之谜，谁也搞不清楚，这是中华民族的一个巨大隐秘。作为历史天空中的一个重要的星系，它的产生、发展、融合与消亡，始终充满了神秘感。

文化魅力，缘于内蒙古大草原的神奇。

内蒙古东部草原与大兴安岭森林的交界地带，尤其是两者相交形成的那条线——林线，这条线既是草原的界限，也是森林的界限。这条线的形成与温度和降水的梯度变化相关，也勾画出了今天的农牧交错带。

令人惊奇的是，今天在这条线附近，我们还能看到工业社会前人类的三大生活方式：游牧、农耕和采集渔猎。在大兴安岭的密林中还生存着鄂伦春、鄂温克和达斡尔族。在他们中还能见到渔猎和采集的生活。

人类的文明史，先后经历了狩猎、游牧、农耕、商业、工业、城市六种社会形态的演进，而自然环境的影响至关重要。

大兴安岭山脉纵贯南北，岭东是气候温和的丘陵地带，适合农耕；岭西为一望无际的干旱草原，是游牧生产的乐园；而中间的大兴安岭森林，是狩猎民族世代生活的地方。无疑，这里是人类发展历史上从狩猎经济向游牧经济、由游牧经济向农耕经济过渡的理想王国。

从森林走向草原，从狩猎走向游牧，从匈奴走向蒙古，一条北方游牧民族发展的历史轨迹在这里隐约可见。

内蒙古大草原，北方游牧民族的演兵场。

伴随着自然气候的变化，大约从公元前5000—前4000年开始，人们开始走出森林，牧业生活逐渐成为草原的主导，由此把不同的游牧民族相继推上了历史舞台。首先是匈奴建立了草原上第一个统一的政权，创造了游牧文明的雏形；鲜卑、柔然、敕勒、契丹人在这片土地上轮番实践了狩猎、游牧、农耕的几乎全过程；突厥人强盛一时，带来了中亚文明的成果；从13世纪开始蒙古人在成吉思汗的旗帜下再度统一草原部落，建立了疆域横跨欧亚的蒙古帝国，从此形成的蒙古族便成为草原的主体民族，成为草原文化的主要承载者。

马背上的民族，逐水草而迁徙，从狩猎到游牧，从北方到南方，从东方到西方，铁骑所至，星天翻转，江山换颜，风云激变……

草原文明，在历史的长河中，产生了两个高峰——一个是北魏王朝，一个是蒙古帝国。这两个王朝虽然“其兴也勃焉，其亡也忽焉”，但其意义却非比寻常，无论是对于中原的黄河文明、长江文明，还是对于欧洲中世纪文明的冲击和改造都是前所未有的，这正是“上帝之鞭”的独特使命。正是在这样的一次次冲突和融合中，中华民族走到了现在，而草原民族也融合到这一大家庭中，成为中华文明的重要组成部分。

内蒙古大草原，中华民族的“历史后院”。

内蒙古大草原及其东部的大兴安岭森林，就是这些彪悍的民族从弱小成长壮大的家园，他们从这里冲出去，在世界舞台上打拼，累了再回到这里休养生息。如果把整个世界看作一个战场，那么这块草原就像永远的大后方，是前方打仗的勇士们心中温暖的故乡。

由于“逐水草而迁徙”的生产方式，对草地完全处于自然利用状态，当一个地方因为自然和人为等因素不适应畜牧生产时，北方游牧民族便追逐水草迁徙他乡，一次又一次历史南迁造成一次次的冲突。

这些从大兴安岭走出来，从内蒙古大草原冲出去的北方游牧民族，它的轨迹不断向外滚动，像一个泥团，轨迹短的，自然就不在了。东胡、乌桓、柔然等，就像一片烟云，还没有滚到一个地方，就不存在，干涸了；稍长一点的，一个是辽，一个是金，到了黄河流域；轨迹最长的当属蒙古人建立的元朝，战马的足迹几乎遍布整个欧亚世界。

在这个过程当中，游牧民族也在不断历练和演变，如果这个泥团向南，向中原滚不动了，就只有再向西，进入洮河流域或者青海草原；再不行，只有滚到准噶尔高原，进入新疆；如果还不行，就只有远走中亚，很多民族在这个过程中就消融或者消亡了。

而这时在“历史的后院”，大兴安岭作为天然屏障，对遭到破坏的草原起到周期性的恢复作用，当草原恢复了生机，一个新的游牧民族又在这里形成。几千年来，东胡、乌桓、丁零、鲜卑、柔然、突厥、回纥、室韦、契丹、女真、蒙古等民族，就这样相继出现、相继消融在历史的天空。

□ 草原文明的两座巅峰

然而，在这个过程中，却有两个游牧民族走上了南进的顶峰，一个是鲜卑，一个是蒙古。

东胡的后裔鲜卑族，是第一个从内蒙古草原进入中原建立封建王朝的游牧民族。

鲜卑从大兴安岭走出来，从森林走向草原，从草原走到了黄河流域，最后建立了北魏政权，形成了中国的南北朝时期，在中国的历史上和民族融合文化的发展上，形成一个群星璀璨的高峰时期。

难能可贵的是，鲜卑是主动放弃游牧民族的生活方式，与汉民族融合，自觉纳入中原文化的。特别是在佛教文化上，在建筑和服饰上，做了很多了不起的事情，以致在国外专门有个“鲜学”，研究鲜卑的历史。

鲜卑，从哪里来？向哪里去？最后又怎样消融在中华民族中？一直是人们争论不休的问题。

1980年，呼伦贝尔市文物管理站在鄂伦春自治旗境内的嘎仙洞中，发现了宝贵的石刻祝文（阴刻魏碑体字）。自此，一个千古之谜被破译出来。

石刻祝文证实，面积有两个篮球场大的嘎仙洞即“石室旧墟”，是鲜卑先民最初的居室，也证实，大兴安岭就是史籍中所记载的大鲜卑山，鲜卑人因山而得名。

鲜卑先民最初的居室——嘎仙洞

解读祝文，可以对鲜卑拓跋氏的成长历程有一个明晰的了解。公元1世纪，活跃在现鄂伦春自治旗嘎仙洞一带深山密林中的鲜卑拓跋部，南迁“大泽”（即呼伦湖），在呼伦贝尔草原安家落户，由狩猎业转向游牧业，并在

100多年的时间里成长起来，取代了匈奴的统治。到公元4世纪又从草原出发进入中原，统一了黄河流域，建立了北魏王朝。北魏崇尚佛教，山西的云冈石窟和河南洛阳的龙门石窟，是他们留给后世的文化瑰宝。后来，这个显赫的民族与北方各民族融合，汇入到中华民族历史的长河之中。

公元10~12世纪，辽代的契丹人、金代的女真人先后征战和统治呼伦贝尔，留下了数座古城和两条边壕遗址。绵延千里的边壕，伸展在辽阔的大地上，无言地诉说着岁月的沧桑。

内蒙古草原，是蒙古民族的故园，成吉思汗的肇兴之乡。

13世纪对于内蒙古草原来说，是一个具有特殊意义的世纪。一个悄然兴起的民族，一位被外国学者称为“世界征服者”的人物，从这里出发，征战欧亚，一统华夏，把呼伦贝尔草原推上了世界政治大舞台。

时间上溯到1206年，宽阔的鄂嫩河源的驻冬地竖起了象征君权的九旄白纛，举行了隆重的忽里台大会，铁木真被加尊为强盛伟大的君主——成吉思汗。这就是被史家称谓的大蒙古国的开国大典。

传说中的蒙古人远祖——捏古思和乞颜，最初生息在额尔古纳河流经的山林中，后来人口渐多，便烧制铁器凿开大山走向广阔的呼伦贝尔草原。公元8世纪，成吉思汗先祖——蒙兀室韦部迁徙到今蒙古国肯特山区，到12世纪成吉思汗又回到呼伦贝尔，以这片草原为出发地，东征西讨，登上世界政治舞台。

匈奴人的阿提拉帝国、成吉思汗的蒙古元帝国、帖木儿的金帐汗国，这些伟大的游牧民族闯入相对发达的农耕古文明地区，他们使罗马、花刺子模或者波斯瞬间被夷为废墟。他们的到来、动机及消失似乎极难解释，以致历史学家们倾向于古代著作家们的结论，视他们为“上帝之鞭”，被派来惩罚古代文明。

波斯人志费尼在《征服者史》中记载，他曾经采访了一个屠城后留下的惊慌失措的幸存者，那幸存者说了五句话很有意思：“他们到来，他们破坏，他们杀戮，他们劫掠，然后他们离去。”

正是这五句话，展示出蒙古人纵横天下时的一种打法，一种状态。

遥想八百年前的那段金戈铁马的悲壮历史，让人抑制不住内心的兴奋。

当年，一个欧洲学者曾发出过这样的感慨：“从未建过一座城市的蒙古部落，建立了统治一半世界的帝国；以狩猎、放牧为生的人打垮了三个文明古国的军队；而不会写字的野蛮人居然为五十多个民族制定了法律。”

蒙古铁骑被惊恐的西方人称之为“上帝之鞭”——用来惩罚西方文明。虽然伴随着血与火的洗礼，但它的历史作用却非同一般。它不但结束了中国从五代开始长达三个多世纪的分裂状态，使当时中国的政治、经济和文化发生了变化，促进了各民族的互相渗透和融合；而且经过大半个世纪的远征，摧毁了世界许多腐朽的封建王国，征服了亚洲的绝大部分地区和半个欧洲，在欧亚大陆上形成了空前庞大的蒙古帝国，彻底打通了万里草原丝路。这在客观上冲破了亚欧各国的此疆彼界，沟通了东西交通，有利于经济文化交流，也推动了欧洲的秩序重建和此后的文艺复兴。

然而，那些掠过苍穹，开拓草原丝路的雄鹰，却来也匆匆，去也匆匆。

额尔古纳是蒙古民族的发祥地

从14世纪下半叶开始，蒙古族开始进入衰退期。蒙古族被逐出中原后的部族内讧、北元与明朝的长期对抗、清政府的分化统治等原因导致草原畜牧业经济严重受挫，相应地蒙古族传统文化也由繁荣昌盛逐渐走向衰败停滞。

这样，在13世纪入主中

原和分封欧亚大陆的蒙古人，经过时代的变迁与国度的更迭，大都基本融合到当地民族之中去了。

如今的内蒙古大草原一片沉静，仿佛不曾发生过什么；而草原的主人，也像雄鹰掠过苍穹，没有留下任何痕迹。这种平静如同额尔古纳河的河水一样，表面看似平静，水下却潜流涌动，因为草原民族的热血仍在澎湃，即使在今天被融入更大的中华民族的大河流中去，它的特点也依然显现。

直到今天，在内蒙古草原上仍生活着32个北方民族，其中有些不仅保留着本民族的风俗习惯，而且还延续着各自不同的经济形态。居住在大兴安岭深山老林的鄂温克、鄂伦春，还保留着游猎经济形态；居住在森林草原浅山区的各少数民族处于半猎半牧经济；居住在草原上的巴尔虎蒙古族、布里亚特蒙古族则以游牧经济为主；居住在岭南丘陵山区的少数民族则处于半牧半农的经济状态。

对于内蒙古的草原文明，人们感受最深的还是翦伯赞的《内蒙访古》，书中透露出很多发人深思的文化密码与历史信息。

内蒙古，你是北方民族的粮仓、武器库、演兵场，当北方民族在这里得到充分的休养生息，并发展壮大后，就走出去，成为开拓万里草原丝路的勇士们，他们像雄鹰一样，掠过历史的天空，尽管最终或是消融，或是消失了，但却留下了许多耐人寻味的文化密码。

雄鹰飞上蓝天，影子留在地上。人们的思绪，却还在万里草原丝路的长天翱翔。

第二编　亚欧大陆最早的文化脐带

战争与和平，停滞与复兴，先进与落后，在时间这一魔镜的照耀下，丝绸之路像巨大的时空隧道穿越了东方与西方的珠帘，改变了西方的文化历程，也影响了中国的历史命运。

古罗马人相信来自神秘东方的丝绸是从树上摘下来的神奇之物，取自某种树叶上的柔韧绒毛。他们在典籍中记载："赛里斯人（中国人）从他们的树林中获取这种丝品而闻名于世。他们将从树上摘下的丝浸泡在水中，再将白色的树叶依次梳落。"

公元2世纪时，一个叫宝萨尼亚斯的罗马人断言，丝绸是由一种大爬虫织成的丝状物，同蜘蛛结网是同样原理，但这具体是一种什么样的大爬虫，他却想象不出来。

英国人惠特菲尔德在《丝路岁月》中写道："这片土地上纵横交错着许多道路，构成了一个交通网络，商人、佣兵、僧侣等形形色色的人行走其上。为了便于称呼，这个网络被通称为'丝绸之路'。然而，事实上丝绸之路并没有一条固定的单一线路，商旅的货物包括了丝绸、羊毛、玉石和其他各种货物。"

□ 丝绸衍生的诱惑之路

毫无疑问，最早由丝绸诱惑所衍生出来的"丝绸之路"，作为古代中国与西方所有政治、经济、文化往来通道的统称，已成为中国乃至全世界的一个热词，而在探索"丝绸之路"的热潮中，"草原丝绸之路"略显单薄。事实上，在学术界重点研究的四条“丝绸之路”中，“草原丝绸之路”却是亚欧大陆最早的文化交流脐带，形成最早、路途最远、跨度最广。

条条道路通罗马。亚欧非大陆相互连接，历史上从中国向西方世界延伸的共有四条“丝绸之路”，即：

其一，为西汉张骞开通西域的官方通道“西北丝绸之路”。它从西安、洛阳出发，经河西走廊至西域及中亚地区，最后达到欧洲（地中海、罗马帝国），以丝绸为代表性货物，也称“绿洲”或“沙漠丝绸之路”。

其二，为北向贯通蒙古高原地带，再西行天山北麓进入中亚的“草原丝绸之路”。它兴起于石器、青铜时代，辉煌于蒙元时代，其后还衍生出著名的“万里茶道”——始于福建，纵贯中国中部，向北经张库大道（张家口至今天的蒙古国乌兰巴托）再横向穿行俄罗斯全境，并达到欧洲。可以说，这条通道是今天中俄蒙经济走廊的前世今身，也是影响深远的世界级文化遗产。

其三，为始于广州、泉州、杭州、扬州等沿海城市，从南海、南洋到阿拉伯海，甚至远达非洲东海岸，主要承载陶瓷外销任务的“海上丝绸之路”。近期影响颇大的“南海一号”沉船（即沿海上丝绸之路向外运送瓷器时失事于我国南海的南宋古船）整体打捞及水下科学考古事件，就是曾经海上丝绸之路的辉煌见证，也是今天我国海洋战略大棋局中的重要一步。

其四，为云贵川等西南地区通往南亚、印度等地，穿越崎岖山路，以马帮为主要交通工具的民间国际商贸通道——“茶马古道”，也称“西南丝绸之路”。它也是中国西南民族经济文化交流的走廊，具有丰富的历史文化内涵。二战时，这一通道为盟军打倒日本法西斯发挥了重要作用。著名的滇缅公路、中印驼峰航线即是例证。

通过这四条主要线路，亚欧大陆上的丝绸、香料、瓷器、皮毛、茶叶、经文、驼队、马帮、船队、商人、僧侣、学者等物流、人流、信息流充分流通，文化得以传播，贸易得以进行。千百年后的今天，中国与“一带一路”沿线国家积极规划推进的中俄蒙、新亚欧大陆桥、中国—中亚—西亚、中国—中南半岛、中巴、孟中印缅六大经济走廊，也可以在古丝绸之路上找到历史渊源。详见下表。

"丝绸之路"总体比较表

名称	国内方位、主要路线	贸易内容、主要货物	所处的历史时代	当今"一带一路"倡议下主要对应的通道
西北丝绸之路（又称绿洲丝绸之路或沙漠丝绸之路）	西北方向。从西安、洛阳出发，经河西走廊至西域及中亚地区，达到欧洲	以丝绸为代表性货物	兴起于汉代，发展于隋唐，兴盛于蒙元	新亚欧大陆桥经济走廊，中国—中亚—西亚经济走廊，中巴经济走廊
草原丝绸之路（后衍生出"万里茶道"，而"张库大道"是万里茶道的中段）	正北方向。贯通蒙古高原地带，再西行天山北麓进入俄罗斯，最终抵达波罗的海	茶叶、马匹、毛皮	发端于石器时代，兴盛于蒙元，延续至明清	中俄蒙经济走廊
海上丝绸之路	东南方向。始于广州、泉州、杭州、扬州等沿海城市，从南海、南洋到阿拉伯海，甚至远达非洲东海岸	以陶瓷为代表性货物	兴盛于南宋、明朝前期	中国—中南半岛经济走廊
西南丝绸之路（又称"茶马古道"）	西南方向。云贵川等西南地区通往南亚、印度的等地	茶叶、马匹等	兴于唐宋，盛于明清，二战中最为兴盛，如滇缅公路、中印驼峰航线	孟中印缅经济走廊

□ 寻找一条最悠远的罗马大道

条条大路通罗马，我们要追寻那条历史最久远，交通最便捷的东西方沟通大道。

草原丝绸之路作为沟通亚欧大陆的商贸大通道，比丝绸之路的其他线路大约早了1000多年。其时间范围可以定位为青铜时代至近现代，空间范围大致设定为北纬40°～50° 之间的这一区域，自然环境以草原为主要地貌特点，活动的人类群体以游牧为主要经济类型。

在地理学上，世界上面积最大的草原区——亚欧草原带，西端始于喀尔巴阡山脉和黑海，延伸至欧洲多瑙河下游及东欧（匈牙利）平原，向东经过西西伯利亚平原、哈萨克丘陵、蒙古高原，东端止于呼伦贝尔草原，延伸至松花江辽河平原，东西绵延近110个经度，长度约8000公里，面积达800万平方公里。

亚欧草原带大体上被分割为面积近乎相等的东西两半，其界线，或更严格地讲其“分水岭”就是所谓的准噶尔山口（我国称“阿拉山口”），即天山和阿尔泰山之间的一条很深的山谷，其东西两侧所连通的，一个是蒙古草原（或称“蒙满温带草原”，主要包括今天的中国东北平原、内蒙古自治区、蒙古国），一个是所谓的哈萨克草原（大体相当于今天的中亚五国）。

其中，哈萨克草原曾是世界上面积最大的干草原，达80万平方公里，从里海开始，到中国的新疆维吾尔自治区，涵盖塔吉克斯坦、乌兹别克斯坦等国家。蒙满温带草原，面积也颇为巨大，其西南方向是戈壁大漠。汉匈大战，汉武帝开始反击匈奴的时候，主要战场在河套、河西及周边的戈壁大漠地区。匈奴王庭最早就在戈壁大漠以南的这个地方，后来被汉朝驱赶到漠北，故此“漠南无王庭”。

沿着北方的亚欧草原带，其所承载的草原之路是迄今为止人类发现最早的亚欧之路。在大约三万多年前的旧石器时代晚期，欧洲的奥瑞纳文化沿着这条路从西伯利亚传入中国北方。

大约在五六千年前的青铜时代开始，东西方世界以亚欧草原带为桥梁，双方的交流融合不断增加。随后的岁月里，从西到东，罗马人、斯基泰人（是现代哈萨克人的祖先之一）、月氏、匈奴、鲜卑等民族在这片广袤大地上繁衍、驰骋、争斗和融合，创造了绚丽多彩的文化。这条连接亚欧大陆的草原之路，根据其所承载的货物种类，在被命名为“茶叶之路”（万里茶道）、“丝绸之路”之前，其实是名副其实的“青铜之路”，在世界范围内享有盛誉的鄂尔多斯式青铜器，就是最好的例证。

2000多年前，即中国的西汉时期，主要途经沙漠、绿洲，连接亚欧非几大文明的贸易和人文交流通道的“丝绸之路”正式出现在人类文明史中。也就是说，张骞所“凿空”的西域“丝绸之路”实际上是北纬40°左右的亚欧通道，那时在其北侧即北纬45°～50°的亚欧通道——草原丝绸之路早已经存在，而且前后延续的时间更长。

草原丝绸之路的主体线路是由中原地区向北越过阴山、燕山一带的长城沿线，转向西北穿越蒙古高原、南俄草原、中西亚北部，抵达欧洲。其东段最为重要的起点是漠南长城沿线，也就是现今的内蒙古自治区所在地，呼和浩特、包头、集宁、二连浩特、赤峰等地均为草原丝绸之路的繁荣与发展做出过重要贡献。

蒙元时期是草原丝绸之路最为鼎盛的阶段。元代有驿站1519处，有站车4000余辆，这些站车专门运输金、银、货、钞帛、贡品等贵重物资。当时，阿拉伯、波斯、中亚的商人通过草原丝绸之路往来中国，商队络绎不绝。

此时最为著名的商贸城市是元上都（今位于锡林郭勒盟正蓝旗草原）。在元上都，外国使者、旅行家、商人、教士等频繁来访，最为著名的是意大利商人马可·波罗在至元十二年（1275年）随父来到元上都，受到忽必烈的接见，回国后写下了著名的《马可·波罗行纪》，向西方详细介绍了元上都的宫廷生活和礼仪、蒙古族的生活习俗等。

元上都遗址（锡林郭勒盟正蓝旗）

在中国北方大草原上，类似于元上都、集宁路（今位于乌兰察布市察哈尔右翼前旗）、德宁路（今位于包头市达尔罕茂明安联合旗北鄂伦苏木古城）、净州路（今位于乌兰察布市四子王旗）这样的草原商贸城市还有很多，它们成一线分布于蒙古草原的东部边缘地带，是东西方商贸交易的重要枢纽，也是中原向西方输出商品的桥头堡。草原丝绸之路的发达，为开放的元朝带来了高度繁荣，使草原文明在元朝达到了极盛。中国的指南针、火药、造纸术、印刷术通过草原丝绸之路传播到欧洲，从而推动了世界文明的发展。

翻看今天的亚欧地图，“一带一路”的伟大倡导与上述亚欧各板块仍有千丝万缕的联系。“一带一路”整体上即是连接亚欧大陆，在其框架下推动最快的就是中俄蒙合作、中哈合作。其中，蒙古国是曾经蒙古草原的重要组成，哈萨克斯坦是曾经哈萨克草原的主体。把控阿拉山口的新疆维吾尔自治区，被定位为丝绸之路经济带核心区。连接京津冀、东三省、陕甘宁、蒙古国和俄罗斯的内蒙古，也将焕发勃勃的生机，发挥不可替代的重要作用。

内蒙古大草原，处于亚欧草原带的东端，靠近黄河流域古老文明。这一优越的地理位置，决定了它在亚欧大陆草原文明的重要地位。包括内蒙古在内的中国北方边疆地区是农业文明和牧业文明交流的重要区域。这一地区近年来的一系列考古发现，尤其是鄂尔多斯青铜器的大量发掘，证明在丝绸之路开通以前，内蒙古、新疆等地区作为我国中原和西北方亚欧草原文化交流的中间地带，东西方的青铜器铸造技艺交流已经非常频繁，说明丝绸之路上的重要驿站至少在公元前一千年就已通行。

□ 蒙古马背上的咫尺天涯

历史上，托起匈奴、鲜卑、突厥、契丹、蒙古等北方民族与草原帝国的秘诀之一，便是蒙古马。蒙古马是大自然赐予草原的奇宝，它剽悍强壮、抗病耐劳、勇猛无比，是草原勇士征服世界最快捷和最忠诚的伙伴。正如蒙古谚语所说：“歌是翅膀，马是伴当。牧人因你而丰足，草原因你而辽阔，民族因你而辉煌。”

如果用现代人的眼光看，蒙古马应该算作是世界上劣等的马，它不仅身材矮小，其貌不扬，跑速慢，而且越障碍的能力也远远不及欧洲的高头大马。蒙古马，在现代赛马场上并没有立足之地，短距离冲刺总被拉在身后。然而它们体魄强健，皮厚毛粗，在狐狼出没的草原上风餐露宿，能扬蹄踢碎狐狼的脑袋，夏日忍受酷暑蚊虫，冬季能耐得住西伯利亚零下40摄氏度的严寒，是世界上忍耐力最强的马种。

想想蒙古人的性格又何其不像这蒙古马？这样的人加上这样的马，凭借着极强的耐力和爆发力，以至于能走遍整个欧亚地区。

蒙古马

欧洲马

蒙古马与欧洲马体型对比

从全球范围来看，大量的蒙古马在13世纪随蒙古军参加了西征。蒙古马耐劳苦、能远涉戈壁荒漠，而且肉可食、奶血可饮，能帮助军队渡过艰苦时刻，这极大地促进了蒙古军的征服事业。因而西伯利亚、中亚、西亚、东欧，都有蒙古马的足迹。

草原丝绸之路的形成，与自然生态环境有着密切的关系，一是便利的交通道路，二是快捷的交通工具。在整个亚欧大陆的地理环境中，沟通东西方交往极其困难。环境考古学资料表明，亚欧大陆只有在北纬40°～50°之间的中纬度地区，才有利于人类的东西向交通，而这个地区就是草原丝绸之路的所在地。这里是游牧文化与农耕文化交汇的核心地区。围绕粮食、茶叶、马匹、皮毛等各种生产生活资料，农业为主的中原地区与畜牧业为主的草原地区在经济上互有需求、相依相生的关系，是形成草原丝绸之路的基础。

另外，长期以来北方游牧民族与中原农耕民族在长城沿线的互市贸易中，马匹一直是重要内容，犹如当今中俄贸易中，俄罗斯的军用物资特色鲜明一样。在亚欧大陆上，相对于欧洲、中亚的国家，中国面积巨大，匈奴、突厥等北方游牧民族的活动范围也非常大，此时骑马便成为最快捷的交通方式，而耐力极强的蒙古马便成为决定性因素。

因此，草原丝绸之路在沟通东西方经济、文化交流中所起的作用，比其他丝绸之路有着得天独厚的优势。

首先，草原丝绸之路所处的自然环境比海上丝绸之路、沙漠丝绸之路优越。在大草原上，草原丝绸之路经过的地区具有丰富的水草与河流、植被，是人类生存赖以仰仗的基本条件。草原丝绸之路与海上丝绸之路、沙漠丝绸之路相比，其分布的领域更为广阔，只要有水草的地方，就有路可走，因为逐水草而居，所以草原丝绸之路的中心地带往往随着时代的不同而改变。

其次，草原丝绸之路上的商品运输工具一般使用马匹或车辆，因此商品交换与货物流通更加快速与方便。亚欧大陆草原历来就是东西方经济文化交流与交往的主渠道之一，游牧民族在其中发挥着不可替代的桥梁和纽带作用。可以说，马是古代的机动车和高铁，是速度优势明显的交通运输工具和生产生活工具。马背上的北方游牧民族，近水楼台先得月，其活动范围更广大，交流方式更便捷，最利于民族间的交往。因此，草原丝绸之路上的商品交换波及面广、速度快，因而效率也更高。

最后，从文化传播的角度看，草原丝绸之路的文化传播是全方位的，而且所经过的地区又是人类生活的聚集区，文化的冲击力与波及面更大。游牧民族迁徙的特点与马术的普及，使得文化的传播速度较快，而海上丝绸之路、沙漠丝绸之路文化的传播面受自然环境的限制，只局限于点状、线状，且文化传播的速度要慢。

实际上，匈奴西迁、阿提拉西征、月氏西迁、蒙古西征等对亚欧大陆产生链式冲击的历史事件，其实就是对草原丝绸之路源远流长、影响深远的另一种注解。

第三编　万里荒原上走出银子的人

“欧洲白人都去哪儿了？”300多年前在欧洲这是一句流行语，因为他们络绎不绝地跑到中国买茶叶去了。

17世纪的欧亚大陆，兴起一条以武夷山下梅村为起点，经过蒙古高原远达俄罗斯和欧洲大陆的“万里茶道”，这是与汉唐“丝绸之路”、西南“茶马古道”、宋元“海上丝绸之路”齐名的一条名副其实的万里草原丝绸之路。这条壮举般的万里茶叶之路续写着数千年草原丝绸之路的历史传奇。

2013年3月23日，国家主席习近平访问俄罗斯，在莫斯科国际关系学院作了《顺应时代前进潮流　促进世界和平发展》的精彩演讲，演讲中习主席特别提到：“17世纪的‘万里茶道’是连通中俄两国的‘世纪动脉’！”

□ 茶叶主导的世界历史

众多历史学者认为，世界近五百年的历史，很大一部分都是茶叶的历史，这种说法其实并不为过。

郑和七下西洋和世界地理大发现，为后来茶叶和茶文化输入欧洲作了准备。16世纪葡萄牙人东来，最早将茶叶传入欧洲。与数千年前的中国人一样，欧洲人最初用茶也是当作药品，当时荷兰东印度公司运输极少量茶叶进入欧洲，法国贵族更是把中国茶叶视作珍宝。因为茶价昂贵，甚至有人以黄金制箱专盛茶砖作为豪华礼品互赠，当时茶叶还仅仅是宫廷皇室和豪门世家作为养生和社交礼仪之用的奢侈品。

1638年，俄国贵族瓦西里·斯塔尔可夫遵沙皇之命送给蒙古可汗一些紫貉皮，蒙古可汗回赠的礼品便是4普托（约64公斤）中国茶叶。不料，俄国沙皇一饮上瘾，从此茶便堂而皇之地进入俄国宫廷，随后又扩大到俄国全境。

1662年，英国国王查理二世的王后凯瑟琳出嫁时，从东印度公司购买了100公斤中国红茶带到英国王宫，自此茶叶开始正式传入英国。随之，饮茶开始成为一种宫廷乐趣，此后逐渐风行于上层社会。当时，贵族绅士以茶为贵，以茶为荣，以茶炫耀阔绰和风雅的风气蔚为壮观。一些富裕家庭的主妇，均以家备别致的茶室、珍贵的茶叶和精美的茶具而万分自豪。

此后，随着欧洲的茶叶输入量骤增，茶价逐步平抑，加上爱好茶叶人士的颂美，使得饮茶之风渐次从宫廷弥漫于社会，从贵族普及于民众。

1820年，西伯利亚总督波兰斯基对俄国商人说："俄国需要中国丝织品的时代已经结束了，棉花时代也即将走向终结，剩下的是茶叶，茶叶，还是茶叶！"就在波兰斯基说出这句话的当年，茶叶的出口量已经占到中国对俄总出口量的74.3%，这一数字在20年后，被刷新到了94.4%。让这一庞大的出口额成为可能的，正是南起武夷山、北至恰克图（俄罗斯布里亚特自治共和国南部城市，在俄蒙边境），绵延万里，由数万商号、数十万晋商、数百万骆驼踏出的万里茶叶之路。

草原丝绸之路最后，最为浓墨重彩的一笔是起始于明末清初，整整持续了300余年的中俄茶叶贸易。它不仅为古老的草原丝路开辟了新的商道，增添了新的内容，继续沟通欧亚商贸，而且培育出中国商界一支强劲的商旅——晋商；直接催发了中国现代银行之先声——山西票号的诞生。

古代汉唐从长安出发，穿越秦陇河西，经天山南北到达中亚、欧洲的传统丝路衰落之后，尤其到了明嘉靖三年，索性封闭嘉峪关，置西域大片山河于不顾。清代则颁禁海令："片帆不得下海。"所谓闭关自守，自此为始。这导致中国在清代康乾时代尚属世界一流强国，在其后不到200年时间里却江河日下，积贫积弱。

但是，在这个时间段里，北方游牧民族和临近的沙俄却不能不饮茶，不使用丝绸和瓷器，而他们出产的牛羊马匹也要寻找出路。市场需求这个不可违背的经济规律依然存在，且随着康熙之后中国人口过亿而成倍增长。

于是，互通有无的边境贸易便自发地，以传统以物易物的方式开展起来。草原民族赶着牛羊，驮着毛皮、肉类等畜产品，来最近的边境城镇换取汉民生产的布匹、茶叶、粮食、锅碗等生活必需品。这种交易很容易日渐扩大并朝一定的地方集中。

打开地图，我们就会发现，中国内陆与草原最接近的城市除河西走廊武威、张掖、酒泉、敦煌四郡外，就是山西的大同与河北的张家口，这两个地方几乎一出城市就踏进了草原。事实上，这两座城市在历史上便是戍边名城，囤积粮草，驻扎重兵，承担着守卫华北平原与拱卫京畿的重任。

不难想象，商贸活动最初也是由驻军引发，大量的驻军需要粮草给养，除朝廷供给之外，民间需求也日益增长，酒馆饭铺日渐增多，军官携带眷属日益壮大，老兵退伍越来越多。庞大的市场需求，催生了大规模的民间交易，以不可遏制的速度飞速增长。有鉴于此，明政府索性在嘉靖三十年批准在张家口建立以布帛易马的“贡市”。据《马市考》载，仅1579年，张家口一地易马35000匹，超过宋代年易马30000匹的记载。

伴随马市的开通，仅两年光景，山西人便闻讯而来，把他们多年经商的经验、智慧、魄力与手腕投向这个塞外边城，使张家口迅速膨胀和繁荣，贸易品种和交易金额成十倍、百倍地增长。传统的“茶马互市”“绢马互市”在晋商手中发生了革命性的变化。

山西商人一改过去收购囤积，贱进贵出的旧方法，完全根据蒙民俄商的不同需求，直接深入江浙、两湖、皖南屯溪等茶叶产地扶持茶农，控制源头，实施全产业链策略。

其中，山西商人开办的大玉川茶行索性在武夷山购茶山5000亩，实施种植、采摘、加工、运输一条龙服务。全部采用革新技法，使茶叶等级品味为之一新。每年采茶时节，召集员工达数千之众。先是船载，然后马拉，最后驼运。当年，数千头骆驼穿越北京市区，交通为之堵塞的景象，在老舍的小说里皆有精彩的描述。

明清海禁，海上丝绸之路一时消歇，山西商人因时因便开拓了南起武夷北至俄蒙的万里茶道。不产茶叶的山西商人由武夷、武汉沿长江支流唐白河而上，再由河南入晋。一部分过雁门关、岱岳、右玉、穿越杀虎口而至归化；一部分经应县、大同、张家口而达库伦、恰克图，乌里雅苏台成为中俄贸易的集散地。榆次常氏、祁县渠氏等都在托木斯克、恰克图转贩丝茶。

1728年，中俄贸易额还只有1万卢布；1755年，渐增至83万卢布；1766年，便达136万卢布；嘉庆年间，更激增至800万卢布。山西商人就在这日益繁盛的茶叶贸易活动中集聚财富、壮大实力，成为首屈一指的强大商帮。

□“老西儿”那如歌的行板

这一切的实现，皆得益于一群长年累月行走在万里荒原上，腰里别着醋葫芦的山西人，正是他们开辟了贯穿中俄蒙的“万里茶道”。

这条“万里茶道”是继沙漠丝路、海上丝路和西南丝路衰落后兴起的又一条穿越内蒙古草原的国际商路，虽然其开辟时间比沙漠丝绸之路晚了一千多年，但是它的经济意义以及巨大的商品负载量，是任何丝绸之路都无法比拟的，堪称百年奇迹。

这条万里茶道背后，埋藏的是山西商人自武夷山下梅村逶迤展开的脚印，一条茶路走下来，即便万事顺利，也至少需要一年时间。南方水路的汛灾、北方山路的匪患、塞外的风沙和路途中防不胜防的疾病，无不考验着茶商的筋骨和意志，不幸遭遇意外的人就长眠在漫漫茶道上。那些最终成功到达恰克图的人也一定是历经沧桑。

“拉骆驼，过阴山，肝肠痛断，走山头，绕圪梁，偏要夜行。拉骆驼，走戈壁，声声悲叹，捉骆驼，上圈子，活要人命。拉骆驼，走沙漠，一步一叹，进三步退两步，烤得眼窝生疼。拉骆驼，步子慢，步步长叹，谁可怜，老驼倌，九死一生。”山西茶商们从内地办的货物，再向外运输主要靠驼运。他们要穿越茫茫草原、浩瀚戈壁沙漠，夏则头顶烈日，冬则餐冰饮雪。沿途还要遇到人畜缺水、土匪抢劫、官府盘剥、野兽袭击等种种意外。万里茶道上吟唱的《驼倌叹十声》的小调，就唱出了驼路的艰难和驼倌的辛酸。

每年山西茶商们驮运着产自武夷山的茶叶，从下梅村启程，一路向北，连续穿越中国的河流与群山、戈壁与沙漠，途经江西、湖南、湖北、河南、山西、河北、内蒙古等地，再穿越蒙古国，直抵俄国边境小镇恰克图，接着继续向北，然后向西穿越俄罗斯腹地，到达莫斯科和波罗的海岸边的圣彼得堡，全程1.3万公里。

这条茶路横贯欧亚大陆中俄蒙三国，串联沿线城市200多座，其经贸的内涵和文化的影响力早已跨越了国籍、跨越了民族、跨越了语言的界限，实现了一杯清茶从中国古老茶山到沙皇皇宫的万里旅途，才最终形成了历史上著名的“万里茶道”。

万里茶道是一段说不尽的历史传奇，而它的开创者更是中国商业史上的一个伟大奇迹，一群在万里荒原上走出银子的“老西儿”。

可还记得电视剧《乔家大院》里那长长的一声吆喝“走嘞——”？那个饱经沧桑的山西商人群体，通过万里茶道，把中国的茶叶卖到俄罗斯，用生活用品换回蒙古牧民的马、牛、羊……雁门关—杀虎口—恰克图似乎赋予了那长长驼队无限的传奇色彩。

这群“老西儿”有一个共同的名字——晋商，纵横欧亚九千里，称雄商界五百年。

晋商，极具商业眼光又能吃苦耐劳的山西商人，最初以骆驼为主、马匹为辅组成驼队，开始了艰辛的货物长途贩运生涯，逐渐设货栈、拓商号、建旅店，特别是还在湖北、湖南一带收买茶山，从而形成产茶、购茶、制茶、运茶、销茶的完整产业链。

当资本的原始积累完成后，晋商开始出现“专业化分工”——一部分人继续从事“货通天下”的商贸业，扩大经济规模和地域版图，紧紧掌控运销网络；另一些人则专事“汇通天下”的金融业，即到国内外像北京、天津、武昌、江宁（今南京）、上海、济南、青岛、烟台、保定、承德、南宁、汉中、雅州（今雅安）、打箭炉（今康定）、兰州、凉州（今武威）、迪化（今乌鲁木齐）、哈尔滨、奉天（今沈阳）、琼州（今海口）和库伦、恰克图、莫斯科、圣彼得堡、东京、神户、横滨、仁川、新义州、加尔各答等地方办钱庄、做典当、开票号，进行投资和资本运作，直至执大清帝国金融之牛耳。

当我们回望那万里茶道上，一辆紧靠一辆，一匹紧挨一匹，车辚辚，马啸啸，绵延不绝，尘土飞扬的老倌车和驼队时，晋商驼背上的艰辛，也许只有那万里荒原上的野草见过，只有那走西口送行妹子的泪花见过。

穿越时空的隧道，回望历史的天空，曾经在这条万里茶道上演绎的那些令人心灵震撼的人与茶的故事，依然那样鲜亮，那样令人感怀。

当年，三个“老西儿”跟在康熙伐噶尔丹的铁骑后，随驻随行，走出西口（杀虎口），把经营做到蒙古和俄罗斯。

将士们来买个烟茶这样的小生意，就能让三个“老西儿”铁了心，跟着队伍走出了张家口，一路向北向西走去。走过归化城（今呼和浩特），走到蒙古（今蒙古人民共和国）的乌里雅苏台，走到俄罗斯贝加尔湖草原，踩着几百年前的茶路和丝路，从1696年一直走到1935年，最终成就了中国商业史上的奇迹——“大盛魁”商号。

□ 走出西口天地宽

走西口、闯关东、下南洋，中国这三大移民潮，演绎了无数可歌可泣的故事。华夏历史上的这三大迁徙，无论从人口规模、经济发展，还是文化价值、历史影响等方面来看，都是以走西口为最、为首、为大。

然而，任何人都无法想象，大名鼎鼎的“西口”，晋商开辟的万里茶道的关口，竟是从一个小得不能再小的隘口起步。

一道长城挡住了昔日的胡人南下，但是杀虎口却因为历史上关隘血战的缘故，留下了一个凛冽的名字：“杀胡口”。清朝时因为统一了长城内外，再口口声声地杀胡就不好听了，也不利于团结，关口的大门上便改成“杀虎口”。这名号听上去甚是威猛，然而一夫当关，万夫莫开的隘口，却只有区区1.6米左右宽窄，1.7米左右高矮。

杀虎口，山西人从这里走出去，投身万里无垠的蒙古高原，在中国移民史上被称作“走西口”。西口是走出来的，这是一个平和的人类迁徙过程，往返的人多了，西口就成为一个历史符号，记录下经济、文化、社会的发展和变迁。

杀虎口

现在还留存在山西境内的长城，是明朝修建的，当时目的是为了阻隔蒙古（指今天的内蒙古）对晋北和中原的进犯，但是长城修成之后，山西与蒙古一直相安无事，而且慢慢地，山多地少的晋北开始有人向土地广袤的内蒙古迁徙。在大约五百年前，迁徙的队伍从丰州川走出长城关隘的就有十多万人。虽然内蒙古土地并不肥沃，但广种薄收也比晋北农耕收益大得多。于是，在明朝中后朝，更多的山西人“走”出杀虎口，奔向蒙古高原。

这就是走西口，走出去的人，有开垦土地的农民，还有开拓生意的商人。山西商人发现内蒙古羊皮量多，因为运不出去而非常便宜，但是这个以牛羊肉为主要食物的民族同时很需要粮食，最初的贸易就在这两个关乎温饱的项目上展开。

尽管这一时期走西口还属于“非法移民”，但是也已有十万之众成为“雁行人”。走西口的队伍，慢悠悠地走过了两百年，直到清朝统一蒙古以后进了北京城。

清朝初年，清政府出于政权稳固的考虑，仍然像明朝一样不希望蒙古人与汉人的联系过于紧密，但是这种封锁边境的指令有些鞭长莫及。山西商人依然到蒙古卖粮食进皮货，并且有蒙古人主动雇佣汉人给他们开垦荒地。经济发展的需要，使得通向内蒙古的“口子”在山西境内的长城上越开越多。

1690年，大规模向口外移民自此为始。这年春天，准格尔汗国大举东征，为防御噶尔丹的继续内侵，康熙调动军队向西迎战。军粮运送的快慢直接影响到征伐的成败，于是政府就专门在山西以北到归化（今呼和浩特）以南招募农民就地开展农业生产，这种几乎到达前沿阵地的屯垦，不仅保障了军需供应，还把大量的农民以政策的形式移到了内蒙古。

山西地少人多，在政府的征召下，不断有人到口外耕种，年代久了内蒙古大青山下就出现了汉人居住的村庄。尽管政府不允许灾民出走西口，但在这种民间持续渗透的情况下，也不得不网开一面。康熙皇帝明确地意识到这一点：老百姓迁徙就是为了种田，政府此前忧考的问题有些“大”了。于是，从归化到土默特的大块土地，由牧场变成了农田，军队和老百姓的粮食问题得到解决。

随着康熙西征战线不断地向西移动，不允许晋陕冀移民的限制有所放松。到了雍正时期，民间自发的移民就不再受限制。乾隆时期的和平年代，不需要太多的军马，废弃马场就开垦成了良田。

到了清末，官府改变了对蒙政策，开始“放垦”，实行移民实边政策。于是，又有一大批晋陕农民被招募到内蒙古，在官方规定与丈量好的土地上垦荒，山西农民在内蒙古种皇庄的地，向国家交纳公粮，但是山西户籍不变。与当地农牧民的不同是，蒙古农牧民的户籍归当地王爷管理。

到了咸丰年间，太平天国运动使得清廷头痛欲裂，哪还有精力束缚晋陕人的迁徙，大批因战争失去生计的难民开始成批地走出西口。到了每况愈下的光绪年间，这一时期很多人都提出来要充实边疆，政策性的移民就更为广泛。也正是因此，被沙俄和日本长期觊觎的这块疆域，以及这一带繁盛的商业环境，一直为中国农民和商人的劳动与智慧所充实，数百年来的走西口在艰辛垦荒的过程中为中国的边疆发展和防卫做出了历史贡献。

另外，除了农业移民，矿业资源的开发也需要大量劳动力。有了人就有了市场，商人便在这市场中看到了盈利的空间。茶叶是蒙古人生活中不可少的日用品，蒙古人更喜欢山西所产的厚实耐用的潞丝，胜于杭州丝绸，这些口内物品换取了数量巨大的蒙古皮毛货物，也促进了运输业的发展，与商业相配套的手工业、服务性产业如客栈餐饮业随之蓬勃发展起来，于是在包头、归化一带聚集了数十万之众。

一时间，在蒙古高原商业发达的区域，山西口音、蒙古语、俄语夹杂在一起，蔚为壮观。而且，聪明的山西人很快就学会了"商业外语"。电视剧《走西口》生动地反映了山西人学蒙语和俄语的情况；同时，内蒙古人也在与晋商交往的过程中学会了山西话，这种文化的融合现象至今还保留在内蒙古和山西一带。全国人大原常委会副委员长乌兰夫是蒙古族、内蒙古土默特旗人，他就说着一口山西话。

□ 穿越中俄蒙的驼队

几百年间，"万里商路"上的山西茶商们，通过内地与蒙古高原等边疆地区的物资交流，不仅满足了民众生产生活的基本需求，而且促进了内地和边疆经济的发展。他们还把中原地区的农业种植、手工业制造等技术带到草原，促进了牧区生产的进步和草原城镇的繁荣。同时，加强了内地汉族与蒙古族和其他少数民族思想、文化方面的相互交流和了解，促进了各民族之间的团结和谐。

晋商通往俄蒙的贸易运输路线，大致可分为水路和陆路[1]。水路始于"内蒙古西部阿拉善左旗的旧磴口（今巴彦木仁苏木）黄河码头，沿河而下，经

[1] 《旅蒙晋商与清代内蒙古经济文化变迁》，郭英嘎，山东大学儒学高等研究院硕士毕业论文。

磁口县、临河区、杭锦旗、五原县、乌拉特前旗、包头市、达拉特旗、土默特右旗、托克托县、准格尔旗、清水河县进入山西，经偏关县、河曲县、保德县、兴县至临县碛口码头，这条水路大约于康熙晚期由民间开通”，前后持续200多年。旅蒙晋商在蒙地的贸易不但包括在内蒙古境内的贸易，还包括通过内蒙古向外进行的对俄蒙贸易。明清以来在陆路运输方面，晋商通往蒙俄市场形成了三条相对固定的商道。

第一条：经大同、张家口、乌兰察布、库伦、恰克图至俄国。这是最为便捷的一条路，晋商在南方等地贩运的茶叶大都稳定地由这里输往俄国。

第二条：经张家口、多伦诺尔，通往漠南锡林郭勒、察哈尔、昭乌达、呼伦贝尔、喀尔喀蒙古、车臣汗部、土谢图汗部，这是一条通往东北方向的商路。

第三条：经归化城通往乌兰察布、伊克昭、阿拉善、额济纳、库伦、乌里雅苏台、科布多、伊犁、塔尔巴哈台，这是西北方向通往新疆的北商道。

依赖于这些便捷的商道，明清两代旅蒙晋商与蒙俄贸易逐渐形成，并壮大起来。明清时期旅蒙晋商在蒙古高原建立的大商号主要有：大盛魁、元盛德、天义德、一善堂、三合永、庆中长、天裕德、大庆昌、永德魁、元升永等。其中，大盛魁商号是晋商对蒙贸易的最大商号，是清朝天字第一号的商业集团，兴盛于清代多年。

当年，在大盛魁的鼎盛时期，南至福建，北到西伯利亚，有7000员工、20000匹骆驼。活动地区包括蒙古的喀尔喀四大部、科布多、乌里雅苏台、库伦、恰克图，内蒙古盟旗、新疆乌鲁木齐、库车、伊犁和俄国西伯利亚、莫斯科等地。他们的“员工”甚至包括信狗、信鸽，日夜奔跑在从北京到归化的茫茫草原上。

蒙古国的乌里雅苏台市至今还有当年繁荣的商贸街市遗迹，保留着兵站旁边就是驿站和客栈的格局，比较坚固的建筑上还留有模糊的中文。当年，晋商到了乌里雅苏台这一个大型驿站后，晋商兵分两路行进，一路往东走到贝加尔湖，一路往西走到莫斯科。在边境管制严厉的俄罗斯和中国之间，因为有在蒙古境内畅通无阻的特权，大盛魁几乎没有做不成的生意，所有不允许私自贩运的物品，如药物、盐、上等裘皮等，他都能立足蒙古而叩开俄罗斯的大门，直到1917年十月革命以后，有了海关，才阻断了他们的对俄贸易。

驼队托起了晋商在蒙古高原行进的脚步，驼队跟着商旅，在茫茫沙漠上战酷暑、斗严寒，风雨无阻的一路行进。夏季白天温度高达40℃，而冬季白天也在零下40℃。晋商夏季穿越沙漠的方法是昼伏夜出，白天在高温下努力睡觉，晚上趁降温继续赶路。骆驼有识别方位的本能，水井传来的气息就是骆驼带领人们投宿的下一个营地。而他们突破严寒的方法甚至比军队还要顽强。军队在冬季会驻营，而晋商在零下40℃的情况下，依然不误行程。他们为了抵御风雪，帐篷都搭得不到一米高，矮矮地趴在地上。由于每一处驿站或贸易客栈的接待能力有限，一支商业驼队往往不会超过30头骆驼。

那个年代晋商吃苦耐劳进取的创新精神着实值得我们学习！

晋商驼队

晋商在这条长长的阵线上，能够协调和管理一个包括行商坐贾在内的如此庞大的超级团队，无疑是件超乎寻常的能事。大盛魁在跨国经营上，流动白银数亿两，贯通了中国南北数十万人的生计。据《大盛魁商号》一书中记载，自3个生意人合伙创立商号起，就形成了股东制的雏形，到了7000员工的时候，早就形成了股东大会制度。国内外数百家分号拿什么来激励大家，大盛魁的办法就是现在所说的管理层持股，各分号的掌柜按业绩可得年终分红。股东不得参与管理，与股东沾亲带故的人也不得进入商号，这种责、权、利的分离倒是很彻底，生意全部交给职业经理人来经营，做得好了还能挣得“身股子”。

晋商，之所以称雄商界五百年，因为货通天下的山西商人不但垄断了中国北方贸易和资金调度，而且插足整个亚洲地区，甚至把触角伸向欧洲，布局之广，十分罕见。从呼伦贝尔的醋味到贵州茅台的酒味，都有山西人的踪影。

“先有复盛公，后有包头城”“先有祥泰隆，后有定远营”“先有晋益老，后有西宁城”等民谚，无不说明晋商的活动足迹之广和影响之大。

晋商，一群万里荒原上走出银子的人，曾与犹太商人、威尼斯商人齐名的世界三大商群之一，由他们开创的“万里茶道”是继草原丝绸之路后，当时中国对外贸易最为重要的商道，现在已成为中俄蒙三国宝贵的历史文化资源，也是珍贵的世界文化遗产。

第四编　蒙东草原深处的华俄绝恋

父亲曾经形容草原的清香，
让他在天涯海角也从不能相忘。
母亲总爱描摹那大河浩荡，
奔流在蒙古高原我遥远的家乡。

如今终于见到这辽阔大地，
站在芬芳的草原上我泪落如雨，
河水在传唱着祖先的祝福，
保佑漂泊的孩子，找到回家的路。
啊！父亲的草原，
啊！母亲的河。

虽然已经不能用，不能用母语来诉说，
请接纳我的悲伤我的欢乐，
我也是草原的孩子啊！

心里有一首歌，
歌中有我父亲的草原母亲的河。
啊！父亲的草原，
啊！母亲的河。

——《父亲的草原母亲的河》（词：席慕蓉　曲：乌兰托嘎）

每个人的心中总会长留下一些刻骨铭心的声音、场景，每每引出，都教人不自禁的留恋、回味。

多少次，在《父亲的草原母亲的河》那动情的旋律中被感染得热泪盈眶，雄阔草原，母性之河，思乡的情结，归返的冲动，唤醒了多年前的梦，将我带到远方，那片心中的蒙古大草原，绿色的心灵家园，永远定格在呼伦贝尔。

在内蒙古东北部，北至漠河，南到阿尔山，东连大兴安岭，西接中俄界河的广阔区域内，沉睡着一片辽阔而神奇的土地：茫茫大草原一直延续到天边，连着森林、大河、大湖、湿地、异域风情的边镇，绵延着众多叫人意外惊叹，让人痴迷如醉的风景……

秋日照耀下的呼伦贝尔大草原

落日余晖下的呼伦贝尔大草原，浪漫博大；火山熔岩之上的大兴安岭森林，湖光山色；北国大泽呼伦湖，浩瀚如海；魅力之城满洲里，金发碧眼云集处，灯火阑珊，繁花似锦；中国面积最大的原始森林公园莫尔道嘎，茂密的白桦林，诗情万千。

额尔古纳，天骄故地，一水两国，激起多少大漠柔情、铁血丹心，为着“南有西双版纳，北有莫尔道嘎”的美妙境界，而甘愿策车漠河，进入森林王国。

莫尔道嘎国家森林公园

呼伦贝尔之所以有着神话般的口碑，完全得益于那片得天独厚的大草原。这片草原东与大兴安岭林地浑然一体，西与西伯利亚和蒙古高原接壤，天然草场的面积约1.2亿亩（含林缘草地），是中国境内的草原当中面积最大的一块，也是世界上三大草原之一。

呼伦贝尔草原是一个诞生传奇的地方。这里是北方游猎、游牧民族成长的摇篮，中国历史上有五个少数民族建立过统一政权，其中鲜卑、契丹和蒙古族就发源于此。一代天骄成吉思汗从这里出发，和他的后继者们一起建立了人类历史上版图最大的国家——蒙古帝国。

公元前209年，匈奴人统一北方草原，呼伦贝尔地区就属于三部领地之一。从那个时候开始，“呼伦贝尔”的名称就在马背上的将士们心中传颂。驰骋千年的征战铁骑、深情悠扬的长调牧歌、略带缓绵起伏的广阔草原、珍珠般滚落草原的牛群、羊群、马群和骆驼以及绸带般蜿蜒割破草地的河流、湖泊，这些都已化作传奇的梦境，在现代生活的复杂面貌下，隐约传递着关于远方、关于雄鹰、关于牧人、关于战马的信息。

盛夏的一天，在《天边》的歌声中，我们终于站在呼伦贝尔北部的大地上，看到了大草原上的河流，为人传唱的莫尔格勒河，心中的艾敏河，看到它寂然无声地从金帐汗大营腹下穿过，蓝色的河道像大地脐带一样弯回舞动，远山绕出空旷，起伏向天边的草地上有栗色的马群散布，150公里的“天下第一曲河”据说抻直的话，长达1500公里。

额尔古纳河

汽车像一只小甲壳虫，行进在茫茫天地间，一路西去，直到看到那条冲出草原，在中俄边界上游移近千里的大河——额尔古纳，我们终于明白了作为鲜卑后裔的席慕蓉为什么会思念这样的河，而自己执着远行于此也是来得其所。

不是每条大河都能被称为母亲河，额尔古纳，呼伦贝尔最大水系之名，容有莫尔格勒等支流的额尔古纳河，在人们视野外的北方，在草原、森林中旖旎而行，在中俄边界的近千公里路上浩浩而行，它是呼伦贝尔河流之源、大湖之源，庇佑出蒙古、鄂温克等诸多北方民族的祖地。蒙古民族就是最早在额尔古纳河东岸崛起，从而走出森林，驰骋向草原的，额尔古纳河养育了蒙兀室韦（蒙古族的祖先部落），它是呼伦贝尔的母亲河，是条堪比长江、黄河的大河。

额尔古纳河以优美的曲线勾画出中华版图的巨冠，她是中国北部边境最为重要的界河，拥有多达1815条大小支流。她的西岸是俄罗斯联邦共和国，东岸就是额尔古纳市。下游与俄罗斯境内的石勒喀河会合后共同组成黑龙江。

额尔古纳河的两岸，是两个不同形态的国家，而其中却生活着同样的一个族群——俄罗斯族。

他们是一个特殊的族群，从东方到西方，从过去到现在；他们的血液中流淌着中国北方民族的勤劳、勇敢、智慧和顽强，但同样也充满着斯拉夫民族性格中那种两极化的冲突与矛盾。

他们是谁？他们从哪里来？又将到哪里去？

□ 叩问中俄交融的沧桑岁月

额尔古纳河水温柔蜿蜒地静静流淌，无言地诉说着风云变幻的百年沧桑。在这条河上，中俄间的恩恩怨怨，剪不断，理还乱……

从百年历史文化的印迹中探寻，在中俄后裔的现实生活中感受，我们行走在额尔古纳河两岸，叩问中俄交融的沧桑岁月，聆听一个新民族的融合孕育的故事。

室韦口岸

室韦口岸俄罗斯民族乡的风情，像一路走过的内蒙古草原市镇一样，洁净、别致而富有特色，这里有亮眼的栅栏木屋，散发着的泥土清香、花花草草中的向日葵、别有情调的院落，说着家乡普通话的高加索面孔，长相陌生却淳朴热情的中俄后裔边地人，所有这一切都让我们感到新奇。

更为精彩的则是，当有人用蒙古话向一位迎面走来的具有欧洲人长相的老头子发问“你是哪里人”时，他却用地道的山东话回答你：“俺是山东人。”

当地的一位副乡长向我们介绍说，整个呼伦贝尔市有国家一、二类口岸八个，其中和俄罗斯有满洲里、黑山头和室韦三个通商口岸，室韦不但是最北的一个，还是全国唯一的一个俄罗斯族民族乡。室韦如今还是“中国十大魅力风情小镇”之一，主打牌正是“俄罗斯风情”。

我们当晚下榻的地方就是一户“俄罗斯族家庭接待户”。看着一张张长着欧洲面孔的男女前来迎接我们，开口却是浓重的山东普通话，这奇异的人文景观让我们产生了浓厚的兴趣。

据说，他们从没到过俄罗斯，但至今却还留存着许多俄罗斯人的生活习惯，他们始终保留着“列巴房”（烤面包房），居住的房子也是木刻楞，这种俄式木屋外墙用圆木围成，圆木之间填有青苔，屋顶铺着用斧子劈成的薄木板，屋子里却是中国北方常见的炕。俄罗斯人爱干净，喜欢养花，他们竟也是，进了屋子只见一尘不染，而且到处都是盆栽鲜花。屋内的装饰风格也显示出中俄交融的味道，一边墙上是俄罗斯的挂毯，而另一边则是中国传统年节张贴的招财童子。作为中俄后裔的俄罗斯族家庭，他们大多是中国父亲、俄罗斯母亲的后代，到现在已有五、六代六、七千人。

历史往往有惊人的相似之处。当从额尔古纳河、斡难河和克鲁伦河等流域走出的草原民族向南扩张时，他们一旦接受了中原的文化，便开始了和中原民族融合的过程。从额尔古纳河、兴安岭发源的鲜卑人、从乌苏里江森林发源的女真人，以及辽河流域发源的契丹人走的都是同样一条融合之路。额尔古纳河畔的俄罗斯族则是一种东西方民族的融合。

我们访问了中俄后裔中的许多人，问他们：“当初，你的父辈跟俄国人结婚有没有什么障碍？”他们居然回答：“没有什么障碍。”

那位副乡长告诉我们："中俄之间大规模的通婚，真正是从第一次世界大战期间开始的。在此之前两个国家、两个人种都比较仇视，互相之间语言还有障碍，所以没有通婚的基础。第一次世界大战期间，沙皇俄国把边境上十四周岁以上只要能够参军参战的人，全部强征入伍，即使五六十岁的老人也不例外，此时边境上便没有成年男子了。从额尔古纳河到黑龙江一带，形成了许多寡妇村，家里面基本上是贫困潦倒，无法生活。"

"后来沙皇俄国的一些人来到中俄边境上，发现中国这边有很多青壮年——三十多岁的山东人、河北人，或经商，或做苦力，都是孤身一人。于是，他们就到俄罗斯那些妇女的家中，连哄带骗说要给她们寻找生活出路，进行买卖婚姻。这边，他们通过中间人，跟中国人说，你要不要，要的话就给你做媳妇。就这样，大规模的中俄通婚最早就通过买卖婚姻促成了。当时，在这一带的山东人、河北人非常多，有一万多人，大多数人是三十多岁。那些年的通婚，都是通过买卖。"

"俄罗斯女人跟中国男人生活三五年以后，这边的语言也学会了，发现中国人还蛮不错，不打老婆，对家庭的责任心强，很多就主动回去，干脆把自己的妹妹、表亲、表姨也介绍给中国人了。再后来，两面的中国人和俄罗斯人亲属之间交往就非常频繁了。"

清代顺治六年（1649年）开始，清帝国开始鼓励向此地移民，于是河北、山东人接踵而至。与此同时沙皇俄国开始在西伯利亚和远东实行"边区俄罗斯化"政策，众多移民开始流入远东地区。历史上从额尔古纳河、斡难河为始发地，通过西伯利亚、中亚到欧洲的草原带，从来就是游牧民族从东向西的单向流动。如今，两股移民潮流分别从东西方而来，不过是强势的俄罗斯人向东扩张得更远。他们占领了西伯利亚东方民族的原驻地，两股移民最终在额尔古纳河和黑龙江流域相遇。

需要说明的是，东方的移民其实主要是来自关内、以汉族为主的流民。他们的移民属于在本国范围内的，迁移的目的是谋生，与俄罗斯有目的的武力对外扩张有本质的区别。是清军在雅克萨等地的军事胜利以及达斡尔、鄂温克等民族的抵抗最终让俄罗斯人的扩张停留在额尔古纳河西岸。1689年6

月13日，清朝任命钦差大臣索额图为代表团团长，于8月29日在尼布楚和俄罗斯御前大臣柯罗文举行了签约仪式。签订的《尼布楚条约》规定了“流入黑龙江之额尔古纳河亦为两国之界，河南诸地尽属中国，河以北诸地尽属俄国”。作为草原民族发祥地之一的额尔古纳河从此告别了内河的概念，成为两个本来相距遥远的大陆国家的界河。

额尔古纳河成为中俄界河，并没有能够阻止俄国势力和民族继续渗入河东岸。《额尔古纳志略》记载，1860年沿边境的大批俄国流民非法越界到额尔古纳中国一方盗采黄金，到1884年越界的人数已经达到15000人。清政府多次交涉后，俄国阿穆尔总督才发布告示，派员将俄罗斯人召回。边界的威胁带来新的民族迁徙。巴尔虎本是游牧在贝加尔湖东北部的古老蒙古部落，当时被清廷迁移定居到额尔古纳河上游沿岸，目的正是为了保卫额尔古纳界河边防，他们被称为陈巴尔虎（有别于后来从大兴安岭以东地区调来的现生活在新巴尔虎左右旗的新巴尔虎）。从清朝雍正五年（1727年）开始，清廷从满洲里到黑龙江漠河一共设置了18个卡伦（满语“哨卡”之意），其中14个在额尔古纳境内，以防止俄罗斯人越界放牧垦荒。如今卡伦虽然早已经消失，但是四卡、六卡之类的地名仍然被因哨卡而形成的乡村所沿用。

很难想象一条河能够完全阻止两大民族的交流，即便是双方存在多年的战争和竞争也不能阻止它的步伐。《中俄尼布楚议界条约》虽然确定了额尔古纳河界河的地位，但是该条约第五条也规定：“从前我国所有俄罗斯族之人及俄罗斯所有我国之人，仍留如旧，不必遣回。”两岸居民各种方式的交融仿佛额尔古纳河密如蛛网的水系一样错综复杂。俄国十月革命后，俄罗斯人开始了越过额尔古纳河边界的又一次高潮。《呼伦贝尔志略》记载，1922年在额尔古纳市定居的俄罗斯人共1855户，9883人。这些外来族裔和前来拓荒谋生的中国内地移民产生联姻关系，逐步开始形成一个新的民族。

典型的俄罗斯传统院子（中间是一座大“木刻楞”房）

夜幕降临，木刻楞早已成了歌曲和舞蹈的海洋。脸上布满刀刻般皱纹的风琴手与他的女儿们一起奏响了熟悉的俄罗斯音乐。我们随着那欢快的节奏翩翩起舞，放声歌唱。此时，由一群俄罗斯族大嫂组成的“敬酒娘子军”开始对我们展开猛烈的攻势。她们一首接一首地唱，我们一杯接一杯地喝，最后直到多数人“壮烈牺牲”为止，她们却依然豪情不减，竟一直站着把所有能记起的老歌都唱了一遍，整整三个小时，期间满屋子的歌声从未停歇。

第二天，跟女主人聊天，得知最近几年这里的旅游业十分火爆，她们下一个月的预约都已经排满，而且来的很多都是大干部和大老板，全是高端人士。夏天属于最忙的季节，她们一般早上起来先料理菜园子，下午迎接客人，一天忙得不亦乐乎。而到冬天就清闲多了，一般没有什么客人来，所以那个时候基本可以休息。她边说边做着手头的活，脸上挂满了笑容，看来旅游业确实带富了这里的人，而更美好的生活似乎还在前头。

□ 探寻中俄未来发展的坐标

此行的目标，我们是要解读中俄后裔，探寻中俄未来发展的坐标，而这一切的前提是要读懂俄罗斯，而要读懂俄罗斯则必须要有独特的视角，这就是我们在到达额尔古纳之后推翻原定考察方案，而临时决定要深入对岸的俄罗斯乡村时的思考。

我们要走进西伯利亚的俄罗斯家庭，去真切地体验这个民族的原乡生活，在依稀尚存的历史遗迹中探寻中俄未来的坐标。我们坚信，唯有原住民的质朴生活才可能保留下岁月的痕迹，这也正是拨开历史谜团的一根重要线头。

透过清晨的浓雾也能看到对岸的俄罗斯小镇奥洛奇。通往河边的土路已经被临时拉起的铁丝网拦住。其实从额尔古纳市经黑山头镇沿江公路一路过来，额尔古纳河风光虽然令人亲近，沿河的边境铁丝网却几乎和河流一样漫长，一直延伸到额尔古纳河下游，绝大多数地方根本无法接近河岸。室韦对岸奥洛奇沿河每隔数公里一座的岗哨哨塔提示着游客，两国的居民虽然比他们本国绝大多数地方的同胞生活得更近，但几十米的界河依旧是咫尺天涯。室韦虽然是国家一类口岸，但和奥洛奇并没有开放民间小额贸易和人员交流。

经过三个多小时的漫长等待，俄罗斯海关才让我们的三辆吉普车放行。汽车奔驰在一百年前还属于中国的土地上，驶过的土路两旁分布着一排排的农舍，但并不是传说中那美丽的木刻楞，而是一般的砖瓦房，平淡中依然透着整洁和素净。

汽车最后停在了一座废弃的工厂里，厂区已是野草丛生，破败不堪。一些机械设备懒洋洋地躺在正午的艳阳之下，早已是锈迹斑斑，伤痕累累。整个俄罗斯国家的缩影立刻浮现在我们每一个人眼前，辉煌的日子已经随着一首首的苏联老歌永远变成了令人伤感的回忆，而未来却是一团难解的迷雾，久久地笼罩着这位业已破落的贵族。

好在我们只在那里凑合了一个中午，稍事休息后，随即便搬去了一户俄罗斯家庭。我们入住的那户家庭并不是由占俄罗斯多数人口的斯拉夫人组成，而是带有移民性质的亚美尼亚人。虽然同样是生活在俄罗斯的土地上，但他们却还是一味地强调自己原来的身份。

通过与他们的接触，我们隐隐地感到，用理性并不能了解俄罗斯，用一般的标准根本无法衡量它，它存在的是特殊的东西。东方与西方两股世界洪流在这里发生碰撞，在二者的相互作用之下，俄罗斯民族既不是纯粹的欧洲民族，也不是纯粹的亚洲民族。俄罗斯的民族精神中，东方与西方两种因素永远在相互角力。

回顾一百多年来，中俄在这片土地上的交融史，中间交织的恩怨情仇，给了我们很多有益的启示。

历史上中国或是东亚的农耕民族和草原民族一南一北，大体上以年400毫米等降水线为界拉锯争斗了数千年。到近几百年中国前所未有的统一、消除了农耕民族和游牧民族的争斗后，一个全新的对手却越过乌拉尔山从西而来。那里正是当年蒙古大军曾经征服过并建立了钦察汗国的地区。

在俄罗斯圣彼得堡博物馆内至今仍可看到一幅油画，油画上炫耀的是俄罗斯人和哥萨克在西伯利亚与当地的东方游牧民族作战的情形。西方来的入侵者用火枪和火炮终于消解了游牧民族数千年来在军事上的优势，占领了蒙古、鄂伦春、鄂温克等游牧民族的栖息地，迫使他们中的大部分部落退回到额尔古纳河东岸、黑龙江南岸的大兴安岭山地。额尔古纳河、阿穆尔河（即黑龙江）这些以鄂温克等民族语言命名的母亲河从此成为两个国家的界河。

今天，用历史的眼光，站在我们的立场，可以说他们是侵略。但如果用一种超然的眼光来看，当大家兵戎相见的时候，就像两个牧民，彼此有自己的牧场，另外还有一块牧场是大家共同拥有的，现在准备把它确定下来，想把它变成自己的牧场，肯定会打仗。这个时候，实力决定一切，就像蒙古帝国的“上帝之鞭”横扫亚欧大陆一样。

的确，用包容的眼光看待历史，也许我们就可以不必为因民族融合而带来的民族文化的变异、湮灭而悲伤。因为你把何时开始算作起点？又能够把何时当作是本源？

正是这种横跨欧亚，兼有东西的地理特点，奠定了俄罗斯人精神结构的基础，使俄罗斯的民族精神具有一个根本性的特征，即两极性。俄罗斯民族是最两极化的民族，它是对立面的融合——它可能使人神魂颠倒，也可能使人大失所望。

我们入住的这户俄罗斯家庭有五口人，包括父母、爷爷还有两个可爱的小男孩。当年，爷爷被国家派来修铁路，出于对宁静乡村生活的热爱，便定居了下来。亚美尼亚人还跟一般的“正统”俄罗斯人不一样，他们的男人没有酗酒等陋习，我们看到的是一户十分和睦快乐的家庭。勤劳的男主人因为有些经商头脑，在镇子上开了一家杂货店，不但有了自己的车，一家的生活水平也跨入了小康标准，这点从他们家中的装修就能看得出来。我们吃的几顿饭也都很丰盛，从早餐的传统俄罗斯大面包和肉肠到中午的亚美尼亚白菜包肉和饭后的自煮咖啡，无不透出主人热情好客的本色。

一次午饭时，老爷爷激动地举起斟满伏特加的酒杯，深情地告诉我们：“我年轻的时候就跟中国人的关系很好，我旁边的人曾提醒我不要跟这些人走得太近，但我坚持认为自己做的没错，直到现在也是如此，这已成了我们家的传统。因为我相信中国人是善良和爱好和平的。”为此，我们在座的每一位都喝下了一杯辛辣的伏特加，共同祝愿中俄友谊地久天长。

我们已经欣喜地看到，随着中国的崛起和俄罗斯经济的复苏，历史又重新拉开了中俄民族融合的大幕，世界正期待一种更富建设性的重要力量因双方的融合而更强大，从而共同开创美好的未来。

室韦，这个额尔古纳河边的俄罗斯风情小镇，非常让人依恋，使人回味。正是在这里，我们融入了对岸俄罗斯村庄的笑声，看到南山下的悠然，两岸哨卡的和平，可贵的友好与宁静；也是在这里，我们看到了额尔古纳的星空，躺在窗边仰望近可点数的银河与流星，那种无比澄静、天人合一、叹为观止的绚丽，像两岸主人家的随和一样让人备感亲切，不忍割舍，希望有机会必回看望……

□ 中俄交往的另一段渊源

我们告别了额尔古纳，沿着中俄两国的边境线来到了一个特殊的历史节点，一个充满传奇的地方，继续探寻中俄交往的另一段渊源。

我们站在满洲里的“国门”前，无论是从这里看过去，还是从对面望过来，都是两个不同的国家，但却因为这个共同的结点而产生了深深的渊源。

1945年，伟大的抗日战争胜利之际，陈云在沈阳曾动情地说过，在中国共产党的奋斗史上有三件事情最为艰苦卓绝——中国工农红军二万五千里长征，南方八省根据地的三年游击战争，东北抗联十四年的苦斗。当年，东北抗日联军的星星之火之所以没有熄灭，还能屡败屡战，期间满洲里交通线的作用功不可没，正是通过这里，抗联的队伍得以退入苏联进行休整，保存了革命的火种。

满洲里是一个具有百年历史的边疆口岸城市。独特的地理位置使满洲里在百年风雨沧桑中成为蜚声中外的口岸名城。早在二十世纪二三十年代，满洲里作为连接我党与共产国际的红色通道，李大钊、陈独秀、瞿秋白、周恩来等党的大多数早期领导人曾冒着生命危险从这里出入中苏国境，有的人还经历了惊心动魄的生死考验。一些共产国际派往中国的工作人员也从满洲里入境，为中国共产党的成立与发展壮大做出了贡献。

满洲里夜景

在中俄交通线纪念碑前，我们走进那段烽火连天的岁月，共同回顾中共那段“偷渡秘史”。

中俄交通线，结合历史来看对中共起了三大作用。

首先，在中国与周边国家和民族的恩怨中，对比日本与俄国后发现，我们对俄国应该更有感情一些。尽管沙皇俄国伤害过我们，但后来苏联共产党，即当时所谓的共产国际，在共产党的成长时期，一直是通过这个秘密交通线，交流各种情报，输送人员和物资，包括在国内全面封锁下被迫到苏联召开党的“六大”等重要会议，这些对于中共的快速成长以及最终胜利都起了很大的作用。

其次，就是对抗日战争的支持，无论是对抗联的援助还是诺门罕战争的胜利，都间接支持了中国的抗日斗争。

最后，抗战胜利，苏联占领东北后，左手把东北拿过来，右手就悄悄交给了中共，这肯定是苏联在里面帮忙。这个地方历来就是一个天然粮仓，演兵场，共产党拿到东北黑土地后，立刻兵强马壮，再现了祖宗的护佑，又一次成为“历史的厚待”。

现在说起满洲里，世人还会联想到那位曾经是中国“首富”，后来却又成为中国“首骗”的南德集团老总——牟其中。他曾野心勃勃地宣称要投资一百亿元，在这里开辟一个十平方公里的“自由贸易区”，从此两国的火车可以直接进入贸易区，迅速卸下货物后重新装车，这样一来边境火车的过货能力和两国的贸易额将会大大增加，从而把满洲里变成“北方的深圳”。但也正是这笔生意触发的信用证诈骗案把他带入了万劫不复的深渊。

尽管年逾古稀的牟其中已经出狱，并积极准备着彻底平反和重振南德的那一天，但满洲里却早已走出了那段历史的阴影，步入了边贸经济健康发展的正轨。

“欧亚大陆桥头堡”——满洲里国门

满洲里市地处中、俄、蒙边境地带，素有“亚洲之窗”和“欧亚大陆桥头堡”之称。因为其特殊及优越的地理位置，20世纪90年代初期的满洲里市就已经确立了以发展对外贸易为主的经济发展战略。由于受当时的经济发展模式和对外贸易格局的制约，当年那种小商小贩式的“倒包”经济只红火了几年便沉寂了下来。

新世纪的曙光带来了新的机遇，2000年后满洲里市开始重新审视自身的价值和优势，确立了以发展“路桥经济”为重点的方针政策。投入了大量资金用于改善铁路站场和口岸公路，使满洲里口岸通关过货量由1999年的480万吨猛增到2017年初的3000万吨。截至目前，以满洲里口岸为枢纽的出境中欧班列已达到44条。经满洲里口岸出境的中欧班列主要集货地包括苏州、天津等60个城市，出境班列已到达欧洲11个国家的28座城市。目前经满洲里口岸入境的回程班列已经达到13条，班列运营溢出效益不断凸显，已成为中国最大的陆路口岸，也是内蒙古自治区对俄贸易和货物疏运的最大通道，现代万里草原丝绸之路的最重要枢纽之一。

当我们首次踏上满洲里这片土地的时候，马上就感受到与其他边境城市大为不同的气势规模与发展水平。走进市区，各式俄罗斯风格的建筑整齐地林立在一排排的胡杨树后，偶尔还能见到设计典雅的高层公寓住宅。据随行的呼伦贝尔市政府工作人员介绍，随着中俄两国贸易往来的日益频繁和紧密，每逢周末，这里的餐馆和酒吧便会成为欢乐的海洋，一天大约会有五千左右的俄罗斯人过来享受这边的夜生活。另外，平时很难找到住宿的地方，因为火爆的宾馆里挤满了来自四面八方的大客商。

满洲里套娃广场

满洲里的繁荣已经为中国其他边境小城的经济发展树立了标杆，而随着一带一路倡议的实施，中俄贸易关系的日益紧密，牟其中曾经试图打造的“北方深圳”，在不久的将来完全有可能成为现实。

□ 一场改变“二战”历史的战争

世界反法西斯战争胜利70周年。

内蒙古东部呼伦贝尔大草原，天地苍莽，残阳如血。

站在哈拉哈河西岸，望着苍茫的诺门罕旷野，我们的思绪仿佛回到了那段烽火连天的岁月，想起了多年前曾特别关注过的一场战争。这是一场被很多史学家称为“改变了第二次世界大战进程，也改变了二战之后世界格局”的战役，尽管它鲜为人知，但却意义非凡。

公元1939年5月，中蒙边境的诺门罕，日本关东军突然对蒙古国发动进攻，企图把蒙古作为下一步入侵苏联远东地区的跳板，进而实现其蓄谋已久的“北进计划”。

战斗虽然发生于日满联军和苏蒙联军之间，实质上则是日本和苏联的生死较量。参战的双方各派出了五至六万的兵力，战争中，苏军使用了当时所有的各种类型坦克，甚至包括尚在试验中的当时最大的一种多炮塔重型坦克。诺门罕战争成为苏军的坦克大试验场，可以说这是发生在二战期间亚洲战区最大的一次装甲战，由此也成就了朱可夫元帅在二战中卓有成效的“坦克战术”。

日本人狂妄的近乎疯狂的军国主义野心在此战中暴露无遗，也许是此前的日俄战争让他们尝到了甜头，在侵占朝鲜和中国的同时，他们还企图北上与德国瓜分苏联的土地。但此时，苏联的国力已是今非昔比，仅钢铁产量便是日本的四倍。狂妄的盲目自信与野心的极端膨胀使日本人付出了前所未有的沉重代价，苏军的机械化部队在诺门罕几乎全歼日本唯一的坦克师团，更毙伤俘虏日军达5.4万人之多。

战争持续了5个月，以日本关东军惨败而告终，被日本陆军省称作“日本陆军成军以来首次惨败”。由此，日本被迫将北上侵苏改为南下犯美，之后偷袭珍珠港，从而发动了更大规模的太平洋战争。

这场鲜为人知的大规模战役，是二战初期一场对战局有重要影响的战争。在短短的五个月之间，日军元气大挫，苏军则大获全胜，而二战的历史也从此被改写。此后，日军对苏作战的自信心彻底崩溃，军事战略由“北上”改为“南下”，使得苏联东线无战事，从而把所有的兵力投入到了对德的卫国战争中并取得了胜利；这次战役，不仅使新式的坦克战法第一次得到演练，而且拯救了朱可夫[1]将被清洗的命运，使其脱颖而出，成为日后名声赫赫的苏军元帅。

[1] 全名为格奥尔吉·康斯坦丁诺维奇·朱可夫（俄语：Георгий Константи́нович Жуков/英语：Georgy Konstantinovich Zhukov，1896年12月1日~1974年6月18日），苏联著名军事家、战略家，元帅。

往事如烟，岁月蹉跎。此后，这场战争并没有人过多地去关注。

在硝烟散尽的60年后，我们来到了这里，瞻仰诺门罕战役纪念馆，专门了解这场反法西斯战争的世界意义。

对于诺门罕战役的关注，我是从一本描写苏联间谍的书上知道并产生了浓厚的兴趣。为什么感兴趣呢？因为这是发生在中国大陆本土上，基本上改变了二次大战命运的一次战争。它产生了重要影响，却又鲜为人知。

走在战争的遗址上，我们与当地专家进行了深入的交流与探讨。

“要说诺门罕战役，还得从日本对外侵略扩张的军事战略说起。《田中奏折》就很能说明这一思想，‘欲征服中国，必先征服满蒙，欲征服世界，必先征服中国。’获取中国资源后，‘进而征服印度、南洋诸岛、中小亚细亚以至欧洲’。”

“日本从1868年的明治维新以后迈进了现代国家行列。20世纪初期，经过日中、日俄战争后，开始在东亚扩张的野心，侵占了中国东北地区后，建立了伪满洲国，继而发动了全面侵华战争。1938年发表了‘东亚新秩序声明’，1939年5月，作为其计划的第一步，有意识地挑起了诺门罕战争。”

当地专家对那段历史熟稔于胸，娓娓道来。我们的身后是被日本人称为“茫茫旷野”的诺门罕布尔德草地，这里地势广阔，丘陵不多，没有什么依托，人烟稀少，便于大部队展开。

诺门罕布尔德草地

对历史的解读，引发了我们对这场战争的意义与价值的深思。

诺门罕战役作为世界反法西斯战争的一个重要组成部分，意义重大。

首先，它使日本人北进苏俄、夹击苏联的计划彻底受挫，改变了北进苏俄的作战意图，从侵苏改为反美，间接导致了太平洋战争，加速了日本军国主义的灭亡；其次，从军事史上来说，这是第二次世界大战当中，在亚洲大陆上，第一次陆空协同作战的先例，是一次立体战争；最后，日本关东军经过这场战争大败后，后来基本上是无所作为。由此，真正锤炼了苏联军队，为他们赢得对希特勒的卫国战争，做好了充分的准备。

“如果没有诺门罕战役，世界的历史将会怎样？”历史充满了悬疑，这是人们最想知道的答案。

这是一段不该被遗忘的历史，只有放在更长的历史尺度上来看才能回归它所应有的价值；这是一段真实的历史，在战火中记录下俄罗斯民族重新找回的自信与骄傲，更折射出被战火摧毁的日本大和民族的狂妄与贪婪。

这场战争不禁使人慨叹，历史的偶然中却充满了必然。

笔者在诺门罕战役遗址陈列馆留念

现在，内蒙古呼伦贝尔草原深处的新巴尔虎左旗建设了一座诺门罕战役遗址陈列馆，草地上陈列的苏联坦克模型提醒着人们这里曾经发生过怎样激烈的战斗。这些模型是模仿苏联的T—28中型坦克，它是苏联服役最早的中型坦克，从1933年起正式装备苏联红军。直到今天，每当草原重新披上绿色，那些当年曾参与过这场战争的日本关东军士兵和他们的后人，仍要来到这片土地上凭吊战场遗迹，仍在寻找究竟是什么原因决定了双方的胜败。

第五编　蒙西大漠隐蔽的神秘节点

内蒙古，东西2400公里的巨大跨度，一东一西有两个面积巨大却景色完全相反、历史文化特征大相径庭的盟市。

内蒙古最东北部的呼伦贝尔市，面积26万平方公里，主色调为绿色，拥有水草丰美的呼伦贝尔草原和壮美的大兴安岭林场，还有东北地区的神洞，鲜卑族融入中华民族的见证——嘎仙洞。

内蒙古最西侧的阿拉善盟，面积27万平方公里，总人口24万人，是内蒙古自治区面积最大、人口最少的盟市，主色调为黄色，戈壁飞沙、大漠胡杨是这里的典型景象，悠久灿烂、神秘厚重的居延文化是这里的招牌。

“阿拉善”是贺兰山的音转，蒙语意为“五彩斑斓之地”。阿拉善盟东与巴彦淖尔、乌海、鄂尔多斯三市相邻，东南部沿着贺兰山与宁夏毗邻，西部沿着马鬃山与甘肃接壤，北部隔着茫茫戈壁大漠（东西横亘千余里、南北纵深五百多里）与蒙古国交界。著名的巴丹吉林、腾格里、乌兰布和三大沙漠横贯阿拉善全境，沙漠面积约7.8万平方公里，占全盟总面积的29%。北部戈壁分布较广，面积9万多平方公里，占全盟总面积的34%。其中，巴丹吉林沙漠以高陡著称，是世界上唯一的沙漠地质公园——阿拉善沙漠世界地质公园的核心区，有海拔为1609米的“沙漠珠峰”和面积达160平方公里的“鸣沙王国”。南北绵延250公里的贺兰山，山体雄伟，巍峨陡峻，遥望宛如骏马，是阻挡腾格里沙漠东移的天然屏障。其主峰海拔为3556米，是内蒙古自治区和宁夏回族自治区的最高点。居延河畔，湖泊水质清淡，沿岸水草连天。金秋胡杨枝叶婆娑、流光溢彩，素有“生一千年不死，死一千年不倒，倒一千年不朽”的美誉，是中华民族精神的象征，也是摄影和影视作品的上佳素材。

阿拉善沙漠地质公园

□ 刀锋上的弱水流沙

大漠黄沙掩藏着历史的秘密。荒漠戈壁上的居延文化遗址与古丝绸之路上的罗布泊、楼兰古国一样闻名遐迩。大漠古城、居延汉简、亭燧障塞、边城古墓、阡陌河渠……作为研究汉代文化、西夏文化以及伊斯兰文化传播的重要之地，这里丰富的文化遗存，具有极高的学术研究价值和潜在的开发利用价值。

其实在三千多年以前，阿拉善所在的广大地区水量充足。在今内蒙古额济纳旗北部有著名的居延海（泽），当时是一个水草丰美、牛羊遍地的游牧民族的“天堂”。居延是匈奴语，《水经注》中将其译为弱水流沙，在汉代时曾称其为居延泽，唐代起称之为居延海。居延海是一个奇特的游移湖。它的位置忽东忽西，忽南忽北，湖面时大时小，时时变化着，但总体上日趋干涸。历史上的居延海，由东、西、北三个湖泊组成。其中的西居延海，传说老子出函谷关以后在这里化身入海，得道成仙，踪迹全无。因此有人称这个地方是“流沙仙踪”。居延海还是穿越巴丹吉林沙漠和大戈壁通往漠北的重要通道，是兵家必争必守之地。为争夺河套地区及丝绸之路控制权，汉朝与匈奴之间展开了长达百余年的战争，包括围绕居延泽的河西之战。

“大风起兮云飞扬，威加海内兮归故乡，安得猛士兮守四方！”

——（汉）刘邦《大风歌》

汉高祖刘邦建立汉朝后，最念念不忘的就是“安得猛士守四方”。因为居延所在的汉帝国北部边境十分不安稳，日渐强大的匈奴军队完全有能力从草原长驱直入，直抵汉朝的国都——长安。发生在公元前200年，差点害了刘邦性命的白登之围，这股强大的力量就来自居延地区。汉王朝与匈奴之间的战争连年不绝，一直处于被动挨打位置的汉王朝，直到汉武帝继位之后，这种局面才开始改观。

作为北方草原最早纳入中华版图的地区之一，居延地区逐渐成为汉朝最为重要的边疆辖区，张骞几次出使西域，出阳关，入居延，成就了丝绸之路。长平侯卫青、飞将军李广、“冠军侯”霍去病等人成为汉朝抗击匈奴、开疆拓土的真正猛士。尤其是勇冠三军的大漠骠骑将军霍去病，在两次河西之战中，俘获匈奴祭天金人，直取祁连山，在漠北之战中，封狼居胥，大捷而归。

近代，这里出土了被誉为20世纪考古学上四大发现之一的“居延汉简”。这些可以与甲骨文并驾齐驱的汉简，记载了大量的居延军民活动的事务，例如帮助刘秀安定北方，实现光武中兴的窦融。窦融是东汉时期的重要人物，也是我国最早的边贸大臣。他曾经在居延地区统领五郡，维护河西地区的安定。在居延汉简中，有名有姓的戍边将士达上千人，他们为当时的汉朝屯田戍边政策做出了极为重要的贡献，使这里成为我国最早的农垦区之一。当时的居延地区成为重要的产粮区，被誉为“居延粮仓”。关内出现饥荒时，曾为之提供过粮食支持。

“单车欲问边，属国过居延。征蓬出汉塞，归雁入胡天。大漠孤烟直，长河落日圆。萧关逢候骑，都护在燕然。”

——（唐）王维《使至塞上》

大漠孤烟直，长河落日圆

时光如梭，霍去病经此地远征匈奴后，这里就逐渐繁华了起来，成为汉代丝绸之路的重要站点。丝绸之路居延古道兴盛了数百年，成为河西走廊与漠北的唯一通道。到了唐代，居延地区成了抗击强大突厥的边防重镇。当时的文人墨客都以能够到边境上走一走为荣，从而在中国古代诗歌全盛时期出现了大量以边塞为题材的诗词。霍去病大军过后800多年，唐代大诗人王维又从这里打马走过。王维不但到过居延，并且还在居延生活过一段时间。他关于居延的《使至塞上》一诗，尤其是“大漠孤烟直，长河落日圆”成为千古名句，不仅妇孺皆知，而且使居延这个地方流芳百世。“安史之乱”时，河西走廊被吐蕃切断，居延地区成为长安通往西域的草原丝绸之路北道。

“誓扫匈奴不顾身，五千貂锦丧胡尘。可怜无定河边骨，犹是深闺梦里人。”当每天晚上身穿鹤氅，巨石焚香的晚唐隐士，写下这等痛彻心扉的边塞诗句时，孤独的星辰便已在茫茫大漠中忧郁地升起，冷森的星月之光，勘破了神秘的黑夜，这是大唐的黑夜，也是人心的黑夜。刀锋上的弱水流沙，边塞诗中的旷野呼告，都是汉唐灵魂之喉发出的高亢之音。当年吟罢，诗人必定哀痛得大叫三声，接着遁迹于烟波浩渺的江湖。

□ 大漠中的西夏黑暗书

说到阿拉善和居延，就不得不说神秘的黑水城与西夏。黑水城与西夏之所以神秘，是因为它们在历史上被大漠尘封了数百年。

黑水城（蒙语称为哈拉浩特，又称黑城）作为西夏古都，在西夏历史上占有非同寻常的地位，也是迄今丝绸之路上保存最完整、规模最宏大的一座古城遗址，位于今内蒙古额济纳旗东北，因旁边有黑水河流过，故此得名。元代时又称“亦集乃城”“哈拉浩特”，仍为黑色都城之意。额济纳也是国内至今唯一沿用古西夏地名的地区。建立西夏的党项人称黑水为“额济纳”。

黑水城始建于公元11世纪初，是西夏王朝设在北部边境的一座重要的军事城堡，也是西夏“威福军城”。城堡早在西夏王朝正式建国以前就已建成。尽管城市规模较小，但战略地位极为重要。它是河西走廊通往漠北的必经之路和交通枢纽。

到西夏鼎盛时期，黑水城已不再是一座单纯的军事城堡，逐渐变成一座经济、文化都较为发达的城市。当时的黑水城内，官署、民居、店铺、驿站、佛教寺院以及印制佛经、制作工具的各种作坊布满了城区，一派繁荣昌盛的景象。这种情况大约持续了近200年之久。

公元1226年，北方“蒙古汗国”的成吉思汗率领大军征伐西夏，首先攻克了黑水城，并由此南下，直取西夏的国都兴庆府，次年，西夏灭亡。元朝建立后，黑水城依然沿用，而且受到元朝统治者的重视，在这里设置了亦集乃路总管府。元朝时期的黑水城，人口众多，经济发达，而且还作为草原丝绸之路的重要一站，是当时“北走岭北、西抵新疆、南通河西、东往银川”的交通要冲和元朝西部地区的军事、政治、文化中心。

元朝末期到明朝中期，这里的情况发生了巨大的变化。军事政治上，明朝乃至后来的清朝都不再重视黑水城。气候上，昔日的绿洲逐渐被沙漠吞噬，变成了一片荒漠。于是，昔日繁华昌盛的黑水城也变成了一座废城。随后的几百年间，这里成为被遗忘的地方，当地传说黑水城经常狂风大作，飞沙走石，那片残破的古城遗迹埋藏着无数珍宝，但每个走进它的人，都会被厄运诅咒，因此送给了它一个更诡秘的名字——“被诅咒之地”。黑色之城，死亡之城。

黑水城

今天，小说《鬼吹灯》、电影《龙门飞甲》等文艺作品中屡屡将黑水城描写为藏宝地，让黑水城成了一个充满神秘、惊悚、诱惑的符号。黑水城确有宝藏，但并非金灿灿的金银珠宝，而是记载和见证了中国古代西夏文明的文物。而且它们被发掘的时间，要在《龙门飞甲》所说的明朝之后数百年，其发掘者，自然也不是“厂公”和江湖高手，而是一个来自外国的探险家。

《龙门飞甲》拍摄地——黑水城

1908年3月，俄国探险家科兹洛夫率领一支探险队，走进了内蒙古腹地荒漠之中，黑水城自此揭开面纱。数次疯狂地挖掘后，贪婪的探险者用40头骆驼从这里运走了20000多卷文书和500多件价值连城的唐卡珍品和大量的西夏文献，这些宝贵的文物文献在圣彼得堡展出，引起极大的轰动。黑水城也因此名闻世界。西夏学从此诞生。这一发现被公认为是19世纪末、20世纪初殷墟甲骨、敦煌遗书之后的中国第三大考古文献发现。

“西夏”是一种他称，党项人在唐朝后期崛起于夏州，其首领后被宋朝和辽国封为夏王，加之所处位置靠西，所以宋人和辽人便称其为“西夏”，实际上西夏人的自称是“大白高国”。

实际上，西夏国主要由党项人创建。党项族是古代北方少数民族之一，属西羌族的一支，部分与内迁的鲜卑族联姻同化而成。隋唐时，党项人沿着草原丝路从青海迁徙到宁夏及阿拉善等地区。唐朝灭亡前，党项人因为帮助唐军镇压黄巢起义有功，党项首领被唐朝赐国姓“李”。

公元1038年，雄霸塞上的党项首领元昊在兴庆府（银川市）建立了西夏国，历11帝，享国189年，疆域范围在今宁夏，甘肃西北部、青海东北部、内蒙古以及陕西北部地区。盛时“东尽黄河，西界玉门，南接萧关，北控大漠，地方万余里，倚贺兰山以为固”，前期与北宋、辽朝对峙，后期与南宋、金朝鼎足，是当时中国的第三大势力。

西夏是我国历史上西北地区统治时间最长（享国近200年）、军事力量最强（国土面积约为北宋、南宋的1/3）、文化自成一体的国家，西夏政权建立后，崇信佛教，并以汉字为参考发明了自己的文字——西夏文。

很多人对西夏的印象来自于金庸的武侠小说《天龙八部》，书中的西夏就是一个称霸西北的大国，慕容复、段誉等人都曾前往西夏应选驸马。

13世纪，蒙古人突然迅速兴起后，曾在22年间6次征伐西夏，其中成吉思汗4次亲征。1227年，成吉思汗率大军包围夏都兴庆府达半年之久，在西夏人“玉碎式”的拼死抵抗下，蒙古军付出了惨重的代价，成吉思汗亦受重伤死去，死前降旨对西夏人以灭绝政策：“每饮则言，殄灭无遗？以死之、以灭之。”所以兴庆府被攻破后，西夏人遭到大肆屠杀，白骨蔽野，千里苍凉。

据史料记载，西夏建国初期人口约250万，大杀戮之后，元朝初年西夏故地并入元朝户籍的只剩下10多万人。1987年，考古工作者对元昊帝陵东碑亭进行发掘时，发现5个大灶坑，灶口直径达118厘米，灶壁烧结层厚10厘米左右。显然，曾有大批人马在此驻扎了很长一段时间，在附近的堆积物中，还发现了陶瓷器皿、铜铁器具和棋盘、棋子等生活用品，这些东西很可能与蒙古军队的驻扎有关。在蒙古人的焦土政策下，作为西夏国“地脉”象征的西夏王陵群必然也遭到了巨大的劫难。

西夏王陵

那么，蒙古军队为什么要血洗西夏，斩草除根呢？有一种可信的说法是，这与成吉思汗的死因有关。

关于成吉思汗的死因，《元史》的正式说法只有20个字：“秋七月壬午，不豫。己丑，崩于萨里川哈老徒之行宫”。

当年，意大利商人马可·波罗在他的游记中说，成吉思汗进攻西夏时，膝部不幸中了西夏兵士射来的毒箭。结果毒气攻心，伤势益重，从此一病不起。

清初，曾被译成满汉文本，并收入《四库全书》的蒙古史书《蒙古源流》中记载，成吉思汗在进攻西夏之时，曾俘获西夏王妃，在陪寝首夜，这位西夏王妃便伺机刺伤了放松警惕的成吉思汗。

总之，不管成吉思汗是何种死因，西夏似乎总是脱不了干系。自此，一个有着189年文明的西夏王朝，从此销声匿迹。党项人，亦不知所终。

实际上，西夏国和党项人对万里丝绸之路的畅通曾做出过重大贡献。

西夏在11世纪上半叶占领了河西走廊以后，全面控制了中原通往西方世界国际通道——丝绸之路。他们依托承东启西，接转南北的交通区位优势，不断巩固原有的草原丝绸之路，并使之连接上沙漠丝绸之路，对丝绸之路的发展和中西方文化贸易的交流，起到了积极推动作用。

当时，西夏不断巩固原有的丝绸之路，还开辟了通往辽国的草原丝路。同时，西夏凭借对丝绸之路的垄断，积极发展转手贸易，将西方珠宝、玛瑙、象牙卖到辽国和宋，将丝绸、瓷器、茶叶转手卖给西方。西夏还向西方大批出售自身所盛产的食盐、甘草、大黄、枸杞等优势商品。只不过对于中原地区的宋朝来说，他们与西方的贸易之路被西夏隔绝。在此形势下，北宋试图通过熙河开边（即河湟开边），经营陇右都护府，夺取对西夏的战略主动权和对丝绸之路的控制权，但颇为不易。加之这一时期中国北部、西部地区进入了干旱期，过去的草原和绿洲逐渐荒漠化，商路已经没有办法连成一条线，陆上交通很难延续，也导致了陆上丝绸之路的不断衰弱。因此，北宋、南宋时期，发自东南沿海的海上丝绸之路愈发兴盛。

历史上的西夏之所以神秘，至少有两大方面的原因。

一是官方正史缺乏。由于西夏亡国之状极为悲惨，存世的西夏文已成为天书般的死文字，无人破解，而元朝著名政治家、军事家、丞相脱脱主修的《宋史》《辽史》和《金史》中，仅各立了《西夏传》或《党项传》，没有为西夏编修专史，所以一直以来，西夏像个散发着浓厚巫气的“缥缈之国”，留下众多散乱而深邃的谜团。

如天书般类似仿宋体的西夏文字

二是明朝中后期乃至清朝荒废了黑水城地区的经营，加之沙进人退，致使保存有整部西夏文献的黑水城成为被人遗忘的废城。

另外值得一提的是，17世纪前后，人类历史上最后一次民族大迁徙，蒙古土尔扈特部回归祖国的爱国壮举被世人所传唱，而其中先于渥巴锡回国的一支东归英雄后裔就安居在美丽的额济纳（今位于阿拉善盟额济纳旗）。

公元1698年，阿拉布珠尔率属土尔扈特部500人从伏尔加河流域启程，先赴西藏，后栖党色尔腾（今甘肃西部），最终定居于内蒙古额济纳，形成了额济纳土尔扈特部。阿拉布珠尔的回国，也是一种投石问路的试探，对留在伏尔加河畔的土尔扈特人后来东归祖国起到了示范作用。1771年，土尔扈特部首领渥巴锡率领20余万部众，从久居的伏尔加河流域启程东归，冲破沙俄重重截击，历经千辛万苦，胜利返回祖国。土尔扈特部的回归为巩固中华多民族国家的统一，书写了可歌可泣的光辉篇章。

额济纳土尔扈特部从回归至今，已300多年。时光变迁，土尔扈特蒙古族的爱国情怀始终不变，传统的生活习惯、文化娱乐，以及对藏传佛教的信仰等仍然被保持着，成为阿拉善“五彩斑斓之地”的一道靓丽风景。

今天的居延及阿拉善地区，不但有神秘的古城遗址，也有震撼的东风航天城，不但有壮美的大漠胡杨，也有独树一帜的沙漠产业。随着“一带一路”的深入推进，这里将被赋予更多新的时代内涵。

第六编　蒙中边塞丝路上的召庙陵

千年以降，草原青城、中国鹿都、天骄圣地，涵举中国古代和亲使者王昭君之青冢、四百年喇嘛教皇家之帝庙大昭寺；比包头建城历史还要悠久的美岱召和五当召；千年伟人成吉思汗的陵寝所在地，蒙古王爷七旗会盟的苏泊罕草原等历史文化圣迹。

自古，呼包鄂三地汇聚蒙古高原最高规格的召、庙、陵，一直是蒙古族宗庙文化之所在，其宗教文化中心、军事经济中心和交通枢纽中心的历史地位无可撼动。

□ 呼和浩特：青城、黄教、红粉金刚

内蒙古自治区境内有一条横亘东西的阴山山脉，它的中部称作大青山。大青山巍峨陡峻，树木葱茏，像展开的双臂，拦阻着从西伯利亚吹来的酷寒朔风，收集着东南季风带来的温润降水，滋养着怀抱中广大而肥美的平川。

这里气候温和，水草繁茂，在历史上是我国北方游牧民族崛起的重要地区。千百年来，在这片沃土上崛起了一座大城，因为她沐浴在大青山的山光秀色之中，故名“青色之城”，蒙语称作“呼和浩特”。

大青山

呼和浩特有着悠久的历史和灿烂多彩的文化，是华夏文明的发祥地之一,一直是草原丝绸之路的重要节点。先秦时期，赵武灵王在此设云中郡，这里是胡服骑射的发祥地；汉代，这里是昭君出塞的目的地；魏晋南北朝时期，北方鲜卑在此建立盛乐国都，这里成为拓跋部的龙兴之地；元明清时期，这里是旅蒙商家互市之地。这里，自古便是游牧文明和农耕文明交汇、碰撞、融合的前沿。

伴随草原文明的高度发达，北方游牧民族在南征北战与东讨西杀之后，开始寻觅灵魂的安顿之所，草原的统治者也可借此收拾民心，此时藏传佛教在蒙古草原上的神圣地位便由此确立。

四百多年以前，当青城遇上黄教，与青藏高原上的佛教圣地拉萨的情况类似，也是先有召（昭）庙，再有城。作为藏传佛教北传线路上的中继站，呼和浩特曾出现过三次大建召庙的高潮，共建起喇嘛庙近100处，再加上其余寺庙约有200余座之多。

据说，1300多年前藏王松赞干布建造大昭寺，是为供奉佛像。他先后迎娶了尼泊尔的尺尊公主、唐朝的文成公主。两位公主的嫁妆，分别是释迦牟尼8岁和12岁的等身佛像，后都供奉在大昭寺。其中文成公主从大唐长安带去的释迦牟尼12岁等身像最为珍贵，这是全世界唯一保存最完整的佛祖12岁等身像。拉萨之所以有“圣地”之誉，也与这座佛像有关。拉萨当地人讲“没有拜过12岁等身像，就没有来过拉萨”，所以有另一种说法，“先有大昭寺，后有拉萨城。”

松赞干布始建大召寺的九百多年后，阴山与黄河之间的土默川平原上，藏传佛教的召庙开始大量建设，今天呼和浩特也是从那时开始建城。

因为呼和浩特召庙林立，所以也有“召城”的称号。民谚云：“七大召，八小召，七十二个绵绵召。”可见，当时呼和浩特喇嘛庙的数量和规模是相当的可观。

更有老辈人口口相传是“先有召，后有城”。历史上的各个寺院给城市带来的繁荣景象，极大地促进了城市经济和城市规模的扩张。

小召，又称“崇福寺”，清康熙三十六年（公元 1697 年）建成

今天，这些寺庙古迹散布于塞外草原各处，有被誉为“召城之最”的大召、“佛教建筑典范”的席力图召，有闻名遐迩的辽代万部华严经塔（即呼和浩特地理标志之一的“白塔”），有世界上唯一用蒙古文字刻写的天文图金刚舍利宝塔等，组成了呼和浩特独特的召庙文化，而这些召庙中尤以藏传佛教格鲁派（黄教）居多。

那么，庄严神秘的藏传佛教为何会大规模地进入了蒙古草原？这还必须追溯到蒙古大汗阿勒坦汗与藏传佛教格鲁派领袖索南嘉措，一场跨越时空的历史性聚会。

相传大班智达根敦珠在旺果日山上亲见十六罗汉之时，曾经预言格鲁派领袖索南嘉措前往后藏之后，将去远方云游。他言说：“对于众生救主八思巴法王，忽必烈皇帝作为受戒的供养第一次奉献了卫藏十三万户，第二次交给了统治藏地三区的权力……在最后一次献大供养时，先赐黑缎七匹，后赐白缎一匹。八思巴上师说：我们俩七世之间不会相逢，等到大王您的名字有一金字，我的名字中有一海字，将会聚首广谋利生之事。”

阿勒坦汗，蒙语意为“金汗”，有一“金”字；而索南嘉措则意为“福德大海”，有一“海”字。传说如此撮合了阿勒坦汗与索南嘉措的相会。

真实的历史则是另一番情形。16世纪中叶，蒙古阿勒坦汗的势力从河套一带扩张到甘肃青海地区。公元1566年（明嘉靖四十五年），阿勒坦汗的侄孙呼图克台进军西藏地区，战争胜利后他将一些喇嘛带回了蒙古，并接受了黄教教义。这引起了阿勒坦汗的注意，他认为有必要建立一个宗教中心，巩固自己的统治地位。

公元1572年（明隆庆六年），阿勒坦汗向大明朝廷请求赐予“金字番经”，派喇嘛到青城宣扬教义。6月，两名喇嘛受明廷派遣来到青城传教，阿勒坦汗授予他们“大国师”称号。但不久之后，两位“大国师”就返回了北京。

第二年，阿勒坦汗率部西征，在川藏交界的喀喇土伯特俘获了当地两个部落首领兼宗教首领，阿勒坦汗如获至宝，将二人奉为上宾。两位喇嘛向阿勒坦汗详细讲解了黄教教义，并劝其信奉佛教、修建佛寺，这些建议被阿勒坦汗全部采纳。

最后，他们向阿勒坦汗建议：迎请西藏活佛索南嘉措。

公元1574年（万历二年），当威震蒙古、甘肃和青海广大地区的阿勒坦汗派遣使者，到拉萨迎请他在青海会面时，索南嘉措欣然允诺。由于路途遥远，双方把会面的时间定在了三年后。

为迎请索南嘉措，在明朝政府的支持下，阿勒坦汗在青海察布齐雅勒这个地方修建了一座漂亮的寺庙，明政府赐名“仰华寺”。

由于遇到军事上的麻烦，阿勒坦汗率领的队伍8万余人，在公元1578年才到达约定地点。当他得知索南嘉措由拉萨启程的消息后，随即从察布齐雅勒先后派出三批使臣，前往迎接。是年农历五月十五日，索南嘉措在无数随行人员的簇拥下到达青海，实现了传说中大班智达根敦珠的预言。

在新落成的仰华寺，阿勒坦汗向索南嘉措呈上数量颇巨的珍宝及布帛马匹。随后举行盛大法会，索南嘉措为阿勒坦汗举行灌顶仪式，阿勒坦汗正式皈依黄教。阿勒坦汗与索南嘉措互赠尊号，阿勒坦汗称索南嘉措为“圣识一切瓦齐尔达喇达赖喇嘛”，索南嘉措则赠给阿勒坦汗“转千金法轮咱克喇瓦尔第彻辰汗”的称号。

相传当二人会谈之时阿勒坦汗一时失去知觉，苏醒过来后说：“从前创建象更寺时，我是薛禅汗（即忽必烈汗），你是八思巴上师，你我结为福田施主。你为寺院开光祝赞的情形还仿佛历历在目。而从那时到现在，我又在何处漂泊？”历史也好，传说也罢，这个说法都给予了他们双方强有力的精神物质双重支持。阿勒坦汗的皈依，使格鲁派在很短时间内得到了蓬勃发展。

会见结束后，索南嘉措返回西藏之时，指派了满珠锡里・呼图克图代表自己驻锡于归化城，弘扬佛法。阿勒坦汗回到青城后，立即建造供奉释迦牟尼像的大召。

明万历八年（公元1580年）大召建成，万历皇帝赐名为“弘慈寺”。寺中供奉银制释迦牟尼像，一时也以“银佛寺”而出名，为内蒙古地区所建立的第一座藏传佛教寺庙。此后数十年间，在阿勒坦汗的儿子、孙子及其亲信的资助下，青城及其附近寺庙建筑相继而起，可谓召庙林立，金碧辉煌。到了明末清初，人们甚至直呼“召城”以名之。云游的僧侣、隐修的人们不断在此聚集，蒙古诸部的汗王贵族也亲临青城行皈依之礼，盛况空前。

大召寺

（大召寺，汉名“无量寺”，蒙语称“伊克为”，意为“大庙”。位于呼和浩特市玉泉区大召前街。始建于明朝万历七年，即 1579 年）

自古以来，辽阔的内蒙古草原便是欧亚古老文明交流的汇合地，而呼和浩特地处草原丝路南道的中央位置，是草原丝路之上的一个重要枢纽，既可北通漠北，又可南连中原，一直是兵家必争之地。它既是一座著名的历史文化名城，也是一座有着浓郁民族特色和时代气息，充满了神奇和魅力的城市。

今天，当我们回望呼和浩特的历史，一定绕不开四个奇女子。这四个巾帼不让须眉的“红粉金刚”，不但改写了蒙古草原的历史，而且直接影响了中华民族的历史进程。

“在大青山脚下，只有一个遗迹是永远不会废弃的，那就是被称为青冢的昭君墓。因为在内蒙古人民的心中，王昭君已经不是一个人物，而是一个象征，一个民族友好的象征；昭君墓也不是一个坟墓，而是一座民族友好的历史纪念塔。”整整半个世纪之前，历史学家翦伯赞在其散文《内蒙访古》中，提到了这个著名女人的名字——王昭君。

当年，西汉政府为了抵御北方日益强大的匈奴，进一步加强了北方地区的防御力量。一方面不断增修长城，加筑边堡、障塞设施；另一方面则大量派遣军民到这里长期定居，屯垦戍边。西汉初期，汉匈之间经常发生战争。随着汉王朝的逐渐强盛与“胡汉和亲”政策的实施，呼和浩特地区最终出现了一段较长时间的和平局面。历史上著名的“昭君出塞”就发生在这一时期。呼和浩特民族演艺集团民族歌舞剧院演出《昭君》，将“昭君出塞”搬上了舞台。史籍记载和民间传说中的昭君墓就在今呼和浩特市的南郊，距今已有2000余年的历史，是中国现存最大的汉墓之一。

呼和浩特民族演艺集团民族歌舞剧院演出《昭君》

想当年，王昭君主动出塞，万里迢迢远赴匈奴和亲，就是为了要实现汉匈之间的和睦相处，但她的主要功绩，更在于两国战火的长期熄灭，在于民族团结的增进，在于对世界和平所产生的深远影响，以及今天依然存在的现实意义。

因为王昭君，因为昭君墓，呼和浩特有了一年一度的昭君文化节；而昭君文化节又是这座塞外古城一张重要的对外名片。现在，中外游客来呼和浩特，一定要去城南的昭君博物院，虔诚拜谒这位两千多年前的和平使者。

然而，王昭君毕竟是一个人，如果历史能够还原，能够回到她所生活的时代，我们或许能发现一个具有更多细节、更“丰满”的昭君，而这些被大写的历史所遗忘的细节，并不会减少我们对她伟大历史功绩的敬仰。

王昭君，名嫱，字昭君，西汉南郡兴山县（今湖北省秭归县）人。西晋时，为避晋文帝司马昭的名讳，改称明君，故后世之人亦以“明妃”称之。王昭君天生丽质，名列中国古代“四大美女”，有“落雁”之誉。西汉元帝时，17岁的王昭君以良家子选入宫中为待诏。

“寥落古行宫，宫花寂寞红。白头宫女在，闲坐说玄宗。”唐人元稹在《行宫》一诗中描绘的虽然是唐代宫女的命运，但放到汉代应该也没有太大差别。“待诏”的王昭君，其命运似乎早已注定——她将和大多数宫女一样，在皇宫里消磨时日，苦度一生。

命运的转机发生在公元前33年（汉元帝竟宁元年）：一个来自北方的匈奴首领来到长安，向汉元帝请婚，此人就是呼韩邪单于。

呼韩邪，名稽侯珊，为中国汉代北方匈奴族部落的著名首领之一，公元前58年（汉宣帝神爵四年）被拥立为单于，在位28年。公元前54年（汉五凤四年），在一场匈奴内部的征战中，呼韩邪被其兄郅支单于击败，并丢失故都单于庭。呼韩邪被迫率众迁至漠南，随后即向汉廷求助。他曾先后两次朝汉，觐见汉宣帝，而汉朝也给予其很高的礼遇，并给其部众以生活援助。

在汉朝的帮助下，呼韩邪重新收复失地，北归单于庭。公元前33年，心存感激的呼韩邪第三次来到汉朝谢恩，并表示愿做汉家的女婿，为大汉保边塞平安。汉元帝最终答应了这个请求，将自愿请行的宫女王昭君许配呼韩邪单于。

关于呼韩邪单于请婚以及昭君自愿请行的事迹，《汉书·元帝纪》与《汉书·匈奴传》都语焉不详，一笔带过。但范晔在《后汉书·南匈奴传》中却有一番相对生动许多的记载，俨然一篇小说："时呼韩邪来朝，帝敕以宫女五人赐之。昭君入宫数岁，不得见御，积悲怨，乃请掖庭令求行。呼韩邪临辞大会，帝召五女以示之。昭君丰容靓饰，光明汉宫，顾景裴回，竦动左右。帝见大惊，意欲留之，而难于失信，遂与匈奴。"

王安石在《明妃曲》中说："汉恩自浅胡自深，人生乐在相知心。"既然汉宫寂寞不被恩宠，还不如嫁与单于，乐得与知心相伴。这个说法虽有道理，但未免小觑了昭君。

对此，许晖在《身体的媚术》一书中所分析的，应该更契合昭君的心境："王昭君的确是个奇女子，在那个身不由己的时代，她却凭借智慧和良好的判断力，勇敢地抓住机遇，奇迹般地改变了自己的命运。在汉元帝赏赐呼韩邪单于的关键时刻，她审时度势，毅然挺身而出，'丰容靓饰，光明汉宫，顾景裴回，竦动左右'——千载之下，昭君如同亲睹的出场，以在汉宫最美丽的最后一次亮相，告诫所有的姐妹：命运掌握在皇帝的手里，也掌握在你自己手里；与其在这监狱般的汉宫里幽闭至死，不如远赴大漠，开始艰苦但是更富有挑战力的新生。"

当时，昭君出塞和亲，是汉匈双方政治上的一件大事。汉元帝为纪念这次和亲，改元为"竟宁"，意为和平安宁。呼韩邪单于封昭君为"宁胡阏氏"，即"胡汉友好皇后"。单于归汉与昭君出塞，反映了当时各族的共同愿望和要求。在呼和浩特市附近的汉城和包头市附近的西汉晚期墓葬中出土的"单于和亲""千秋万岁""长乐未央""单于天降"等瓦当和"单于和亲"四字砖，以及"单于和亲，千秋万岁，安乐未央"十二字砖，就说明长城沿线各族人民对和亲和昭君出塞的热情颂扬。

不幸的是，昭君与呼韩邪单于结婚仅两年，呼韩邪单于就去世了。昭君与呼韩邪单于生有一个儿子，名伊屠智牙师。呼韩邪单于去世后，其前妻的儿子雕陶莫皋继立为新单于。当时，昭君曾求归汉朝，但汉成帝命其遵从胡俗，"父死则妻其后母；兄死则妻其嫂"，改嫁雕陶莫皋。昭君与雕陶莫皋生有两女，长女名须卜居次，即须卜公主，小女名当于居次，即当于公主。

昭君与呼韩邪单于结婚时，年龄约20岁左右。去世时间估计在新莽年间（公元前9年～23年）。据敦煌千佛洞的唐代《明妃传》所云，昭君去世后，埋葬仪式按匈奴习俗进行，非常隆重。“棺椁穹窿，更别方圆。酝五百瓮酒，杀十万口羊，退犊燖驰，饮食盈川，人伦若海。单于亲降，部落皆来，倾国成仪，乃葬昭军（君）。”汉孝哀皇帝也差使杨少征前往单于处吊唁。隆重的葬仪所反映的正是匈奴对昭君的怀念和对汉匈和亲的颂扬。

史载，昭君出塞时期，边疆一带“边城晏闭，牛马布野，三世无犬吠之警，黎庶亡干戈之役”，和平局面达60年之久。昭君出塞后60年间，汉朝与匈奴和睦相处，包括呼和浩特地区在内的整个漠南迅速发展，出现了“牛马布野，人民炽盛”的繁荣景象。饱经战乱之苦后享受了60年和平生活的边塞各族，对昭君爱戴有加。民间传说，昭君原是天上的仙女，下嫁呼韩邪单于。她出塞走至黑河边上时，只见朔风怒吼，飞沙走石，人马不能前进（宋代宫素然的画作《明妃出塞图》中的描绘与此十分相似）。昭君款款地弹起了她所带的琵琶，顿时狂风停止呼号，天上彩霞横空，祥云缭绕；地下冰雪消融，万物复苏……后来，昭君和单于走遍了阴山山麓和大漠南北。她走到哪里，哪里就水草丰美，人畜两旺……

昭君墓

斯人已去，唯留青冢。这座被称为“青冢”的昭君墓就在今呼和浩特市的南郊，远远望去，犹如一座小山。清初文人钱良择在《出塞记略》中记录：“青冢高三十余丈，广径数亩，其冢南，琉璃碎瓦，堆积满地，意旧有祠宇宫殿，惜无碑碣可考。止存石虎、石马、石狮、石幢……”两千年的历史烟云早已散去，只有这些石虎、石马、石狮，寄托着后人对这位远嫁塞外的汉家女子的深刻眷恋。

每个民族都有杰出的女性形象，而草原史诗的四大元素就是苍狼、战争、骏马、女人。

蒙古族在漫长的历史发展过程中，曾涌现出许多杰出女性，她们对国家发展和民族振兴都做出过卓越贡献，这对草原丝绸之路的畅通与繁荣，起到了巨大的推动作用。除了汉族王昭君外，另外还有两位与呼和浩特有关的蒙古族奇女子，就是历史上最优秀的代表，一个是满都海，一个是三娘子。

满都海（也称满都海斯琴），生于1448年（明正统十三年），蒙古汪古部人。满都海在汉文史籍中完全不见其人，而在蒙文史籍中却是一个世所罕见的巾帼英雄、一个雄才大略的蒙古族杰出女政治家。她凭着自己的聪明才智，平息了100多年来蒙古部落的内部战乱，是15世纪北元中兴的蒙古之母。

满都海从小跟在父亲绰罗拜帖木儿丞相身边，亲身经历了蒙古各部落间为争夺汗位而发生的此起彼伏的刀光剑影、血雨腥风的同时，也练就了一身好胆量、好武功。满都海天生睿智过人，作为成吉思汗黄金家族的儿媳妇，在满都鲁汗离世后，毅然挑起监国大任。

满都海监国后，因为管理有方，草原上出现了久违的安稳局面。为了蒙古草原的统一和复兴，寡居的满都海拒绝成吉思汗二弟哈撒儿后裔乌讷博罗特王的求婚，一心一意辅佐年幼的巴图蒙克小王子，并做出一个惊人的决定：为了黄金家族，以曾叔祖母的身份，嫁给比她小26岁的黄金家族仅存的一根独苗——成吉思汗第十五世孙巴图蒙克，年仅7岁的达延汗。

在蒙古人的心中，达延汗巴图孟克是在成吉思汗铁木真、薛禅汗忽必烈之后最值得记住的英雄。15世纪，他实现了蒙古本部的中兴，他所划定的蒙古人的格局一直保持到今天。如果说达延汗的出现是黄金家族积弱经年的一个奇迹的话，那么创造这个奇迹的人物便是身兼达延汗养母、妻子和重臣三个角色的传奇女人——满都海。

她颇似我们所熟知的杨门女将，勇敢是这位蒙古女性的最大特点。在巴图孟克刚登基尚还年幼的时候，满都海就挥刀上阵（有几次还把年幼的巴图孟克绑在背上冲锋陷阵），亲自统帅骑兵征战沙场，统一蒙古各部，完成了北元王朝的中兴。直到达延汗16岁开始亲政，最终统一了四分五裂的漠南蒙古。她把自己交给了生她养她的草原，失去了小爱，却因此得到了更辽阔的大爱，获得了一个民族的尊崇。

呼和浩特满都海公园

今天的呼和浩特满都海公园，就是为纪念这位蒙古族女政治家而命名。园内西南隅，被绿树和鲜花掩映的满都海彻辰夫人雕像，其体态高大优雅，面容端庄秀美，目光炯炯远视，仰望之，崇敬之情油然而生。

时间到了1508年，成吉思汗第17世孙阿勒坦汗诞生。

阿勒坦汗15岁开始骑马打仗，并屡建战功。后来他带领蒙古各部落中最强大的部族之一土默特部驻牧于大青山南麓，从此，呼和浩特一带被称为“土默川”。1567年，已经59岁的阿勒坦汗娶土尔扈特部17岁女子钟金哈屯为妻，这是他的第三位夫人，人称“三娘子”，这也是与呼和浩特有关的第三个女人。

阿勒坦汗和三娘子

三娘子钟金哈屯之所以与呼和浩特有关，是因为她和贤明的阿勒坦汗一起，在天苍苍、野茫茫的土默川上，召集举世无双的巧工名匠，模仿已失去的大都，在哈剌兀那山阳（今大青山）、哈屯河之滨（今扎达盖河），始建了八座楼和琉璃金银殿的雄壮美丽的库库和屯。

公元1571年（明隆庆五年），阿勒坦汗也被明朝隆庆皇帝封为“顺义王”。公元1572年（明隆庆六年），在明朝政府的支持下，阿勒坦汗和他年轻的妻子三娘子钟金哈屯决定仿照元大都的建筑风格，在土默川上建一座新城。公元1575年（明万历三年）城市建成，明廷赐名“归化城”，而当地的蒙古族人则称之为“库库和屯”。

库库和屯是蒙语发音，汉译为“青色的城”；用汉语念库库和屯，就是呼和浩特。这就是关于呼和浩特被称为“青城”的另一种说法以及城市的来历。呼和浩特在建城时，明朝政府曾派人来这里帮助烧砖，当时烧出的都是青砖，用青砖盖起来的城市远远望去泛着青色，所以把它叫作“青城”。

不光建城、在城里长期居住，三娘子钟金哈屯还协助阿勒坦汗与明廷建立起互市通贡关系，并运用她的聪明才智，一次又一次化解了箭已上弓弦的明蒙战争，使蒙汉百姓远离厮杀，得以休养生息、安居乐业。

修筑青城之时，阿勒坦汗已经来到他人生的暮年，建城事宜交给他的妻子三娘子主持。建城后不久，阿勒坦汗去世，顺义王位应由其长子黄台吉袭封。当时，三娘子是一位年仅三十多岁的年轻美貌的妇女，不仅拥有相当的势力，而且与明王朝的守边大臣们有着深厚的友谊，在明宣大总督郑洛的斡旋下，三娘子按照北方游牧民族的习俗，嫁给了黄台吉。此时的黄台吉也已年过半百，在阿勒坦汗去世后的第四年，他也离开人世。顺义王位接下来应该由黄台吉的长子扯力克袭封，而三娘子力主由自己的亲生子袭封。双方争执不下时，郑洛再次出面斡旋，三娘子于是再嫁扯力克。扯力克被明朝封为顺义王，三娘子则被特封为“忠顺夫人”。明朝政府规定，顺义王向明朝上报的正式公文，都要由顺义王和忠顺夫人共同签署，此举巩固和提高了三娘子在蒙古部族中的地位。

自从公元1570年嫁给阿勒坦汗之始，三娘子一直都居住在青城，直到去世，所以后人也把青城称为“三娘子城”。雄才大略的阿勒坦汗，在土默川大地开创了蒙汉和平友好的关系，而三娘子则继承了他的事业，巩固了这种关系。他们在土默川上兴建的美丽青城——库库和屯，逐渐成为内蒙古地区的政治、经济、文化和宗教中心。

历史上的呼和浩特只指归化城（旧城），与后来清朝在城东北二点五公里处所建用于安插驻防军的绥远城（新城）没有任何关系。今天的呼和浩特，不光新旧两城已融合发展，随着人口的增多，城市外延依然在不断扩大，一些新的标志性建筑正在谱写更辉煌的篇章。

此外，第四个和呼和浩特有关的女人，是慈禧。虽然慈禧的出生地至今扑朔迷离，但有传说认为她就出生在呼和浩特新城的落凤街，也有说是出生在旧城她姥姥家。虽然以上两种都为没有任何历史依据的传说，但慈禧入宫前曾随父亲惠征来呼和浩特上任山西归绥道道台并在此生活一事，是没有疑问的历史事实。

青城、黄教、红粉金刚，五彩斑斓的文化装点着呼和浩特。这是一座著名的历史文化名城，也是一座有着浓郁民族特色和时代气息，充满了神奇和魅力的城市，更是草原丝路之上的一个重要枢纽。如今，这座占尽地利的城市早已抹去征伐的痕迹，正在快速汇入到“一带一路”的世界文明交流与国际经济交往的大潮之中。

□ 包头：一座有“四不像”的城市

1982年12月21日，包头市人民政府第十四次市长常务会议确定，包头这一地名源于蒙古语“包克图”，汉意为“有鹿的地方”。这是新中国成立以来，包头首次从官方层面，为城市正名。

关于“包克图”这一称谓，最早来源于五当召第七代大喇嘛雅楞不勒。而雅楞不勒的记述，来源于清末举人，包头第一任县长刘澍。1937年，他曾整理出《包头名称考》一文，认为包头这地名，起始于清朝雍正初年。最早是乌拉特、伊克昭、土默特三个部落的牧场。这个地方依山傍水，西藏喇嘛云游到此，供奉佛像，起名转龙藏。转龙藏的溪水边经常有群鹿在此嬉戏饮水，梵语称呼鹿为“包克图”，时间长了，人们就用于地名了。

包头，被称为“鹿城”，如果结合其历史文化特点，我们不妨大胆设想，曾经在这里聚集的鹿群，极有可能是一群麋鹿，俗称“四不像”。

因为许多人认为，包头是一座没有历史的城市；但也有人说，不是没有历史，而要看历史走向如何。于是，有人曾用四句话概括包头的历史：金戈铁马的古战场，这是包头的古代史；皮毛货集散地，这是包头的近代史；红色革命历史构成主旋律，这是包头的现代史；国家“一五”期间包钢上马，一座钢铁之城雄起，大规模城市建设的历史由此开启，这是包头的当代史。

其实，这就是包头的历史文化特点，古、近、现、当代四个断代不相连属，没形成一环紧扣一环的因果链条，以至于学者们在讨论包头的历史文化定位时，各说各话，各执一端，有阴山文化、黄河文化、西口文化、草原钢城文化等各种说法，谁也说服不了谁，因为都是各取一段，执于一点，都有以偏概全之嫌。所以，争论了这么多年，还是没有任何定论。在赤峰，就不存在这样的分歧，红山文化把中华文明向前推进了一千年，没有什么其他的文化可与之争锋。

因此，包头，这个“有鹿的地方”，就有一些“四不像”了。

其实，这只是坊间的一种调侃而已。今天，我们回望包头的历史文化，如果细论起来，有两座文化高峰，无论如何是绕不过去的历史壮举：一个是始自青城的草原召庙文化，却在鹿城走向了巅峰；另一个是包头对晋商的发展，对汇通天下经济的发展，对民族资产阶级的发展，对文化交融的发展有着不可替代、无法磨灭的历史作用，使晋商走向了当时的商业巅峰。

当年，正是因为藏传佛教在蒙古高原的迅速传播，奠定了包头现在作为内蒙古自治区最大城市的基础，使之成为中国五个自治区中最大的城市。包头，正是沿着“先有召，后有市，再有城”的历史发展轨迹，一路走到了现在。

历史上，包头是沟通北方草原游牧文化与中原农耕文化之间的交通要冲，沉淀了厚重的草原文明。因此，这里成为中原通向北方草原及亚欧大陆的重要通道——草原丝绸之路的重要节点。秦汉时期，南北方向的秦直道与阴山脚下东西方向的北边道在九原郡实现交接，形成了T形的交通格局（即大尺度的丁字路口）。北魏至隋唐时期，基督教的一个分支——景教经过包头进入中原，欧洲文明与中原文明开启了历史性的交流。

包头作为我国西北部半月形文化传播带上的重要节点，比包头建城史还要悠久的美岱召和五当召，就是藏传佛教由青藏高原向蒙古高原传播的历史见证。

美岱召位于包头市东部，呼包城市带之间，大青山南麓，黄河北岸，始建于明代中期（1571年前后），最初是阿勒坦汗统领蒙古土默特部时所居住的古城寺庙，他的家族曾长期驻扎在美岱召，后称灵觉寺。

明万历十一年（1583年），西藏僧界特派麦达力活佛来蒙古掌教，因麦达力活佛曾在灵觉寺坐床并为弥勒佛像主持开光仪式，人们便俗称灵觉寺为麦达力召，即美岱召。美岱召壁画精美，原汁原味，保存完好，被国家文物局原局长吕济民誉为“壁画博物馆”。美岱召是喇嘛教（藏传佛教格鲁派，又称“黄教”）传入蒙古时的一个重要弘法中心，在研究明代蒙古史、佛教史、建筑史、美术史上都具有重要的价值。

五当召，位于包头市东北部54公里的阴山山脉深处，是内蒙古现存规模最大、形制最完整的藏传佛教寺庙，与西藏的布达拉宫、青海的塔尔寺齐名，被誉为全国三大藏传佛教之一，素有“草原布达拉宫”之称，具有极高的历史价值、艺术价值和科学价值。

五当召是内蒙古现存规模最大的寺院。始建于康熙年间，乾隆、嘉庆、道光、光绪年间多次扩建。占地300多亩，有殿堂仓舍2500余间，规模十分宏大，是内蒙古地区唯一保存完整的纯藏式建筑群。五当召作为中国著名的藏传佛教圣殿，历史上是一所研究藏传佛教弘法化众的高等学府，其政治地位之高，宗教影响之广，建筑规模之大，在内蒙古地区独一无二。自建成以来香火旺盛，信徒云集，在蒙藏地区有很高的声誉，寺内保存了大量壁画，逼真地描绘了历史人物、风俗、神话及山水花鸟，是研究蒙藏等少数民族文化的宝贵资料。

自此，始自青城的草原召庙文化，却在鹿城走向了高潮，美岱召和五当召把藏传佛教在草原的传承推上了历史巅峰。稍后，轰轰烈烈的走西口，再次把包头推上了风口浪尖，成就了一座中国北方地区的商业经济中心。

谈到包头，绕不开的便是晋商与“走西口”。正所谓“先有复盛公，后有包头城”。

到了咸丰年间，老包头已经成为“走西口”的重要落脚之地。尤其灾荒之年，每天通过杀虎口的晋陕饥民不下百人。

“皮肤黝黑的汉子，腰间缠着瘪瘪的粮袋，肩上挑着一副旧箩筐，前面坐着儿子，后面蹲着闺女，淌着汗、咬着牙，一天只能走上三十多里。”

“随行的妻子心痛丈夫，走过一段路，就会劝他歇歇，顺手把省下的半块干馍递了过来：‘快到包头了。’”

“再坚持坚持，快到包头了，都说那里可以吃饱，那里可以发家，那里是‘走西口’人心中的天堂。”

包头，没有辜负走西口汉子们的汗水与泪水，虽不是个个发迹，但大都能衣食无忧。

走西口到包头城

西口路是一条凶险的路，也是一条求生的路。漫漫西口路上，走西口的人们终于找到了一块栖身之地，找到了一片风水宝地——塞外包头。从晋陕冀千辛万苦走西口奔向的目标就是包头，从包头到蒙古及恰克图等其他地方，这里是聚集处也是集散地，更是孕育500年晋商繁荣的摇篮，“先有复盛公，后有包头城”便是当时的真实写照。

20 世纪 30 年代老包头城老商业中心

清乾隆年间，山西祁县乔家堡人氏乔贵发只身一人走西口到包头，在包头开始创业。在西脑包开设了广盛公，后改为复盛公，之后又派生出复盛西、复盛全、复盛兴等连锁字号，统称复字号。这些字号分别经营绸缎、布匹、粮油、杂货、当铺、钱庄等等，后来生意越做越大，财富越聚越多，以至于才有了日后名震海内外的乔家大院，至今仍吸引大批国内外游客川流不息去领略晋商的辉煌。

当年，在走西口的商人潮中，崛起了老包头的十大晋商：山西祁县乔贵发的钱当行复盛公、山西定襄梁如月的杂货行如月号、山西忻州智家的旅蒙行永合成、山西保德王蕊及其子王天生的甘草行西碾坊、山西代县梁大汉的旅蒙行复义兴、山西河曲田成仁的粮油行田油坊、山西太谷杨有能的杨家“十大双”、山西闻喜裴家的旅蒙行忠厚和、山西定襄牛邦良的皮毛行广恒西、山西代县李威的河路店复新和。这些晋商字号兴旺了清代康、雍、乾、嘉、道、咸，直到光绪年间的几百年。其规模之大，影响之深，线路之长，经营之广，威震四海。北从包头至俄罗斯的莫斯科，东到平壤、仁川、汉城、东京、大阪、神户，西到波斯各国，南到南洋各地。银票汇通，丝绸之路、茶马古道、驼队马帮各路畅通，创造了晋商500年的辉煌历史，形成了中国民族资产阶级的雏形。经营商品种类之多，无所不包：皮毛、丝绸、布匹、茶叶、药材、日用杂品、粮油、钱庄票号、典当、镖局，等等。

包头复盛公

到了清朝光绪年间，经过大批晋商的努力，当时的老包头已经成为名副其实的“西北商业重镇”“水旱码头”“粮食、皮毛、药材的集散地”。到新中国成立前，把老包头说成是我国北方地区商业经济中心，一点儿也不夸张，水路、旱路、铁路都在这里连贯，当年的兴旺情景由此可见一斑。

那么，晋商怎么会将包头作为他们后来缔造商业奇迹的首选地呢？

“西口外好收成。”这是二人台《走西口》中一句典型的台词。当年，三股大潮从晋陕冀过古北口，独石口、喜峰口、张家口、杀虎口等长城各大隘口从陆路向包头涌来，南从河曲经西口古渡过黄河，陕西神木、府谷等地的人也过河而来，向包头聚集，其原因就是这里土地辽阔，沃野良田一望无际，人口稀少，生活富裕，是养活穷人的理想之地。

“石榴开花石榴树，沙海漫漫没尽头。顶风冒雪走西口，塞外才是安全处。漫片片草地绿油油，这地方才能住长久……”这首河曲民歌充分抒发出走西口的人们对蒙古民族由衷的感激之情。

走西口的人们到了包头，草原人民敞开怀抱，接纳、护卫和包容这些汉族同胞，这充分体现出蒙古民族的宽厚豁达，因此他们与蒙古族人民相处得极为融洽和谐。可以说，口里人对蒙古民族无不感恩戴德，对蒙古民族的忠厚善良及宽容大度无不铭记心里。他们毕竟不是大漠人，他们之中的大多数只有一个简单的要求，能够填饱肚子，不被饿死冻死，便是唯一的希冀和追求，他们这点最基本的生存愿望，在这里得以满足。他们与蒙古民族和睦相处，水乳交融，共同创造了可歌可泣的辉煌历史和世人称颂的蒙汉文明。

其实，早在300年前，包头还只是巴氏家族的一个牧村，叫作“包头村”。然而，从明清时代开始，包头人数开始剧增，由于政治、经济、民生等多重因素，移民潮促使包头成了一座融合各区域特色的移民城市[1]。

首先是农民潮，晋陕冀地区，太行山、吕梁山，山峦起伏，千沟万壑，少有大片可耕种的土地，加上连年灾荒，兵匪战乱，百姓民不聊生，饥寒交迫，无以为继。而西口之外，水草丰美，牛羊遍野，笼盖四野的敕勒川，一望无际的大青山，最是个养活穷人的好地方了。

其次是商人潮，明清时代在蒙古地区设有马市，这是一种允许蒙汉人民在指定地点进行民间贸易的活动。加上明政府实行食盐开中法（即鼓励商人为边镇驻军运送粮草而给予食盐运销权的法规）。这一系列政策背后蕴含的巨大商机被吃苦耐劳、重商善贾的山西人敏锐地嗅到了，他们借政策之机捷足先登，成为在包头地区做生意的主流群体，主要从事贩运粮盐的贸易。

再者是兵匪潮，这也是走西口中必然派生出来的一支特殊队伍。连年饥荒战乱，必是盗贼四起，逼良为娼，迫民为匪，打家劫舍，由蟊贼变为大盗再占山为王，不断招兵买马，扩大队伍，如电视剧《走西口》里的刘一刀等人。其余兵溃无主也成匪患，还有逃官司、越狱离监的都统统逃往口外，也形成了不大不小的一股潮流。抢商行、驼队，杀人放火，更添了西口路上的几分危险，因而形成了镖局票号、民团卫队等等。

最后是包钢潮。从新中国成立初期到1960年，包头又出现了一次移民高潮。新中国成立初期，包头城仅有8万人口，后来由于国家对地主、富农的严厉政策，使得很多地主、富农从山西跑过来，成为包头人。当时，逃到包

---

[1] 包头印象：包头与走西口，包头日报，2015（12）。

头的这些人以府谷、河曲人居多，大部分都住在包头市东河区的西脑包地区。20世纪50年代，包钢作为三大钢铁基地之一，吸引了全国的目光，支援包钢建设，掀起一股热潮。一大批河北、山东、天津、四川、辽宁等地的军转人员被分配到包头来支援建设，全国各地的所谓“盲流”也来到了包头，加入到大型企业的建设当中。另一方面，三年自然灾害期间，山陕地区连年旱灾，一大批饥民也“口里出口外”，来包头或靠手艺为生，或打工务农定居下来。1962年，包头的人口数量已经激增到100多万了。

包头在内蒙古素有“包老大”之称，可能缘于包头是内蒙古的第一大城市。还有一个原因，在过去的几十年里，包头上缴利税一直稳居十二个盟市之首，近两年才被暴富的鄂尔多斯所取代。

1955年，包头市被列为国家重点规划的8个城市之一，全国第一个五年计划中苏联援建的156个重大项目中，涉及内蒙古的5个全部集中在包头。由此，奠定了现今包头市的产业格局和城市格局。

实际上，包头更应该被称作一座“包容之城”。包头城市的宽阔、舒展，罕有其比，据说是20世纪50年代苏联专家规划设计的，当时的人们野心不小，要把包头建成小上海。如今，随着城市建设的不断拓展，当年预留空间的优越性日益显现，包头城市规划已被国内规划界奉为经典，还被收录到联合国规划教科书之中。

正与城市布局的宽阔、舒展相对应，包头的文化性格恰恰是这座移民城市海纳百川、兼容并包的胸怀。有人说，在包头没有偏狭的排外性，每个人都能找到主人的感觉。因为大家都是外乡人，都是移民来到包头混生活，彼此彼此，而非厚此薄彼，所以都是主人。我们党历来提倡五湖四海，包头人的行历便是最生动的实践。千万别低估了这一点，这是城市文化的重要品格，也是发展后劲的关键元素。

包容之城——包头

从对包头历史的简略描述中，我们就可以看得出来，无论是“打”进来、“走”进来，还是“迁”进来，包头的大门始终是敞开着的，开放、接纳、碰撞、交融，推动着包头的历史，创造着包头的文明。

这种城市气质，不正与“和平合作、开放包容、互学互鉴、互利共赢”为核心的丝路精神一脉相承吗?

□ 鄂尔多斯：青铜、成陵、全球化

如果说，王昭君及青冢使草原与南方中原相连，喇嘛教及召庙使草原与青藏高原相连，那么，青铜之路及成吉思汗则使草原与整个世界相连。

今天，无数的出土实物已经确切表明，东西方在丝绸之路开通之前早已存在一条“青铜之路”，这条通道不但为东亚引入了游牧文化，而且也为东亚引入了青铜技术以及羊、黄牛、马，并且引领了人类历史上的第一波全球化的世界文明大交流。

1972年冬天，内蒙古鄂尔多斯，一场风沙过后，在一个名叫“阿鲁柴登”的地方，沙海中凸现出一顶耀眼的金冠，这就是令世界考古界震惊不已的匈奴金冠，这是世界上迄今为止唯一完整的一顶匈奴金冠，与金冠同时出土的还有两百余件制作精美的金银器，均属于战国时期我国匈奴王族的遗物。这顶金冠融铸造、锻压、锤打、抽丝等先进工艺于一身，金碧辉煌，气势非凡，制作精美，代表了当时金属制造业的最高工艺水准，展现了北方游牧民族的神秘广博的艺术世界。

目前国内发现的唯一一件匈奴王金冠饰

从19世纪末开始，在中国北方长城沿线地带陆续出土了大量以装饰动物纹为特征的青铜及金、银制品，由于以鄂尔多斯及其周边地区发现的数量最多、分布最集中，也最具典型性，因此被称作“鄂尔多斯青铜器”，在学术界也被称作“鄂尔多斯式青铜器”。这些青铜器的时代大约在公元前14世纪至公元1世纪前后。目前，有关鄂尔多斯青铜器的考古研究正日益受到海内外学术界的高度重视。

鄂尔多斯青铜文化广场

青铜器在世界各地均有出现，是一种世界性文明的象征。最早的青铜器出现于6000年前的古巴比伦两河流域。中华青铜器制作精美，在世界上独树一帜，有耳熟能详的器物如四羊方尊、后母戊鼎等礼器，在全球青铜器中享有极高的声誉和艺术价值。鄂尔多斯式青铜器可谓自成一派，当人们领略了中原夏、商、周青铜文明的博大、凝重，观瞻了西南三星堆巴蜀青铜文明的神奇、诡秘之后，一种质朴、充满原生态风味的北方草原青铜文明带给你耳目一新的感受。“鄂尔多斯式青铜器”多采用圆雕、浮雕、透雕等装饰手法，它以复杂巧妙的图案构思、独特的艺术风格和优美的造型而享誉海内外，在世界许多著名的博物馆中都可见到这种独具特色，代表古代东方草原游牧文化的历史遗存。

2017年5月，一部以鄂尔多斯青铜文化为题材的大型纪录片《马背上的青铜帝国》正式登陆央视，在全国引起巨大轰动。该片以中国三大青铜文明之一，神秘的北方草原青铜文明为题材，跨越北纬四十度的地理界限，沿着草原丝绸之路，横跨欧亚大陆，追寻世界各地鄂尔多斯青铜器的踪迹，真实还原与再现了贯通中西的青铜之路，全方位展示出这一草原丝绸之路的前身，对中华文明及世界文明的深远影响。

《马背上的青铜帝国》

事实上在公元前2000年左右，西亚、中亚、东亚之间存在着一条西东文化交流的青铜之路。青铜之路上传播的不只是青铜技术和青铜器，还包括动物的迁徙和农作物的传播。

世界考古表明，西亚是冶金术最早出现的地区，最早的铜制品可以上溯到公元前7000年左右。青铜器、绵羊和小麦，这三类物品最早都发现于西亚，在早期文化交流的过程中，它们很有可能是捆绑在一起向外传播。这个捆绑在一起的“文化包裹”由西亚传入中亚后，在欧亚草原经过诸多文化的对接作用，由西向东逐渐传播，最终到达蒙古高原地区。然后，在长城沿线北方文化区的作用下，由北向南最终传播到了中国古代文化的核心区域。

所谓欧亚草原通道是指以欧亚大陆草原为主线的一条东西向的古代通道，东起南西伯利亚和蒙古高原，穿过中亚至西亚乃至东欧。这条草原通道的东段经过蒙古高原，向南沿着河谷地带，如黄河、桑干河、永定河等，可以直接通达中国古代文化的核心地带黄河中下游地区。这条通道被认为是在丝绸之路出现之前，连接东西方文化的主要干线。鄂尔多斯就曾经是这条干线上的一个中心点，因为这里出土的青铜器是如此独特，以致被中外考古学家命名为“鄂尔多斯式青铜器”，所以这条早于丝绸之路的欧亚草原通道，还有一个名字就称作“青铜之路”。

青铜之路与丝绸之路是一对相辅相成的概念。青铜之路活跃于夏、商、周三代，几乎没有文字记载，主要是由西向东传播青铜与游牧文化。丝绸之路繁忙于汉唐宋元时代，史不绝书，主要是由东向西传播丝绸与定居农业文化。两者先后相继而方向相反，可以说是青铜之路诱发了丝绸之路，丝绸之路升级了青铜之路。

丝绸之路表明中国对人类做出了独特的贡献，青铜之路[1]则证明中国吸收了其他民族的发明创造，并发扬光大。四大发明对西方世界的影响已有目共睹，然而，在国人心里羊、牛、马、青铜技术对中国的作用还没有引起足够的注意。青铜时代到来之前，东亚仍处于“万国林立”时代。“禹会诸侯于塗山，执玉帛者万国。”禹独持干戈，号令天下，才有相对强大的中央王朝的产生。黄帝轩辕氏，与车马关系密切；往来征战无常处，游牧风格十分明显；铸九鼎而定天下，显然是青铜时代的产物。正是青铜时代游牧文化与东亚本土定居农业文化相结合才创造了夏、商、周三代的历史。自此，我们可说东亚王朝的历史并不是自生自灭，而从一开始就与西方有着不可分割的联系。

互通有无，丝绸之路是跨文化交流，有利于不同文化之间的整合与认同。从无到有，青铜之路创造了欧亚大陆文化的同一性，形成了古代世界体系，亦即全球化的雏形。

据大量的考古表明，鄂尔多斯正是遥远而古老的青铜之路的要冲。鄂尔多斯青铜器的存在表明，中国西北地区和东北地区的早期青铜文明带有明显的草原文化风格，并且冶炼技术要远远超过同时期的中原地区。但是，在进入中原地区之后，昔日游牧民族的草原风格被根深蒂固的农业民族风格所取代，先后出现了青铜鼎、鬲、爵、戈、戟、编钟等颇具东方特色的青铜礼器，直接促进了中原文明礼乐制度的成熟。

青铜之路引领了人类历史上的第一波全球化的世界文明大交流[2]。青铜冶炼需要跨地区的合作，西亚及其附近地区五千年前就形成了以红铜、锡、

[1] 《青铜之路：上古西东文化交流概说》，易华，《东亚古物》A卷，76—96页，文物出版社，2004。

[2] 欧亚大通道5000年前的东西文化交流，魏一平，三联生活周刊（2012年第40期）。

铅、青铜和粮食为主要商品的长距离贸易网，构成了一个具有中心·边缘关系的古代世界体系。西亚和东亚之间的贸易还难以想象，但西亚不断向四周传播技术和文化。世界体系不只是经济和政治关系，还应包括科学技术和意识形态方面的联系。东亚和古代欧洲一样是西亚为中心的青铜时代世界体系的一个更边缘的组成部分。青铜之路将旧大陆连成一体，使人类共同经历了青铜时代。

青铜技术由西向东的传播，已经是无可辩驳的事实。然而，这并不是说中华文明完全起源于西方文明。

历史上，有关中华文明起源的“西来说”和“独立说”一直争执不下。欧亚草原上青铜之路的存在表明，这两种说法可能都有失偏颇，中华文明恰恰应该是在不同区域文明的交流和碰撞中产生的，并且自始至终都有自己的根基和传统。

因为，在中国北方长城沿线一带，即现在的农牧交错带周围，存在一系列史前文化群体，兼具游牧民族和农耕民族的双重风格。中原地区本身就具有强大的农业基础，西方的小麦、黄牛、绵羊和青铜冶炼传入后，改变了其原有的农耕文化，在兼收并蓄的基础上进一步壮大，并最终发展出独具特色的华夏文明。

所以，青铜之路将欧洲和东亚纳入了以西亚为中心的古代世界体系，丝绸之路又加强了东亚与西亚、欧洲的联系。只有将丝绸之路与青铜之路相结合才能全面系统地理解欧亚大陆文化的形成及其相互交流与互动的历程。

如果说，青铜之路只是开启了草原丝绸之路走向全球化的序幕，那么成吉思汗的西征之路则把它推向了无以企及的历史巅峰。

地球原本是一个自然村，人类应该共建一个和谐家园，这是客观存在的自然规律。自古至今，区域经济一体化与全球经济一体化，一直就是不可逆转的历史潮流。

正是成吉思汗最早提出了“全球化”的概念，并把它作为一种理论来判断局势和指导行动，并贯穿于所有开拓和征服活动中。

当年，成吉思汗曾发下誓言：要让世界臣服于他的脚下，而他基本上也做到了。他首先统一了蒙古各部，随后便将视线转向了全世界，一路向南，所向披靡，一路向西，无远弗届。

蒙古帝国的领土可从越南一直到匈牙利，它是人类历史上最大疆土连贯的帝国。蒙古帝国带来了“地球村”的概念，人类第一次拥有了世界史的概念。在打仗方面，蒙古人是勇猛无畏的战士；在治国方面，蒙古人重视工商贸易发展，直接促进了大陆贸易和海上贸易，开启了人类历史上最伟大的蒙古时代。

“全球化”是多方面的，包括人员往来、商贸流通、信息交流等。成吉思汗扫除了欧亚两大洲之间的疆界，在人类历史上最早建立了畅通的运输线路和通讯联络。一个完善的驿站系统，把辽阔领域的各个部分彼此联系起来，商人、使者只要持有蒙古帝国颁发的乘驿牌，就可以畅通无阻。西方学者认为：在网络还未出现的七百多年前，成吉思汗就打开了全球信息交流。可以说，他所建立的通信网络系统就是现在电子信息网络的雏形。

成吉思汗一生的社会活动及其历史功绩，涉及蒙古族、中华民族以及整个世界，他是蒙古民族的英雄、中华民族的一代天骄、世界的千年风云第一人。

今天，我们研究成吉思汗，最需要的是融入全球化的视野、胸怀以及把握人类历史发展规律的智慧。恩格斯说：“恰巧某个伟大人物在一定时间出现于某一个国家，这当然纯粹是一种偶然现象。但是，如果我们把这个人除掉，那时就会需要有另外一个人来代替他，并且这个人注定会出现。”可见，世界从沉睡中觉醒，并且日益走向统一、走向开放、走向文明，这是人类社会发展的必然规律，而以成吉思汗的方式得以实现，却是一种偶然现象。成吉思汗之所以成为时代英雄、天之骄子、世界伟人，除了个人优秀品质之外，我们还可以透过这些偶然现象隐约地看到，他不自觉地遵循了人类社会发展的必然规律，即全球一体化的规律和在一定时期社会财富不断高度集中的规律。

当年，成吉思汗带领蒙古人打下了3000多万平方公里的土地，欧亚大陆的大部分都归入蒙古帝国的版图，是世界上最大的帝国，把原来相互隔绝的东西方帝国紧密联系在了一起。就在人类历史上最关键的转折点，是蒙古人为通向新时代铺平了道路，为新世界、新时代的到来划定了新的秩序。

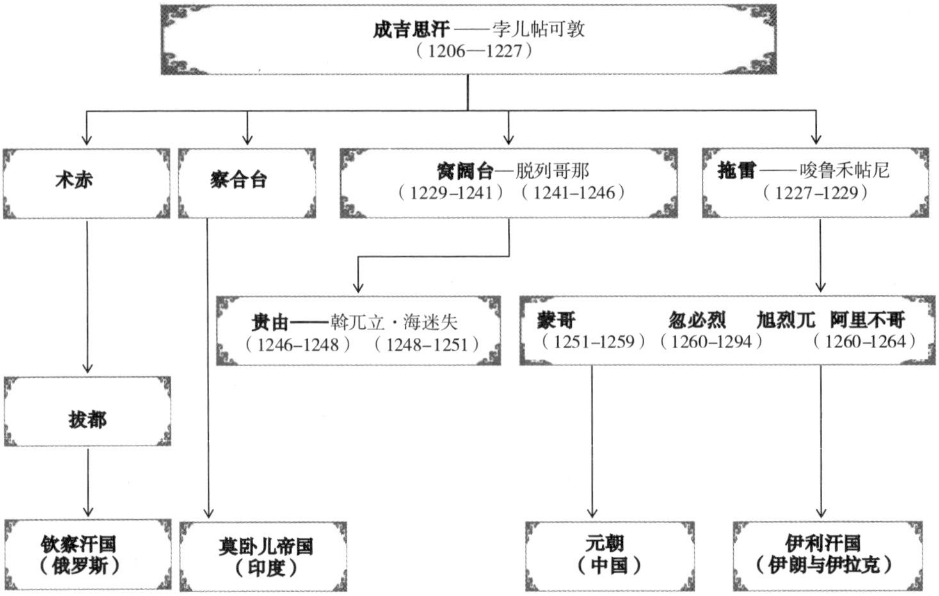

成吉思汗黄金家族[1]图示

如何有效管理如此庞大的疆域，需要超乎寻常的智慧。对于现代社会来说，成吉思汗文化最有影响力和最具生命力的方面，就是蒙古民族在他的影响力下最先创造了国际通用纸币，用于被征服国土的财政管理，这同时也奠定了“资本产生的历史前提”。纸币是一种货币符号和价值符号，其核心是信用。纸币主要发挥无形的信息和信用功能，使“纸币取得了一种同它的金属实体在外部相脱离的并纯粹是职能的存在形式”。它的最大难度同时也是最大贡献，就在于用国家的强制行动，使纸币的信息和信用功能得到社会公认并取得社会权力。

“世界征服者”，外在形式上靠武装力量，而内在本质上靠货币权力，即纸币的信息和信用功能作为基础所形成的社会权力，使四十多个国家、七百

[1] 黄金家族：《成吉思汗和他的继承者们》，李强，现代出版社，2018年1月。

多个民族、五亿多人口都归服于大蒙古帝国，在人类历史上最早实践了“全球化”并使自己成为“千年首富”。一方面，靠“社会大风暴”手段，靠武装力量，开拓了一个潜在的货币供应源泉；另一方面，靠经济手段，靠货币权力，使国界得以扩展，使货币权力得以增大，最终形成了一个有机整体，从而改变了人类创造社会财富的方式。

这一切的历史功绩，正如法国东方学家勒内·格鲁塞在《蒙古帝国史》中所说：“将环绕禁苑的墙垣吹倒，并将树木连根拔起的风暴，却将鲜花的种子从一个花园传播到另一个花园。”从蒙古人的传播文化这一点来说，差不多和罗马人传播文化一样有利。对于世界的贡献，只有好望角的发现和美洲的发现，才能够在这一点上与之比拟。

成吉思汗留给世人的文化遗产很多，而最神奇的还是他亲自创建的“鄂尔多斯”依然存在，鄂尔多斯人守护和祭奠其灵魂的“神灯”八百年不灭。

成吉思汗的陵寝和世代守护祭奠其圣物和灵魂的忠诚部落鄂尔多斯，其生前眷恋的美丽大地鄂尔多斯，新兴现代化城市鄂尔多斯，三者都穿越时空、灵性相融、与时俱进地结合在一起，这种微妙而神奇的现象或许绝无仅有。

“梅花鹿儿栖身之所，戴胜鸟儿育雏之乡，衰落王朝振兴之地，白发老翁享乐之邦。”相传，这是成吉思汗路过鄂尔多斯所作的词句。

据《蒙古源流》和《蒙古黄金史》记载，1226年，成吉思汗率军征战西夏时，路过鄂尔多斯，他目睹这里水草丰美，花鹿出没，是一块风水宝地，心里特别高兴，留恋之际失手将马鞭掉在地上，成吉思汗自语道出这首词句。感慨之余，成吉思汗对左右吩咐道：“我死后可葬于此处”。八百年来，成吉思汗陵辗转大漠南北，最后坐落于鄂尔多斯的伊金霍洛，意为“主人的陵园”。

“鄂尔多斯”的由来还得从蒙古部落——“鄂尔多斯部”[1]说起，“鄂尔多斯部”是成吉思汗的汗庭以及祭祀鄂尔多[2]的守护群体。鄂尔多斯部是来自大蒙古国各万户、千户选派出的精锐之师，他们是守护成吉思汗最忠诚的部

[1] 成吉思汗陵旅游区，新浪博客，http://blog.sina.com.cn/s/blog_813c17830101ozm7.html。
[2] 蒙古语译音，谓宫帐。

队。这支精锐卫队，只为成吉思汗四大鄂尔多服役，其后裔世世代代继承了祖先的职业，一直聚集在成吉思汗祭祀宫帐周围，形成了守护诸多宫帐的部队——鄂尔多斯。成吉思汗及其眷属相继去世以后，守护宫帐的这些人继续为主人的宫帐服务，即守护和祭祀灵帐。

15世纪中叶，大批鄂尔多斯人带着成吉思汗四大鄂尔多，进入黄河宝日陶亥（河套）地区，定居在这里。因而，河套地区也随之称为鄂尔多斯。

如今坐落在内蒙古鄂尔多斯高原伊金霍洛旗草原上的成吉思汗陵，是个衣冠冢。这里牧草腾碧浪，羊群卷雪花。蓝天绿草之间，三座蒙古包式的大殿肃然矗立，明黄的墙壁、朱红的门窗、辉煌夺目的金黄琉璃宝顶，使这座帝陵显得格外庄严。

鄂尔多斯成吉思汗陵

作为全球范围内蒙古民族的圣地与神祇，成吉思汗陵具有世界级的影响力。

这里有蒙古民族最隆重、最庄严的祭祀活动——成吉思汗祭典。自从1227年成吉思汗病逝，祭奠他的圣灯就从未熄灭，祭祀活动数百年来长盛不衰。成吉思汗祭典，汇集和保留了蒙古族古老而崇高的祭祀方式，其中的一言一行、一举一动都已成为今人领略古代蒙古族习俗最形象化的资料，并且是蒙古族古代历史文化中最珍贵的一份遗产。

这里有传承坚守近800年，蒙古族中专门为成吉思汗守陵的部落——“担负神圣使命之人”的达尔扈特守陵人。这在世界文化传承史上也是独树一帜的现象。

这里承载了蒙元文化的最核心精华，这里有蒙古民族心理的最核心要义。从蒙古族民族心理来说，成吉思汗陵是圣地，是全体蒙古人的总神祇。他已经根植于每一个蒙古人的内心深处，成为蒙古民族文化中不可或缺的组成部分。

成吉思汗在那样艰难困苦的条件下，奋发而起，以惊人的胆略、恢宏的气度、百折不挠的精神顽强奋斗，统一了蒙古各部，建立了大蒙古帝国，缔造了现代意义上的蒙古民族，同时也为蒙古族人民树立了极大的民族自信心和自豪感。他身上所体现出的淳朴诚恳、忠诚信义、胸怀大度、勇敢团结、百折不挠等优秀品质，也对蒙古民族共同心理素质的形成产生了不可估量的深远影响。

成吉思汗极大地提高了蒙古社会的生产力和文化水平，使得蒙古人民很快改变了贫困落后的生活现状，脱离了文化蒙昧的落后态势。他和他的子孙领导的西征使得蒙古民族第一次以崭新的面貌登上了世界舞台，使得蒙古民族蜚声四海、震惊全球。这些都让所有的蒙古族后人和其他民族的人们叹为观止、敬仰尊崇。

成吉思汗在蒙古族人们心目中的神圣地位，这也使得成吉思汗陵的地位变得极为神圣和尊贵，成为全球蒙古族人民心中的圣地。

当年，在苏联影响控制下的蒙古国，歌颂和赞扬成吉思汗曾成为禁忌，蒙古民族文化也被破坏殆尽。1990年以后，蒙古国脱离苏联控制，实现了民主化。自此以后，成吉思汗崇拜在蒙古国复活，对成吉思汗的评价也陡然上升，成为蒙古国人心目中无可取代的民族英雄。

多年来，成吉思汗陵在我国各界政府的大力支持下，将最为正统的祭典文化、蒙元文化不断传承和发扬光大，成为具有民族向心力和感召力的全球圣地，不断吸引包括蒙古国在内的世界蒙古族来此朝拜。成吉思汗陵作为全球蒙古族的人文纽带和文化联系，必将对“一带一路”特别是中俄蒙经济走廊建设，产生不可替代的积极影响。

近八百年后，世人还可以借助成吉思汗的亡灵，来推动由他率先践行的全球化战略，这在千年世界史上，难道还有第二人吗？

中　卷

时代华章：民族复兴之壮举，内蒙古现象之辉煌

中国“一带一路”的倡议，一头纵贯历史，一头引领当下，不仅抒发着千年风雨沧桑的历史魅力，而且充满着日新月异的时代活力。内蒙古见证了万里草原丝绸之路发轫于此，并成为世界草原文明的集大成者；同时，内蒙古雄踞祖国北疆，转承“三北”，连接中俄蒙，对民族团结、国家稳定和国际开放都有极其重要的作用。

2017年，内蒙古自治区成立70周年。70年前，民族区域自治制度首先在内蒙古得以实现，并成为社会主义新中国政治文明的重要组成部分，曾多次被周恩来总理赞誉为“模范自治区”。

曾几何时，内蒙古在世人的印象中还是一个遥远的地方，认为那里的人们都住着蒙古包，都骑着马上班，都过着游牧生活。却不曾想，而今的内蒙古多个地市的经济发展水平、城镇的现代化程度等已赶超国内很多地市。

新世纪以来，内蒙古经济增速一马当先，创造了举世瞩目的“内蒙古现象”，经济社会发展迈上新台阶，为“一带一路”特别是中俄蒙经济走廊的建设提供了良好的条件与基础。

70年来，内蒙古在传承、弘扬草原文化的基础上，率先设立“草原文化遗产保护日”，率先规划建设“民族文化保护区”行动，为筑牢中华民族共有精神家园做出了特殊贡献。草原文化不仅成为引领自治区从民族文化大区向民族文化强区跨越的一面旗帜，而且还成为内蒙古人民递向世界的新名片。

生态文明建设是关系中华民族永续发展的根本大计，筑牢祖国北方生态屏障是内蒙古肩负的重大国家使命。自国家实施西部大开发战略以来，相继启动了京津风沙源治理、三北防护林、退牧还草、退耕还林等重点生态工程，经过多年努力，生态环境实现了“整体遏制、局部好转”的重大转变，森林覆盖率和草原植被盖度达到“双提高”，荒漠化和沙漠化面积得到“双减少”。森林面积由自治区成立初期的1.37亿亩增加到3.73亿亩、覆盖率达到21%，草原总面积达到13.2亿亩、草原植被盖度达到44%。自治区党委、政府始终把绿色作为内蒙古的底色和价值，把生态作为内蒙古的责任和潜力，牢固树立绿色发展理念，坚决守住生态底线，着力筑牢我国北方重要的生态安全屏障。

近年来，内蒙古的交通基础设施改善明显，已经初步构建起陆天一体地国际大通道，成为连接"一带一路"的战略桥头堡。目前，内蒙古铁路运营里程达到1.37万公里，居全国首位；全区公路通车里程达到19.9万公里，12个盟市民用机场建成26个，均居全国前列。张呼客专内蒙古段投入运营，京蒙高铁开通在即，正式开启内蒙古"高铁时代"。

令人惊喜的还有内蒙古在航空航天上取得的成就。坐落在内蒙古自治区阿拉善盟额济纳旗境内的东风航天城，是创造中国航天史上"九个第一"、实现中华民族飞天梦想的地方；位于内蒙古中部的乌兰察布市四子王旗，是我国最重要的航天着陆场，也是目前"神舟"系列航天飞船的主着陆场，同美国肯尼迪航天中心主着陆场、美国爱德华兹空军基地、俄罗斯载人航天主着陆场等世界著名的航天着陆场齐名。

内蒙古作为我国实施民族区域自治的发源地和模范自治区，七十年取得的辉煌成就，既体现在内蒙古翻天覆地的历史巨变中，也体现在不同时期为伟大祖国做出的突出贡献中。全面分析这些历史成就和突出贡献，可以深化世人对内蒙古发展成就的理解和认识，进一步展示内蒙古各族人民热爱祖国、热爱家乡的精神风貌，坚定对中国特色解决民族问题的道路自信、理论自信、制度自信和文化自信，奋力书写祖国北疆亮丽风景线的崭新篇章，都具有重要现实价值。

第七编　道路自信：从行省制到民族区域自治

1947年5月19日，一封发自陕北的贺电，发电人：毛泽东、朱德——

“曾经饱受困难的内蒙古同胞，在你们领导之下，正在开始创造自由光明的新历史。我们相信：蒙古民族将与汉族和国内其他民族亲密团结，为着扫除民族压迫与封建压迫，建设新蒙古与新中国而奋斗。庆祝你们的胜利！”

1947年5月1日，在解放战争的隆隆炮火中，在兴安盟王爷庙的一所礼堂里，内蒙古人民代表会议，在中国共产党的领导下，“正在开始创造自由光明的新历史。”当日，选举产生自治政府组成人员，宣告内蒙古自治政府成立——这是我国第一个省级民族自治区，比新中国成立还早了两年多。

革命战争年代，蒙汉等各族人民的血洒在一起；和平建设时期，各族人民的汗又流在一起。民族区域自治制度的施行，让在我国版图上形似一匹奔腾骏马的内蒙古，在祖国北疆真正驰骋起来。

2017年8月8日，一封发自北京的贺电，发电人：中共中央、全国人大常委会、国务院、全国政协、中央军委——

“内蒙古自治区历届党委和政府创造性落实党中央精神，内蒙古各族人民识大体、顾大局、讲风格、求奉献、有担当，赢得并始终如一呵护了‘模范自治区’的崇高荣誉！”

当日，内蒙古自治区成立70周年庆祝大会在呼和浩特举行，中共中央政治局常委、全国政协主席、中央代表团团长俞正声出席庆祝大会并讲话。他在讲话中指出，内蒙古“民族关系团结和谐，创造了新中国民族工作史上众多第一和先进经验……赢得并长期呵护了‘模范自治区’的崇高荣誉”。

70年前，内蒙古作为我国民族区域自治制度的光辉起点，正式开启了蒙古高原上各族人民共同团结奋斗、共同繁荣发展的崭新篇章，其历史价值和现实意义极其重大。

数千年以来，草原民族制度文化由匈奴到蒙古的形成、发展和演变，尤其是自魏晋南北朝时期的“五胡”民族，到辽—契丹、蒙古—蒙元的国家观的发展，对中国乃至世界产生了极其重大的影响，它改变了游牧与农耕两大民族、两种经济形态长期对峙的局面，使双方由经济互补关系延伸到政治、文化的依存关系。这种认同感的确立，在历史上为中华多民族国家的统一和稳定创造了坚实的基础，其意义和贡献不可估量。在今天的“一带一路”沿线国家和地区，有不少是曾经亚欧草原带上各游牧民族生息和驰骋的家园，但其多民族矛盾至今都未得到妥善解决，长期成为地区动荡的隐患。因此，我们推进“一带一路”建设，需要借鉴和推广一些好的草原民族制度。

□“行省”制度创新的历史范本

制度是检验一个地区或民族文明化程度的最重要尺度之一，而蒙古民族正是草原制度文化的集萃者和创新者。

千年以降，生活在蒙古草原的民族在悠久的历史岁月里，根据自身生产生活方式、民族结构的情况，创建了与之相适应的政治、经济、军事、文化制度。

众所周知，具有游牧特色的草原社会制度的基本形态是由匈奴奠定的。匈奴帝国的社会组织结构呈现出以最高统治者为中心的左右翼制、以十进位制为基础的万户制度、军政一体等主要特点。这种社会组织形式显然与游牧生产生活是相适应的，因此成为此后大多数草原王朝所承袭的基本制度，如乌桓、柔然。这或许是因为广阔的草原（高原）上缺少大江大河、崇山峻岭等地理阻隔，且普遍地广人稀所致。中原及江南就不存在形成这种制度的地理特征与人口状况。

成吉思汗建立大蒙古国后，也沿袭了这些制度，以十户作为最小的军事单位，分封了九十五个千户，四个万户。此后，经北元达延汗、准噶尔汗国，直到清朝灭亡，蒙古族的社会结构依旧是军政合一，仍然采取左中右翼制，十户依然是社会最基本的行政单位。即使到今天，内蒙古地区广泛存在的各种左旗、右旗、中旗、前旗、后旗等县级行政单位，仍能找到这种制度设置的影子。

而从匈奴帝国到与北宋并立的辽王朝，在这一千多年时间里，绝大多数草原政权都未能完成从血缘型政权向地域型政权转变的历史跨越，由此导致这些民族虽能借一时之强盛，与中原王朝分庭抗礼，但因未能妥善解决内部的民族、部族之间的矛盾，一旦出现大的自然灾害、君主的更替，貌似强大的政权便会瞬间分崩离析，其民族自身也逐渐淹没于历史的洪流之中。

这种状况，一直持续到十三世纪以成吉思汗为代表的蒙古统治集团登上历史舞台之前。当年，成吉思汗将建立“从日出之处，到日落之处”世界帝国作为战略目标，并为之发动了旷日持久的征服战争，将战火燃遍亚欧大陆。与此同时，他们在制度文化方面也进行了富有创造性的改革。在帝国内部分封过程中，成吉思汗试图打破草原社会所沿袭的氏族、部族和民族界限，将千户制转变为行政建制，确立地缘政治。

在这一政策指导下，蒙古高原民族、部族之间的隔阂逐渐被淡化，大部分以氏族、部族为依托的旧贵族阶级被淘汰，再没有出现以血缘关系为纽带而形成较大影响的共同体，数千年来困扰草原社会的内部矛盾被弱化。而且，在被征服地区，蒙古统治者在实施政治军事压制的同时，采取了与其政治抱负相适应的思想文化政策，企望用开放包容原则建立一种跨民族、跨地域的大一统文化。成吉思汗所提出的“一切宗教信仰自由”的法规、忽必烈创造出能够“译写一切文字”的拼音文字（八思巴文）的构想、合赞汗组织编写世界历史的行为，在当时的亚欧大陆都是绝无仅有的历史壮举。这种超越狭隘的民族主义、建立在地域性基础上的制度设置理念，为政治封闭、军事割据、思想禁锢的旧大陆带来了草原文化的新冲击和政治制度的新气息。

此外，蒙古族推行的“因俗而治”“和而不同”的草原民族制度也是制度文化方面的一大创举。“因俗而治”来源于儒家思想。唐代孔颖达在其所著《礼记正义》中就提出“修其教不易其俗，齐其政不易其宜”的主张，意为：整治周边民族地区的政教而不改变他们的习俗，整治政令而不改变他们的风俗。后人将此语简化为“因俗而治”。“因俗而治”的草原民族制度，是中国古代处理民族问题的成功范例之一。

例如10世纪的契丹人建立辽国后，同样采取了“以国制治契丹，以汉制待汉人”的政治策略，通过“南北院制”分别统治草原游牧民族和中原农耕民族。13世纪崛起的蒙古人秉承并发展了草原文化的这一制度。蒙元统治者在中原地区实行“以儒治国，以佛治心”策略，在西藏实行政教合一制度，在云南地区推行土司制度，在蒙古地区则沿用传统制度，等等。

现代学者们评价忽必烈在云南实施土司制度的历史意义时指出：该制度在云南地区沿用700年之久（直到新中国成立），说明它具有超强的适应性，又具有顽强的生命力，结果也保护了云南各民族的文化多样性。这与当前保护人类文化多样性的学说不谋而合。

800多年前，从成吉思汗到忽必烈，经历了整整一个世纪，蒙古民族开启了历史性的创业之举，一方面沿着草原丝绸之路不断向中亚、西亚及东欧拓展空间，彻底打通丝绸之路和亚欧通道，另一方面沿着蒙古高原东缘一路南下，建立中国历史上版图最大的朝代——元朝，蒙古民族自身也迎来了最为辉煌的时代。

此时，蒙古人对中国行政模式的最大贡献应当是行省制度。元朝的行省制度是秦以来郡县制的一大发展，它有利于统一的多民族国家的巩固，对明清以及后来政治制度有深远影响，行省从此成为我国的地方行政机构，一直保留至今天。当时，在统一的多民族国家里，各民族的接触和联系进一步加强，出现了我国历史上又一次民族融合的局面。

众所周知，行省制是13世纪以来中国的主要行政模式，这一制度源于元朝，明清两代得到发展，最终影响了现代中国的行政体制。忽必烈建立元朝后，正式在朝廷设置中书省总领全国政务，时称“都省”，在全国共设10个行省，即岭北、辽阳、河南江北、陕西、四川、甘肃、云南、江浙省、江西、湖广。而山东、山西、河北和内蒙古等地则称为“腹里”，由中书省直辖。

元代行省制度是古代统一多民族国家在发展壮大过程中，中央与地方权力结构不断调整、完善的产物，也是蒙古族统治者在中原地区行政区划和制度设置方面留给后世的一份重要遗产。其历史价值在于：它创立了一种以行省为枢纽，以中央集权为主，辅以部分地方分权的新体制。在此之前，直到两宋时期，中国古代中央与地方的权力结构，主要采用地方分权和郡县制中央集权两种模式。这两种模式以一个否定另一个，螺旋循环式发展，削弱了中央集权的作用。因此，元代改为实施行省制度，这从政治上巩固了国家统一，使中央集权在行政体制方面得到保证。这是中国行政制度的一大变革，对后世影响巨大。

毫无疑问，成吉思汗和忽必烈所推行的政治制度、文化制度，都是建立在历代草原民族历史经验的基础之上，他们的智慧浓缩了草原文化的精华，是草原文化发展的必然结果，标志着草原制度文化已经超越了民族文化的范畴，已经具备了世界性品质，具有历史进步意义。

□ 中华版图的脊背，连通半月形传播带

内蒙古，不但是马背上的民族——蒙古族的主要居住地，而且是中华版图上的脊背，是我国政治版图上的重要一环。

仔细观察中国地图就会发现，按照逆时针方向，陆地边疆上的东北三省、内蒙古、新疆、西藏、云南，就如人体的头颅骨、脊柱骨、胸肋骨，支撑躯体，保护脏器，相互咬合，攻防一体，万一失去一块，整体的链式防线就容易崩溃。

由此，南宋末年，蒙古兵统一北方后，先和平统一西藏（吐蕃），再远征大理，吞并云南，同时，内线攻下川蜀及南阳襄阳盆地，进而迂回包抄并顺江而下灭亡南宋。晚晴时期，沙俄等势力图谋分裂新疆，左宗棠认为西北陆防重于东南海防，进而提出“重新疆者，所以保蒙古，保蒙古者，所以卫

京师”，随后率领湘军于1877年收复新疆。近代日本侵略者则以1927年《田中奏折》所提“欲征服支那，必先征服满蒙”为战略指导，从满蒙开始“破壳”，从1931年发动“九一八”事变起，先后吞并东北及蒙东地区，建立伪满洲国，进而渗透晋绥、华北。“七七”事变后，日本侵略者大举西进绥远，占领内蒙古西部，并策划在中国北疆建立伪蒙古国，在中国西北建立伪回回国，从而以三个伪政权肢解中国“三北”边疆。

由此，内蒙古在中国版图上中具有不可替代的战略地位。

在我国的陆地疆域中，内蒙古地区起着承转东北、华北、西北，并基于宗教、文化的纽带与西南地区长期保持重要联系。由此，一条几乎与中国地理上的重要分界线——胡焕庸线[1]相伴，位于其西北侧的半月形文化传播带，在元明清乃至当今的800多年间一直闪耀光芒，为我国的政治统一和民族融合做出了重要贡献。而这条半月形文化传播带，也是内蒙古地区为核心的草原丝绸之路在国内的重要一段。

之所以如此，特殊的地理环境（经济基础）与宗教文化（上层建筑）起了很大作用的影响。胡焕庸线作为我国降水量（胡焕庸线与400毫米等降水量线重合）、人口（线东南方44%的国土居住着我国94%人口）的重要分界线，走向与我国地理构造上的第二、第三阶梯分界线十分接近，只是关中平原和四川盆地对这条线的形成做出了一点微小的贡献，使其西南段向西侧略有偏移。因此，这条线也是数千年来我国西、北游牧区域与东、南农耕区域的重要分界线。

胡焕庸线西、北侧的半月形文化传播带内以牧业人口为主的广大地区（包括青藏高原、蒙古高原、黄土高原、河西走廊、新疆等地区），地理环境、经济类型、生产方式、宗教文化更相近，交流联系更容易。一方面，广大藏区由西南向东北即有“法域卫藏、人域康巴、马域安多”（意为卫藏的

[1] 胡焕庸线，是一条由中国当代地理学家胡焕庸于1935年提出的划分中国人口密度的对比线，它斜跨中国，从黑龙江省黑河市到云南省腾冲县，在地图上大致为斜45度的直线（长度约3800公里），在中国人口地理上具有画龙点睛的作用，一直为国内外人口学者和地理学者所推崇，近年来更是每每被经济学家引用。

宗教、康巴的人、安多的马）三大板块，逐次与蒙古等其他游牧民族相接，共同构成这条半月形传播带。另一方面，北方及东北游牧民族长期信奉的萨满教与藏区最原始宗教——苯教（雍仲本教）原本就有非常多的相似性，而后来充分吸收苯教的藏传佛教北传路线即是由青藏高原向蒙古高原传播。

这一半月形文化传播带，最初由我国考古届提出。从考古发现来看，在新石器时代，以游牧和狩猎为特征的细石器文化在以藏北草原为中心的青藏高原范围有着极为广泛的分布，而这些细石器无论类型或加工技术都与我国北方从东北沿蒙古草原到西北的宁夏、甘肃、青海、新疆一带分布的细石器属同一个系统，即我国“北方细石器文化系统”。童恩正先生基于这些考古发现与文化研究，在20世纪80年代中期提出，从新石器时代至青铜时代，我国从东北沿蒙古草原至西南的青藏高原存在着一条边地半月形文化传播带。

进一步研究这一半月形文化传播带，我们会发现，它不但有宗教文化交流传播功能，而且还是政治经济紧密联系的重要通道，为我国边疆地区稳定发挥了不可替代的重要作用。

而内蒙古地区正是这一半月形传播带中最长最关键的一段，成为游牧民族的桥梁和纽带。内蒙古地区对维护中华统一的重要作用，尤其是起到了连接西藏、新疆、青海等少数民族区域与中原政治关系的重要纽带作用。

□ 祖国正北方，站在草原望北京

瓦蓝蓝的天上飞雄鹰，我在高岗眺望北京。侧耳倾听母亲的声音，放眼欲穿崇山峻岭。绿波波的草场骏马行，我在草原歌唱北京。谁的眼睛掠过了风景，迎风高唱五星红旗。我站在草原望北京，一望无际国泰安宁。唱出草原的豪情和美丽，让这歌声回荡紫禁。

——《站在草原望北京》

《站在草原望北京》是一首非常好听、获奖无数的歌曲，表达了包括蒙古族在内的广大中华儿女对祖国的深情赞美和无限向往，对党的拥戴和热爱。在全国范围内，百姓心中最为向往和最喜欢提到的地方可能就是首都北京。祖国正北方，靓丽内蒙古。

千百年来，与中原政治文化中心（国都）相对应，内蒙古地区的政治经济文化中心（首府）几乎一直位于中华国都的正北方，并且随之由西向东、又由东向西呈“之”字形移动。可以说，内蒙古作为祖国正北方的重要屏障，始终拱卫着中华大一统的版图和格局。

早在秦国统一六国之前的公元前300年左右，经过“胡服骑射”改革的赵国大军横扫晋北和内蒙古南部，在今包头市附近修筑九原城，在今呼和浩特附近修筑云中城。公元前221年，秦始皇灭掉六国，建立秦王朝，随即以九原城为治所设置九原郡，沿着几乎正南正北的方向修建了长约700公里的世界上第一条军用高速公路——秦直道，紧密连接国都咸阳与帝国版图最西北侧的九原郡（辖境相当今内蒙古后套及其以东至包头市，黄河南岸的鄂尔多斯市北部地区）。

此后，西汉、东汉、三国之曹魏、西晋、南北朝之北魏、隋唐等朝代，前后跨度约900多年，其中相当长的时间内，这些中原政权的政治经济及文化中心主要在洛阳及周边，且西安与洛阳常互为陪都。与之相对应，在其正北方的今内蒙古呼包鄂、乌海、巴彦淖尔等地一直是当时蒙古高原的政治、经济、文化中心。魏晋南北朝时期，拓跋鲜卑在北方兴起，其早期都城“盛乐”即在今呼和浩特和林格尔县境内。

公元10世纪后，随着长江流域、辽河流域经济发展，中国政治、经济、文化中心，以及其空间载体——国家首都，不断从西安、洛阳向开封东移，并进一步向其东北的北京（京津冀地区）和东南的南京（长三角地区）分化。可以说，公元之后的第二个千年（即1001~2000年），大部分时间里，中国的政治、经济、文化中心主要集中在开封、北京、南京为顶点的巨大三角形内。北宋（开封为首都）、南宋（杭州为首都）、元（北京为首都）、明（南京、北京为首都）、清（北京为首都）、太平天国（南京为首都）、中华民国（主要以南京为首都）、中华人民共和国（北京为首都），莫不如此[1]。与之相应的便是内蒙古地区的政治经济中心变为呼和浩特、元上都和乌兰浩特。

在此，我们想“首都正北方，站在草原望北京”，可能也是基于此吧！

值得一提的是，元朝在北京建都后，不但彻底打通亚欧大陆上的各条丝绸之路通道，使草原丝绸之路达到鼎盛，而且还修建了北京城和大运河。其中，元朝在隋唐大运河的基础上，先后挖通了由通惠河（位于今通州副中心区域）、会通河、济州河，将隋唐大运河取直。它就是今天京杭大运河的前身，比隋唐大运河缩短了900多千米。

如前所述，过去两千多年中，中国的政治经济中心不断由西安向洛阳、开封东移，并向北京和南京（杭州）分化，北京后来成为政治中心，南京、杭州及上海则成为经济中心。京杭大运河便见证了南北方政治与经济不断从分化到再平衡的历史。现在想来，元朝定都北京后修建京杭大运河真是一大举国创举，直接连接起如今的两大世界级城市群——京津冀城市群，也成为这一历史的起点。

现在仔细琢磨，今天我们的首都以及首都正在全力打造的通惠河沿线的通州副中心，莫不与800多年前的元朝有重大关系？

□ 周总理笔下的“骏马”版图

内蒙古人爱马，蒙古族素有“马背上的民族”之美誉，内蒙古与马结缘，除了醇香四溢的马奶酒、悠扬深沉的马头琴，连区域版图都酷似骏马。

这是一段鲜为人知的共和国往事，内蒙古酷似骏马的版图，是由周恩来总理亲自勾画出的杰作。这种情况在全国都不多见，体现着党中央对内蒙古

[1] 元朝，北京（大都）为首都，上都为陪都；明朝，洪武时期南京为首都，永乐时期及以后北京为首都，整个明朝，北京与南京互为陪都；清朝，北京为首都，盛京（沈阳）为陪都，承德、保定为首都副中心；太平天国，南京为首都；中华民国，主要以南京为首都，此外还有北京、广州、武汉等地暂为首都。

发展的深切关怀。

1950年4月，新中国成立仅半年，周恩来总理便电邀乌兰夫同志到北京商讨内蒙古自治区的划界问题。据回忆，当乌兰夫来到中南海西花厅总理办公室时，只见地毯上铺着一张偌大的中国地图，总理单腿跪着，左手举着放大镜，右手握一支红蓝铅笔，正在内蒙古地域上勾画着。

当时，周恩来用红笔粗略地把内蒙古自治区的区域界限勾画出来后，便站起身对乌兰夫说："这样把西部的绥远省和阿拉善旗、额济纳旗划归内蒙古，就会形成完整的内蒙古自治区了。"乌兰夫详细地看了一遍地图上用红笔画出的内蒙古边界，不禁赞叹道："总理，您对内蒙古的历史版图很熟悉啊！"秘书在旁告诉他："总理这些天，日夜研究了清朝时期、国民党时期，甚至日伪时期的内蒙古版图。"

突然，盯着地图的周恩来兴奋地说："你来看看，乌兰夫同志，内蒙古的版图像不像一匹在草原上腾飞的骏马？"乌兰夫再仔细一看，大笑道："像，太像了，这真是一个重大发现！"自此，由周总理亲自为内蒙古自治区绘制"骏马图"便深入人心。

1954年4月，经过四年的辛勤耕耘，这幅"骏马图"终于"绘制"完成。从此，结束了300多年来内蒙古被分割统治的局面，形成了118.3万平方公里的完整统一的内蒙古自治区版图，完成了内蒙古民族区域自治的大业。这一决策也为其他少数民族地区实行民族区域自治制度提供了一个成功范例。

清代以前，内蒙古地区从未形成一个单独的地方行政区域。1636年，漠南蒙古诸部臣属清朝，并在清朝统一全国的过程中立下汗马功劳。康熙三年（1664年），清政府以数千里大漠（位于今中国和蒙古国边界一带）为界，划分了内蒙古和外蒙古。"内蒙古"作为地区称谓沿用至今。清朝结束后，北洋袁世凯当政时对内蒙古地区分设了热河、察哈尔、绥远三个特别区；国民政府时期又将三个特别区改为行省，并在蒙东地区设置了辽北省、兴安省。

值得一提的是，抗日战争刚刚胜利，在国内国际形势十分复杂的情况下，内蒙古民族解放事业的奠基人乌兰夫同志不顾个人安危，单刀赴会，与各方势力斡旋，成功使之宣布拥护中国共产党领导，并于1945年11月在张家口成立内蒙古自治运动联合会，为新中国的成立做出了重要贡献。

1946 年时的乌兰夫

1946年8月，乌兰夫向中央提出，希望恢复历史上的内蒙古版图，实现东西蒙地区的统一，党中央回复说："现在即可联合东蒙西蒙成立一地方性的高度自治政府。"此时，毛泽东主席也在考虑通过民族自治实现内外蒙统一并回归中国版图的设想，不过，这个设想遭到苏联领导人的坚决反对。

1947年5月1日，内蒙古自治政府经选举成立，成为全国第一个民族区域自治地方政权，下辖以蒙东地区为主的呼伦贝尔、兴安等5个盟。当时，绥远省、乌兰察布市和鄂尔多斯市等相当大的区域还在国民党的统治之下，民族区域自治只能在中国共产党所管辖的地区进行。随着解放战争不断取得胜利和解放区的日益扩大，内蒙古的民族区域自治工作也在稳步发展。1949年3月，在中共七届二中全会上，内蒙古自治政府主席乌兰夫作了内蒙古历史状况的发言，毛泽东即提出要为恢复内蒙古历史地域创造条件，逐步实现东西蒙的统一。

1949年9月，内蒙古全境获得解放；10月1日，中华人民共和国成立；12月2日，内蒙古自治政府改称内蒙古自治区人民政府，并于下旬将领导机关驻地由乌兰浩特迁到张家口。1954年4月，党中央撤销绥远省建制，并将“归绥”更名为“呼和浩特”，作为内蒙古自治区首府，领导机关驻地由张家口西迁到呼和浩特。至此，内蒙古实现了东蒙和西蒙地区的完整统一，呼和浩特作为内蒙古自治区的首府，一直延续到今天。

□ 民族区域自治的时代楷模

如果说我国历史上第一个由少数民族建立的大一统王朝——元朝，对中国行政模式的最大贡献是行省制度；那么，先于中华人民共和国两年成立的内蒙古自治区，则成为中国后来推行民族区域自治制度的成功楷模。

民族区域自治制度，是指在国家统一领导下，各少数民族聚居的地方实行区域自治，设立自治机关，行使自治权，自主地管理本民族、本地区的内部事务，行使人民当家做主的权利。民族区域自治制度是我国的基本政治制度之一，是中国特色社会主义政治文明的重要内容。

当年，内蒙古人民的抗战事业为我国民族区域自治制度的形成提供了实践经验与理论基础。自“九一八”事变后，日本帝国主义就利用国民党政府实行民族压迫政策造成的汉族与少数民族间的长期隔阂、矛盾，不断挑拨离间民族关系，内蒙古民族问题出现了错综复杂的局面。

中国共产党在领导内蒙古人民进行抗日斗争的同时，全面调查研究民族问题，认真研究制定民族政策，促成各民族团结一致、共同抗日，特别是提出了各民族在共同抗日的原则下，少数民族与汉族联合建立统一国家的思想。这一政策既强调蒙汉民族团结，共建抗日民族统一战线，又强调蒙古族等少数民族与汉族的平等权利，鼓励建立民族区域自治。

1937年，中共中央提出“蒙汉两民族团结一致抗日”“保卫绥远”的口号，并倡导建立鄂尔多斯市各旗上层的抗日统一战线，实行团结抗日。同年

8月，中国共产党发表《抗日救国十大纲领》，指出“动员蒙民、回民及其他一切少数民族，在民族自决自治的原则下，共同抗日”的基本主张。之后，中国共产党在《陕甘宁边区施政纲领》《关于抗战中蒙古民族问题的提纲》等指示中，都提出了实行民族区域自治的政策。此外，抗战时期中国共产党在内蒙古还实行了保护民族利益，消除蒙汉矛盾，尊重民族语言风俗和宗教信仰，以及培养民族干部等一系列民族政策。

内蒙古人民正是在这一民族理论与民族政策指引下，团结一致、同仇敌忾，建立起广泛的抗日民族统一战线，堪称中国共产党领导的抗日民族统一战线的成功典范。这也为民族区域自治制度的确立奠定了基础，为建构我国的基本政治制度做出了贡献。

抗日战争胜利后，内蒙古面临着两种前途、两种命运的重大选择：是跟共产党走，还是跟国民党走？是坚持共产党的领导，还是取消共产党的领导？是在中华民族大家庭内实行民族区域自治，还是搞“独立自治”？在决定民族前途命运的重大考验关头，内蒙古各族人民毅然决然地选择了中国共产党，选择了中华民族大家庭，选择了民族区域自治，选择了参加打倒国民党反动统治的解放战争。

这一符合中华民族根本利益的重大抉择发生在新中国成立前两年，在特定的历史背景下，无疑对鼓舞我国各族人民尤其是民族地区紧密团结在中国共产党的周围，共同缔造伟大新中国，具有彪炳史册的重大影响。

新中国成立前后，从东北、西北到西南，内蒙古、新疆、西藏，依次成立自治区。其中，内蒙古自治区于1947年成立，是新中国最早成立的自治区；新疆维吾尔自治区于1955年成立，是新中国第二个成立的自治区；随后为宁夏回族自治区和广西壮族自治区均于1958年成立；西藏自治区于1965年成立，是最晚成立的自治区。

可见，穿越千年，连接东北、西北及西南的中国西部半月形文化传播带为民族团结提供了历史借鉴，而内蒙古作为这条文化传播带的枢纽，率先实施民族区域自治，为维护国家统一、坚持和完善中国特色的民族发展道路做出了示范壮举。

内蒙古率先实行民族区域自治的突出贡献，首先体现在坚决维护了祖国统一和主权完整，撼守了中华民族的共同家园。其次在漫长的历史岁月里，以蒙古族为主体的各民族长期在这片辽阔的土地上繁衍生息奋斗，为祖国的安宁和谐和北疆长期稳定立下了不朽功勋。

内蒙古自治区成立以来，各族人民倍加珍惜党的民族平等政策，倍加珍惜祖国大家庭的温暖，使守望相助的优良传统得到进一步弘扬，谱写了一曲曲“中华民族一家亲”的动人凯歌。自治区成立初期，内蒙古各族人民拿出最好的粮食、最好的马牛羊，组建新式蒙古骑兵部队支援前线，为缔造新中国做出了历史性贡献。在国家“三年困难”时期，内蒙古在本身缺粮的情况下，采取“增产减人”（减少吃商品粮人口）的办法，向国家贡献了100多亿斤粮食和5万头牲畜，善待了近百万逃荒的盲流，收养了3000名外省孤儿。即使在“文革”中蒙受巨大冤屈的民族干部，也始终一心向党，坚守自己的家园。团结稳定的基础为内蒙古飞跃发展创造了良好的环境，经济社会的飞跃发展又进一步促进和巩固了各民族大团结和社会和谐稳定，进而使内蒙古长期保持了“模范自治区”的至高荣誉，为维护祖国北疆安宁和中华民族的大团结做出了巨大贡献。

内蒙古还在率先实行民族区域自治的同时，很好地解决了困扰当今世界的历史性难题——民族与宗教问题，为民族地区引导宗教与社会发展相适应提供了宝贵的实践经验。

历史上蒙古民族曾一度全民信仰藏传佛教。新中国成立之初，内蒙古有800多座藏传佛教寺庙和50000多名喇嘛。许多寺庙喇嘛僧众人数众多，盘剥占有大量生产资料，甚至对信教群众进行搜刮剥削，严重制约了牧区经济发展和人口增长。内蒙古从实际出发，稳步实施了以推动政教分离、废除寺庙封建剥削为重点的一系列宗教改革，提倡喇嘛参加生产劳动，鼓励喇嘛入学还俗和娶妻生子，鼓励有一定专长的喇嘛到学校、机关或医疗单位工作，对寺庙的土地等财产采取赎买政策，改变了一些喇嘛不劳而获的思想，解放了牧区生产力，搞活了牧区经济，保障了宗教信仰自由，实现了宗教与社会融合发展。

这一改革的成功，为内蒙古处理好宗教问题、长期保持团结稳定和繁荣发展的局面奠定了社会基础。在新的历史时期，内蒙古秉持宗教与社会相适应的发展方向，大胆剔除影响和破坏社会和谐稳定的干扰因素，坚决反对宗教极端主义，抵御境外势力利用宗教进行渗透，坚决维护祖国统一和民族团结，深入挖掘宗教本身的惩恶向善、育民教化、信仰导引的积极因素，充分发挥宗教界人士和信教群众在促进经济社会发展中的积极作用，较好地推动了宗教与社会主流价值观念相融合，使宗教成为现代化建设事业的重要组成部分，为地区宗教和谐健康发展和社会繁荣进步提供了坚实的保障。这一成功实践，为民族地区乃至“一带一路”沿线国家处理好民族与宗教问题提供了可资借鉴的实践经验。

第八编　经济奇迹：一马当先的“内蒙古现象”

中国区域经济发展的不平衡，导致东部沿海地区已步入后工业时代，而广大少数民族边疆地区却还处在工业化起步阶段，甚至还停留在农牧文明时期；东部的三亿人口率先享受了工业文明的繁荣，而边疆地区的人们却空守着蓝天净土、青山绿水而遭受穷苦贫困，世外桃源、田园牧歌更成为穷乡僻壤、老少边穷的代名词。

然而，进入21世纪以来，从中国的北疆地区却跑来一匹黑马，引领区域经济增速连续8年全国第一，在西部大开发的赛场上、在万马奔腾的全国经济战场中，一骑绝尘，遥遥领先。

这匹来自北方草原的黑马，就是内蒙古自治区。

1987年6月，内蒙古自治区成立40周年之际，中国改革开放的总设计师邓小平在会见美国前总统卡特时指出：“我们帮助少数民族地区发展的政策是坚定不移的，我们的政策是着眼于把这些地区发展起来。如内蒙古自治区，那里有广大的草原，人口又不多，今后发展起来很可能走进前列。”这是邓小平对内蒙古的未来发展做出的一个著名论断，“走进前列”也是邓小平寄予内蒙古的殷切希望。

砥砺奋进70载，草原旧貌换新颜。70年来，在党中央的深切关怀下，在新中国的坚强支持下，在改革开放的政策鼓舞下，在“一带一路”倡议的引领下，内蒙古自治区的经济发展取得了举世瞩目的成就。尤其新世纪以来，自治区变资源优势为产业优势，变区位优势为经济优势，农牧业走向现代化，工商业实现腾飞，成为北疆经济发展的一块高地。特别是2002～2009年，内蒙古自治区GDP增速连续8年摘得全国桂冠，创造了西部少数民族地区跨越式发展的奇迹，缔造出著名的“内蒙古现象”，实现了邓小平同志的预言。

曾几何时，内蒙古在世人的印象中还是一个遥远的地方，认为那里的人们都住着蒙古包，都骑着马上班，都过着游牧生活。没想到，现在从北京登上飞机一个多小时就能到达内蒙古的任何一个盟市；没想到，现在从草原一迈步就进入了灯火辉煌的现代都市；没想到，世人享用的名牌产品伊利、蒙牛、鹿王、鄂尔多斯、西贝莜面村，都来自内蒙古。确实如此，内蒙古还有许多让世人想不到地方。

内蒙古，一个中国北疆欠发达的少数民族地区为什么能够异军突起？为什么能够实现跨越式发展？为什么能够成为"一带一路"上的耀眼明星？世人需要重新认识内蒙古。

□ 凝聚"一带一路"的"内蒙古力量"

内蒙古，东西距离2400公里，南北跨度1700公里，横贯东北、华北、西北地区，紧邻黑龙江、吉林、辽宁、河北、山西、陕西、甘肃、宁夏八大省区，作为中国邻省最多的省级行政区，还与蒙古国和俄罗斯共同拥有漫长的边境线。

这是一个太阳要走两个多小时的地方，当朝阳从蒙东冉冉升起的时候，蒙西还沉睡在甜蜜的梦乡之中，两个小时之后方才初露晨曦。当她的南端已是春风送暖、芳草萋萋的阳春时节，而北端却依然是一片白雪皑皑的凛冽世界。

内蒙古作为我国面积仅次于新疆（166万平方公里）、西藏（122万平方公里）的第三大省份，其118万平方公里的版图，比东北三省加上京津冀的面积还大，比京津冀、长三角、珠三角的总和还要大一倍，就是说内蒙古的面积比我国经济最发达地区——整个东部沿海省份（自北向南包括辽宁、河北、天津、山东、江苏、上海、浙江、福建、广东）的面积之和还要大。

内蒙古版图虽大，但适度的人口和相对发达的经济，则是更引人注目的关键。相对于广大中西部地区，相对于“一带一路”上诸多沿线国家，尤其是相邻近的蒙古国、俄罗斯远东地区、哈萨克斯坦，内蒙古不但具有临近渤海、连接“三北”及蒙俄的区位优势，而且还有储量丰富且便于开采的资源优势，加之立体便捷的交通体系和相对完备的工业体系，更加突显出内蒙古无可比拟的优厚条件。总之，与周边地区和“一带一路”沿线国家相比，内蒙古自治区具有得天独厚的经济、人口和城镇化优势。

从经济发展来看，内蒙古自治区地区生产总值（GDP）稳定在全国中游，在广大西部地区仅次于人口大省四川省和工业文化大省陕西省。“十三五”开局之年的2016年，全国有9个省份的人均GDP超1万美元，其中内蒙古超过广东、山东，位列全国第7位。同时，2016、2017年全国经济百强城市中，内蒙古入围四个：呼和浩特、包头、鄂尔多斯、通辽。实际上，这四个城市总人口加起来也不过1100万，能取得如此成绩实属不易。

2015 年内蒙古与“一带一路”相关省区和国家数据比较表

	面积（万平方公里）	人口（万人）	GDP（亿美元）	人均GDP（美元/人）
内蒙古自治区	118	2500	2586	10300
西藏自治区	123	320	150	4660
青海省	72	580	350	6050
新疆维吾尔自治区	166	2300	1350	5893
东北三省（黑吉辽）	81	1100	8370	7610
京津冀	22	1100	10070	9160
蒙古国	157	296	117	4000
哈萨克斯坦	273	1750	1800	9796
俄罗斯西伯利亚和远东地区	1132	2551	2155	8448

注：人民币与美元换算，均按2015年当年国际汇率。

内蒙古与“一带一路”相邻省区和国家（地区）相比，其人口规模、人口密度、经济总量等指标均有一定优势。2016年，内蒙古自治区GDP达到1.86万亿元，居全国第16位，领先中西部广大地区，而且高于蒙古国、俄罗斯西伯利亚地区和远东地区[1]、哈萨克斯坦等“一带一路”相邻国家和地区。内蒙古自治区1.86万亿元的GDP约折合2586亿美元，这是差不多相同面积的蒙古国的20多倍，是差不多相同人口体量的哈萨克斯坦的1.4倍，是相同人口数量的俄罗斯西伯利亚地区和远东地区的1.2倍。

内蒙古自治区作为“一带一路”倡议的重要依托，已经对“一带一路”沿线的绝大部分国家和地区开展了进出口贸易。其中，内蒙古企业对蒙古国进出口值在所有沿线国家和地区中长期排名第一，占内蒙古企业对“一带一路”沿线国家进出口总值的四成左右，为中俄蒙经济走廊建设提供了有力支撑。

伴随“一带一路”建设和国际产能合作的快速推进，内蒙古在基础设施建设、产业协作等多个优势领域，均可发挥人才、技术、市场、区位、交通等优势，寻求更为广阔的区域与国际合作，为中国产能走出去做出更大贡献。

□ 引领西部大开发的“内蒙古现象”

中国改革开放的总设计师邓小平曾深刻指出：“实行民族区域自治，不把经济搞好，那个自治就是空的。”

新世纪以来，内蒙古解放思想、抢抓机遇，努力将资源优势转变为经济优势，创造了经济增速连续八年保持全国第一的高速发展奇迹，使内蒙古经济总量从全国后列跃居到中列，成为民族地区快速发展的排头兵。内蒙古

[1] 俄罗斯西伯利亚地区（俄罗斯西伯利亚联邦管区）和远东地区（俄罗斯远东联邦管区），分别位于内蒙古及蒙古国正北方，东北三省正北方，面积分别为511万平方公里和621万平方公里，人口分别为1932万和619万。这两个地区不但人口稀少，而且经济社会发展比较落后，人均GDP等指标远低于俄罗斯全国的平均水平。

用跨越式发展的成效，深刻回答了在一个边疆的少数民族欠发达地区如何加快发展的时代课题，对于各族人民增强对中国特色社会主义的“四个自信”，对于激励民族地区奋发前进具有巨大的鼓舞和引领作用。

今天，中国人每消费两杯牛奶，就有一杯来自内蒙古；北京每10个灯泡中有7个就是由内蒙古点亮；内蒙古西部地级市鄂尔多斯，每百户拥有私家车得数量甚至超过了北京……这些实实在在而又令人吃惊的数字，让人们不禁对印象中“天苍苍，野茫茫”的内蒙古刮目相看。

内蒙古自治区成立70年来，在党中央的亲切关怀下，经过蒙汉各族干部和职工的长期艰苦奋斗，正在逐步走上腾飞之路。当塞外大地盛产的粮油、肉乳带着绿色食品的标志在海内外市场上备受青睐，当包头钢铁、准格尔煤田等国家重点工程在草原上拔地而起，当鄂尔多斯、伊利、蒙牛、鹿王等品牌驰名中外，当煤田坑口电站发出强大的电流化为首都的万家灯火，照亮天安门和中南海之时，生机勃勃的内蒙古正在抢抓国家西部大开发、东北振兴、“一带一路”等重大战略机遇，以惊人的速度实现历史性跨越。

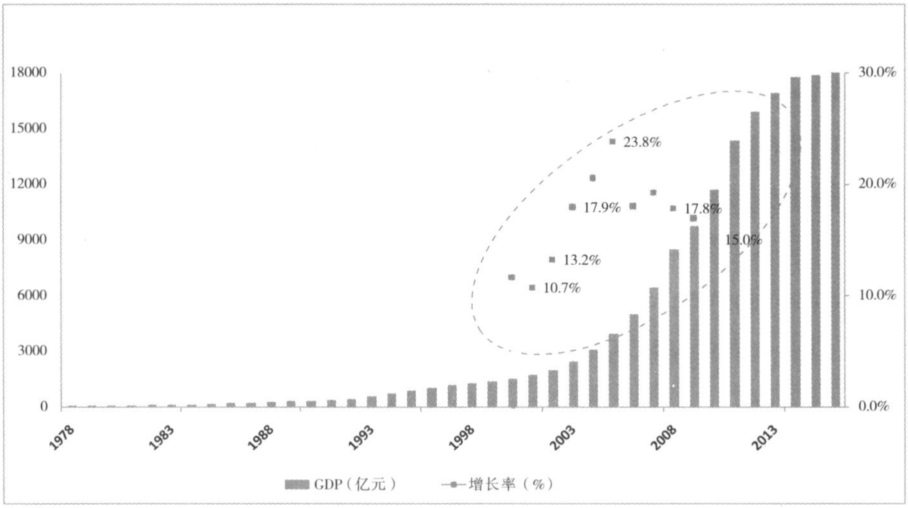

虚线里表示从2000～2010年内蒙古快速发展的10年

1978~2017 年内蒙古自治区 GDP

数据来源：国家统计局

自2000年国家实施西部大开发战略以来，内蒙古从西部12个省区市中脱颖而出，创造了GDP增速连续8年全国第一，其他总量指标增速居全国前列的局面；与此同时，一些生产要素向内蒙古迅速聚集，开创了经济社会全面发展、重点领域实现赶超、发展后劲不断增强的新局面，迅速发展中的内蒙古成为“中国经济版图上的一匹黑马”。内蒙古经济的持续强劲增长的状况，也成为我国经济学界和政府部门讨论的一个热点问题。

所谓“内蒙古现象”，是指近年来在我国区域经济发展中，内蒙古经济高速增长的现象——在西部大开发过程中，经济发展相对落后的内蒙古依靠相关政策和自身努力，在区域内迅速形成投资、人才和技术集聚效应，经济迅猛发展，增速名列全国前茅，且形成良好发展后劲的经济现象。

数据显示，新世纪的第一个10年（2001~2010年），内蒙古的经济增长速度几乎一直是全国各省份中最高的，且人均GDP长期名列西部12个省份中的第一位。这一时期，是内蒙古自治区国民经济实现跨越式发展，成为改革开放以来经济发展最快、综合经济实力增加最显著、人民生活得到实惠最多的时期。根据国家统计局数据，从2002年开始，至全球金融危机高峰的2009年，内蒙古经济增长速度连续8年在全国保持第一，分别为13.2%、17.9%、20.5%、23.8%、18.0%、19.2%、17.8%、16.9%，GDP年均增速达18.7%，连续8年领跑全国，堪称一匹“黑马”，在西部大开发的赛场上、在万马奔腾中一路领先。

从经济总量进入全国中等行列的目标看，2003年，内蒙古GDP超过重庆，在全国的排序由保持多年的第24位跃升到第23位。2005年，一举跨过云南、吉林、陕西、天津，在全国的排序由第23位升至第19位。2006年，再跨过江西、山西、广西，在全国的排序由第19位跃升到第16位。短短5年，内蒙古GDP跨越了8个省区市，排序前移了8位，是历史性的跨越，创造了我国少数民族地区经济发展史上的奇迹。这在整个西部地区乃至全国，都是罕见的。

这种“现象”在沿海发达地区没有，在西部地区也没有，在内蒙古历史上前所未有。内蒙古经济的超常规增长，主要是由工业的超常规增长所带动，这是“内蒙古现象”的一个突出表现。

2016年，内蒙古自治区人均GDP为7.4万元，高于全国平均水平（5.3万元），仅次于天津、北京、上海、江苏、浙江、福建，居全国第7位，超过广东、山东这样的经济大省，为全国前列。人均GDP达到上万美元是一个重要标志，这标志着经济社会的整体发展达到中等发达国家水平。如果折合成美元（按当时汇率），2016年全国31个省份中，有9个省份的人均GDP超过了1万美元，其中内蒙古是广大中西部地区中唯一一个人均GDP超过1万美元的省份。实际上，早在2012年内蒙古自治区人均GDP就已突破1万美元大关。也就是说，五年来，内蒙古一直是广大中西部地区中唯一一个人均GDP超过1万美元的省份。

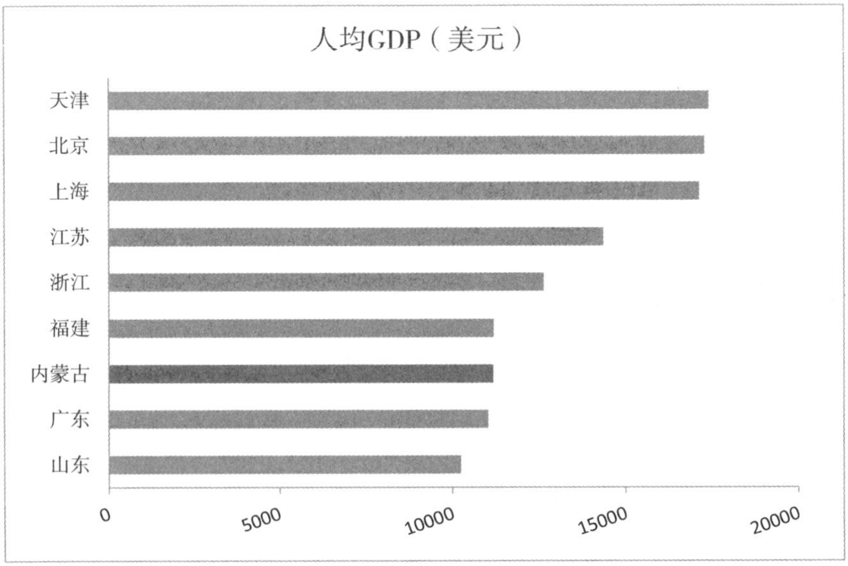

2016 年人均超过 1 万美元的 9 个省份

数据来源：国家统计局，2016年

自建区以来的70年间，内蒙古建立了比较完整的国民经济体系，形成了“东林西铁、南粮北牧”的经济格局。东部有被誉为“祖国绿色宝库”的大兴安岭森林；西部有重工业城市、被誉为草原钢城的包头，白云鄂博的稀土资源储量占全世界的62%，占国内已探明储量的87.1%；南部的河套、土默川、赤峰、通辽等地区是全国重要的商品粮基地；北部有全国著名的呼伦贝尔草原、锡林郭勒草原、乌兰察布草原等，是中国最大的天然牧场之一，占全国草原面积的22%，全区牛奶、羊肉、羊绒产量均居全国首位。

内蒙古还是我国城镇化水平较高的地区，不但高于广大中西部地区，而且高于全国平均水平。2016年底达到61.2%，远高于广大中西部地区，也高于全国4个百分点，与京津冀、东北三省两个大区持平。经过全区各族人民的不懈奋斗，一座座草原城市屹立于祖国北疆，成为“一带一路”建设的战略支点。例如，草原钢城、稀土之都以及城市规划的典范包头，民族融合发展的样板、中国乳都呼和浩特，发展势头堪比香港、“羊眉吐气”的鄂尔多斯（“羊眉吐气”即鄂尔多斯的四大产业：羊绒、煤炭、稀土、天然气），中俄蒙经济走廊上的重要节点乌兰察布、二连浩特，红山文化的发源地与人才教育高地赤峰，蒙东区域性中心城市、全球蒙古族人口最多的新兴草原城市通辽，革命老区、红色旅游胜地乌兰浩特，中俄最重要的口岸城市、东北地区对接欧洲的首要窗口满洲里，等等。其中，呼和浩特、包头、鄂尔多斯、通辽等四个城市，近年来连续入围中国百强城市名单。

正是七十年以来，内蒙古几代人的艰苦奋斗所奠定的深厚基础，才成就了如今举世瞩目的“内蒙古现象”。

□ 破解资源诅咒的“内蒙古模式”

1993年，美国经济学家Auty最早提出了“资源诅咒”一词。所谓“资源诅咒”，即丰裕的资源对一些国家的经济增长并不是充分的有利条件，反而是一种限制，或者理解为丰裕的自然资源趋于阻碍而非促进经济发展。该理论认为丰富的自然资源可能是经济发展的诅咒而不是祝福，大多数自然资源丰富的国家比那些资源稀缺的国家增长得要慢。

今后，我国要实现快速发展，最大瓶颈就是资源短缺。获取足够的资源是我国实现工业现代化的基本支撑。可是，资源的丰裕度与经济增长之间并非总表现为正向关系，大量的研究发现自然资源与经济发展呈负相关关系，对此做出解释的主要理论是资源诅咒理论。从目前国外文献来看，在众多资源丰裕国家中，仅有博茨瓦纳和智利成功摆脱了资源诅咒陷阱。从国内看，山西、黑龙江、河南、贵州、宁夏、云南等多个资源丰裕省区均不同程度陷入了“资源诅咒”陷阱。可见，破解“资源诅咒”已成为一个国际和国内面临的共同难题。

内蒙古连续8年居中国经济增长速度的第一位，之所以取得超快的发展速度，是在改革开放、西部大开发和东北振兴的背景条件下，依靠正确的发展模式取得的经济奇迹。这一模式的实施也成功破解了资源诅咒，变资源诅咒为“资源祈福”，学界称之为“破解资源诅咒的内蒙古模式”。内蒙古作为矿产资源丰裕的民族地区，成功破解资源诅咒的生动实践对全国乃至“一带一路”沿线国家都有极其重要的借鉴意义。

所谓“破解资源诅咒的内蒙古模式”[1]，就是以科学发展观为指导，以资源为依托，以可持续发展为主线，加快经济发展和结构升级，实现经济可持续发展；以资源开发和综合利用为基础，建设资源节约型和环境友好型社会，实现资源与环境可持续发展；切实保障和改善民生，实现社会可持续发展。

内蒙古自身在煤炭资源开采的初中期便开始及时调整发展战略，通过内蒙古模式的发展与应用，实现了可持续发展，成功破解了资源诅咒。内蒙古破解资源诅咒靠的是两条腿走路，一是靠经济发展，二是抓结构优化。经济发展是基础，没有经济发展就难以实现结构优化；结构优化是动力，只有不断进行结构优化升级，经济发展才能持续。内蒙古在这两方面的具体做法是：充分拓展传统优势产业的区域合作空间、加快布局战略性新兴产业。

（1）建设国家重要清洁能源基地，引领能源领域国际合作。

习近平总书记指出，“中国面临着能源需求压力巨大、能源供给制约较多、能源生产和消费对生态环境损害严重、能源技术水平总体落后等挑战，必须从国家发展和安全的战略高度，找到顺应能源大势之道。推动能源消

[1] 资料来源：《破解“资源诅咒”的内蒙古模式研究》，齐义军，中央民族大学出版社，2012.

费、能源供给、能源技术和能源体制四方面的‘革命’”。

内蒙古有着无与伦比的能源资源优势。截至目前，我国是全球电力装机总容量最高的国家，已突破16亿千瓦（是美国的1.5倍），而内蒙古电力装机超过1亿千瓦，居全国首位。煤炭方面，保有储量约6300亿吨，约占全国的40%，居全国第一位，年产量维持在10亿吨上下，接近全国总产量的1/3，连续多年居全国第一位；石油资源方面，已探明的石油储量达7亿吨，远景储量为40亿吨以上；天然气方面，目前已探明储量1万亿立方米，远景储量4.2万亿立方米以上；电力装机总容量10391万千瓦，占全国的6.9%，居全国首位。

伴随“一带一路”倡议的深入实施，内蒙古能源对外合作不断加深。甘其毛都、策克、满洲里、二连浩特等口岸的贸易量持续增加，煤炭进口量达到2000万吨左右。跨国送电电压等级实现重大突破，已形成两回220千伏输电线路向蒙古国送电，供电能力超过25万千瓦，年送电量达到11亿千瓦时。另外，从俄罗斯、蒙古国输入的石油、天然气均要过境内蒙古，其中一部分在内蒙古加工转化，可以节省运力、提高整体效益。

“十三五”期间，内蒙古将抓住国家电源布局向煤炭基地转移等有利时机，加快电力外送通道及配套火电装机规划建设，支持大型坑口燃煤电站建设，合理布局热电联产项目，到2020年全区火电装机容量达到1亿千瓦。稳定石油产量，扩大天然气产量，推进煤层气开发利用。到2020年，能源产业产值将达到9000亿元，建成国家重要能源基地，积极推动能源消费、能源供给、能源技术和能源体制四方面的革命，全面引领能源领域国际合作。

（2）打造国家循环经济产业基地，成为破解“资源诅咒”的国际典范。

循环经济发展模式被认为是消除“资源诅咒”的一种有效的模式。循环经济的思想和政策措施对于内蒙古破解“资源诅咒”，实现可持续发展，树立破解“资源诅咒”的国际榜样具有深远的意义。

目前，内蒙古以煤炭资源为基础，正在实施煤—电—化一体化的发展战略，完善煤化工产业链，逐步改变煤炭工业高投入、高增长、高收益、高资源消耗、高排放和高污染的“六高”特点，努力实现可持续发展[1]。

“十二五”期间，内蒙古建成煤制油产能124万吨、煤制气产能17.3亿立方米，分别占全国的52%和56%，不少“煤制油”项目已经开始投产，总规模即将超过2000万吨，而“煤制气”项目已经开始为首都及京津冀城市群供应清洁燃气。目前，内蒙古煤电一体化比重达到90%，煤电铝一体化比重达到70%。

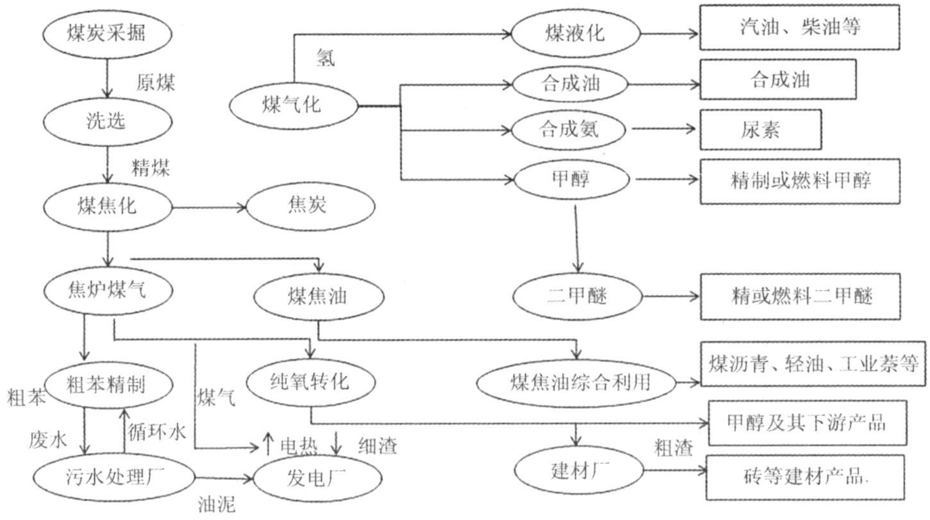

煤化工产业链

从煤化工循环经济产业链来看，在煤炭采选业的基础上，通过发电、煤焦化、煤气化、煤液化提供煤炭附加值，发展煤炭下游产品。通过煤焦化生产焦炭这一炼钢的主要燃料，利用焦炉煤气、煤焦油综合利用生产煤沥青、轻油、工业萘、甲醇及其下游产品；通过煤气化生产合成油、合成氨（尿素）、甲醇、二甲醚等产品；通过煤液化生产汽油、柴油等；生产中所有的废水经过废水处理厂，处理后的循环水重新投入工业生产，缓解了内蒙古水资源匮乏问题；油泥可以被发电厂利用；各类煤化工汽油产生的细渣提供给

[1] 齐义军，破解“资源诅咒”的内蒙古模式研究，中央民族大学出版社，2012年4月

发电厂使用，粗渣用于建材厂生产各类建材。

从煤电产业链来看，在使用原煤发电的基础上，更强调用洗煤后的洗混煤、中煤和煤矸石发电；煤炭采选业产生的大量煤矸石除用于发电外，还被用来生产砖、水泥或用于筑路回填等；发电产生的粉煤灰被用于提取氧化铝、生产砖、水泥或用于筑路回填；发电产生的硫渣被用于生产水泥和石膏。

内蒙古根据煤化工产业链和煤电产业链推进“煤—电—化”一体化经营模式，采取了三种基本模式[1]：

产业间组合式的“煤—电—化”一体化经营。这种模式是在一个主体企业内实现煤电联营、煤路联营、煤电化工联营，从而能够更好地协调煤炭上下游企业之间的利益关系。可以是大型煤炭生产企业延伸产业链，以煤炭为基础发展下游企业；可以是大型发电企业投资兴办或参股煤炭生产，以发电为龙头连接上下游产业；可以是煤化工企业与煤电联营，形成煤电化运一体化的发展模式。

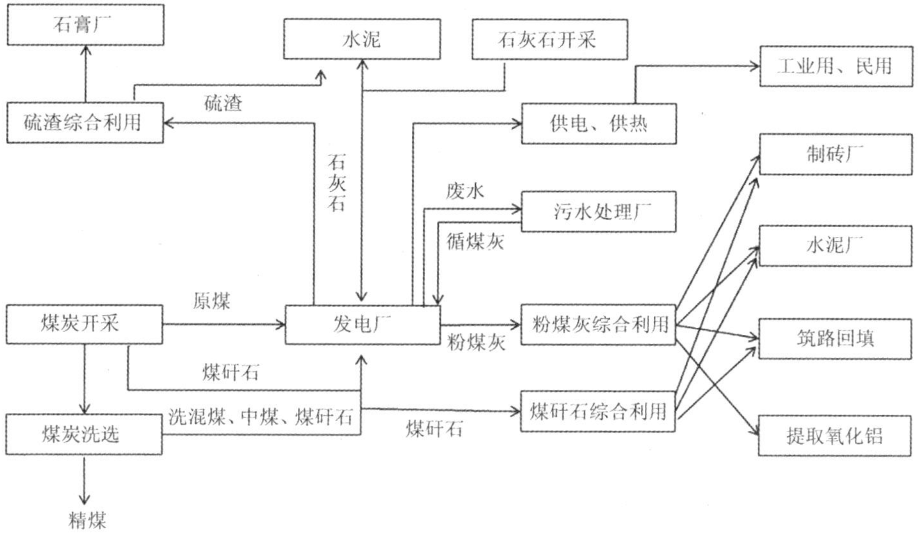

煤电产业链

[1] 资料来源：何永林. 内蒙古资源的科学开发与利用［M］. 呼和浩特：内蒙古人民出版社，2010.

地区与市场组合式的“煤—电—化”一体化经营。这种模式就是在煤炭产区（鄂尔多斯、锡林郭勒、呼伦贝尔等）建立大型煤电化基地，与邻近省份（北京、辽宁、河北、山东等）合作，实现以资源换市场，形成合理的地区间分工协作关系。在电源指标、供电供气市场和SO_2排放指标转让等方面进行合作，既保证了合作省区的用电、用气和用煤需求，又能拓展内蒙古的煤电化市场空间。

煤炭能源企业与基础设施建设组合式的“煤—电—化—运”一体化经营。煤电生产与运输，需要大量基础设施的配套运行，但由于目前基础设施建设滞后，形成了煤电化发展的“瓶颈”，制约了煤电化产业的发展。这一模式实行煤电化生产与铁路、电网、水源、管道一体化建设，有利于打破基础设施垄断经营的格局和制约，形成市场多元化格局，推动煤电化产业的发展。

循环经济模式已经在重点产业领域初步形成。近年来，自治区不断加大对发展循环经济的投入，循环经济发展取得了良好成效。重点形成了以鄂尔多斯市为代表的“企业发展、园区建设和整体推进”（点—线—面）循环经济发展模式；以乌海、阿拉善为代表的“煤炭—电力—化工、煤炭—炼焦—化工、煤炭—电力—特色冶金”一体化煤炭循环经济发展模式；以霍林河为代表的“煤炭—电力—铝及铝后加工”循环经济发展模式；以包头为代表的“稀土采选—冶炼分离—新材料及应用”循环经济发展模式；以巴彦淖尔为代表的“四位一体”绿色农业发展模式。这不仅为内蒙古发展循环经济提供了有益尝试，而且正在成为“一带一路”沿线国家借鉴学习的典范。

“十三五”期间，内蒙古重点布局以煤化工、氯碱化工、硅化工和氟化工、精细化工为重点，推动新型化工产业一体化、集群化、循环化、安全化发展。瞄准国际新技术、新工艺，高起点开发引进国内外新型化工先进技术和装备，争取在节水、节能和生产工艺等方面取得重大技术突破。加快新型化工产业纵向延伸，提高资源就地加工转化增值水平，推动传统化工产业向精细化工产业延伸发展。加快煤化工、氯碱化工、硅化工和氟化工、精细化工产业耦合发展，推动新型化工与装备制造、轻工、纺织、建材、新材料等产业融合发展，进一步丰富终端产品品种。争取到2020年，新型化工下游延伸加工产品品种达到100个以上，新型化工产业产值达到5100亿元，建成世界领先的国家级新型化工基地。

其中，在煤化工领域，发展重点是根据水煤等资源组合条件和环境承载能力布局重大新型煤化工项目，将大路（鄂尔多斯）—托克托（呼和浩特）—清水河（呼和浩特）工业集中区、独贵塔拉工业园区、上海庙工业园区和苏里格经济开发区、九原工业园区、多伦工业园区、扎鲁特化工园区、百吉纳工业园区以及蒙西“小三角”地区三个工业集中区打造成为新型煤化工生产示范园区。积极承接国家现代煤化工升级示范任务，加快煤制油、煤制气、煤制烯烃、煤制乙二醇等示范项目建设，同步推进示范项目产业化发展。以推动高浓度水煤浆技术、煤炭中低温干馏制气制油制游技术、煤炭地下直接气化技术、瓦斯防治和利用技术、煤层气开发技术、中低阶粉煤与石灰粉混合的蓄热式电石生产技术等新技术的产业化应用为重点，率先在全国实施一批煤炭清洁高效利用示范项目。大力实施“焦炭气化”，促进传统煤焦化工产业转型升级，加快甲醇、苯胺、烯烃、乙二醇、芳烃等煤化工产品向下游延伸，构建甲醇后加工、烯烃后加工、乙二醇—芳烃—聚酯—高分子复合材料等循环产业链。

可再生资源循环利用方面，适应能源、新型化工、钢铁、有色金属、建材、医药等产业节能减排、环境治理、废弃物利用的市场需求，研发推广和应用一批高效节能、先进环保和资源循环利用的新装备、新工艺、新产品。支持煤矸石、粉煤灰、冶炼废渣等大宗工业固废回收和资源化、产业化利用项目建设，力争将节能环保产业打造成为规模较大的循环型产业。

（3）构筑国家级有色金属生产加工基地，成为参与全球竞争的战略资源高地。

内蒙古是全球矿产资源大区。在全世界已发现的150多种矿产资源中，内蒙古有143种；在内蒙古已探明储量的97种矿产中，有50种矿产储量居全国前十位，27种居全国前三位，11种居全国前二位，7种居全国之首，其中铀和钍（为核工业的重要燃料）储量位列全国第一位。内蒙古有色资源丰富，世界上已发现的有色金属有60多种，内蒙古地区已探明储量的有色金属、贵金属、稀有和稀散元素矿种就达四十余种，且储量可观。已探明的稀土氧化物储量居世界之首，铅、锌、银的资源储量居全国第一，铜、钼的资源储量居全国第四，金的资源储量居全国第六。

“十三五”期间，内蒙古积极开展“找矿行动”，实施有色金属矿产资源整装勘查开发，提高矿产资源保障能力。推动“煤电冶加”“探采选冶加”一体化循环发展。加快高铝粉煤灰提取氧化铝技术攻关，降低生产成本，推动示范技术产业化应用。提高有色金属延伸加工能力，丰富有色金属产品种类。在丰富板、带、材、棒、管、箔等高附加值终端产品种类基础上，不断开拓有色金属在轨道交通、航空航天、国防科工、高性能合金和导电材料等领域的应用。争取到2020年，有色金属生产加工产业产值达到4900亿元，培育形成有色金属循环产业链、产业集群和集聚区，基本建成我国重要的有色金属生产加工基地，成为我国参与全球竞争的战略资源高地。

重点建设包头铝业园区、霍林河煤电铝一体化产业基地、赤峰经济开发区铜产业园、乌拉特后旗铜锌加工园、西乌旗铜锌产业园等专业园区。到2020年力争形成电解铝1000万吨、铜110万吨、锌120万吨、铅80万吨、镁90万吨的产能。

（4）**强化绿色农畜产品生产加工基地功能，全国“粮仓牧场”，确保国家的粮食安全、食品安全和生态安全。**

30多年前的内蒙古，粮食亩产量全国倒数第一，而在自治区成立之初，第一产业增加值仅4.12亿元。多年以来，内蒙古农牧业在做大总量的同时，质量效益稳步提高。30年后的今天，内蒙古自治区已经构筑起带动地区经济发展、辐射全国各地市场、促进居民增收致富的“粮仓牧场”，一批绿色品牌得到消费者认可。目前，内蒙古自治区已成为全国重要的粮食基地，粮食产量连续多年保持在550亿斤以上（相当于全国的1/20），农畜产品加工率达到60.9%，经农业部认证的有机食品产量居全国第一，牛奶、羊绒、羊肉产量均居全国首位，其中乳制品产量占全国的1/8，是我国名副其实的畜牧业第一大区。2016年，内蒙古牧业牲畜存栏1.36亿头只，已连续11年稳定在1亿头只以上，其中以羊肉为主的无公害牲畜总量达到0.2亿头只。

中国羊肉看内蒙古，内蒙古羊肉看锡盟。中国最好吃的羊肉在内蒙古自治区，这里绿色优质的牛羊肉已销往全国、送达海外。内蒙古羊肉的核心区在内蒙古锡林郭勒大草原，是世界级的天然牧场。锡林郭勒羊分为苏尼特羊、乌珠穆沁羊、察哈尔羊和乌冉克羊，其中三个已经是国家地理标志保护产品，乌珠穆沁羊更是“羊中贵族”，被称为“天下第一羊”。

被称为“天下第一羊”的乌珠穆沁羊

《马可波罗游记》和《元史》记载，从元朝初，锡林郭勒草原就是皇家御用草场，并且开始有目的地选育皇家专用的黑头白体、身长肉多的乌珠穆沁羊，用于祭祀天地和祖先。

碧草如海、牛羊成群的锡林郭勒大草原上，标准化牛羊肉精深加工基地大庄园肉业产业示范园落户于此，产业链条涵盖了饲草种植、牛羊繁育养殖、品种改良、屠宰与精深加工等多个领域。

健康的锡林郭勒羊肉产品

乳业是呼和浩特市最重要、最具优势和特点的产业，呼和浩特一直以“中国乳都”的姿态向国人展示着中国乳业的进程。呼和浩特是世界上公认的最佳天然养牛带，发展乳业有着优越的自然地理条件和区位优势。作为中国乳业领军者的伊利、蒙牛、圣牧高科的总部均位于呼和浩特这座城市，而这座城市也正在引领者中国的乳业变革，着力推动中国乳业向着高端化、智能化、国际化的方向发展，并不断提升在乳业领先地位和国际竞争力。2017年，按照荷兰合作银行发布的全球乳业20强榜单，伊利、蒙牛分别进入世界乳业8强、10强。2017年两家企业销售收入占全国乳制品行业总收入的1/3，呼和浩特市成为全球唯一一座汇集了两家世界乳业10强企业的城市。

中国乳都——呼和浩特市

内蒙古自治区是中国乃至世界山羊绒原料的主产区及最大的山羊绒制品深加工和出口省区，羊绒产业是自治区经济发展的特色优势产业和重要的民生产业。提起羊绒产业最先想到的当然是鄂尔多斯。“鄂尔多斯”既是代表了羊绒行业最高标准的品牌，也是世界顶级羊绒的生产工厂。鄂尔多斯作为中国羊绒产业的“桥头堡”，位于世界优质羊绒生产带，是世界顶级绒山羊——阿尔巴斯绒山羊的产地。鄂尔多斯市的羊绒产业从20世纪70年代初起步，到90年代进入发展的鼎盛时期，一跃成为全市重要的优势特色传统支柱产业之一，为全市经济发展和劳动力就业做出过巨大贡献。经过多年的培育发展，全市羊绒产业已形成从原料生产、收储、加工，到新产品研发和国内外市场营销完整的产业链条，具有优质原料多、研发能力强、企业集聚、工艺先进、品牌驰名、销售网络健全等优势，在繁荣市场、扩大出口、吸纳就业和增加农牧民收入、提高地区知名度等方面发挥着重要作用。到2016年1月为止，鄂尔多斯全市现有规模以上羊绒加工企业79家，占自治区规模以上羊绒加工企业的55%，其中，国家级农牧业产业化龙头企业2家，自治区级2家，拥有国家级羊绒制品工程技术研究中心和国内最具权威的专业检测实验室。2013年，全市生产无毛绒4850多吨，羊绒纱2436.7吨，羊绒制品1658多万件，解决就业3万余人，实现产值200亿元。

2015年我国启动了马铃薯主粮化运动。内蒙古自治区是全国马铃薯的主产省区，马铃薯种植面积和总产均排在全国前三位，占到全国产量的10%以上。乌兰察布市地处马铃薯产业黄金带，种植面积400万亩，面积和产量在全国地级市中居首位，占自治区的近二分之一，约占全国马铃薯年均种植面积和产量的6%，是我国重要的种薯、商品薯和加工专用基地，被誉为“中国薯都”。目前，乌兰察布在种薯生产、基地建设、加工转化、仓储流通、品牌营销等方面有了很大突破，马铃薯产业已经成为全市农牧业的主导产业、特色优势产业和农民脱贫致富的主要收入来源。预计到“十三五”末，乌兰察布市马铃薯鲜薯总产量达到600万吨，种植产值50亿元，加工产值35亿元。

中国薯都——乌兰察布市

□ 布局战略新兴产业的“内蒙古前瞻”

内蒙古正加快培育战略性新兴产业，不断优化产业结构，积极实现新旧动能的转换。党的十八大以来，内蒙古自治区把提质增效作为经济发展的立足点，跳出简单“挖煤卖煤，挖土（稀土）卖土”的老格局，全面推动产业结构转型升级，战略性新兴产业基地建设已形成规模，多元发展、多极支撑的现代产业体系加快形成。

2016年，内蒙古自治区的三次产业结构演进为8.8∶48.7∶42.5，逐步呈现出农业精（主打绿色、有机）、工业强（产业链长、附加值高）、商业活（新兴业态不断涌现）的良好发展态势。目前，新材料、生物、新能源、先进装备制造等产业实现工业增加值占比近80%，基本形成了以呼和浩特光伏、包头稀土、通辽蒙药、赤峰生物医药等为代表的一批特色产业集群，稀土新材料、云计算、单晶硅等产业规模跃居全国第一。全区工程研究中心、工程实验室、重点实验室、工程技术研究中心283家，其中，国家级研发中心（包括国家与地方联合共建）40家。根据自治区“十三五”规划，到2020年战略性新兴产业增加值占GDP的比重力争达到10%。

（1）建设国家大数据综合试验区，大数据产业风起“云”涌。

2016年10月，国家发展改革委、工业和信息化部、中央网信办发函批复，同意在京津冀、内蒙古自治区等七个区域推进国家大数据综合试验区建设，这是继贵州之后第二批获批建设的国家级大数据综合试验区。

八个国家大数据综合试验区分别承担着国家大数据战略的不同使命，在大数据产业发展方面也各有优势。其中，京津冀、珠江三角洲跨区域类综合试验区定位是，围绕落实国家区域发展战略，更加注重数据要素流通，以数据流引领技术流、物质流、资金流、人才流，支撑跨区域公共服务、社会治理、和产业转移，促进区域一体化发展；上海市、河南省、重庆市、沈阳市四个区域示范类综合试验区定位分别是，积极引领东部、中部、西部、东北等“四大板块”发展，更加注重数据资源统筹，加强大数据产业集聚，发挥辐射带动作用，促进区域协同发展，实现经济提质增效；内蒙古基础设施统筹发展类综合试验区定位是，在充分发挥区域能源、气候、地质等条件基础上，加大资源整合力度，强化绿色集约发展，加强与东、中部产业、人才、应用优势地区合作，实现跨越发展。

近年来，大数据产业异军突起，使内蒙古自治区一跃成为云计算产业的主要省份。截至2016年底，内蒙古自治区云计算及相关产业取得了长足进展，并成立了内蒙古大数据发展管理局。大型云计算数据中心服务器装机能力已达90万台，居全国首位。因为起步早、发展快、规模大、势头猛，目前，云计算产业已形成以呼和浩特市为核心，以包头市、鄂尔多斯市、赤峰市、乌兰察布市为重点的发展格局。

大数据基础设施日臻完善。国际、省际干线光缆加快建设，中俄蒙国际光缆和呼和浩特至北京的 4 条直通光缆相继建成，鄂尔多斯至北京的两条双路由光缆通道即将完工，乌兰察布至北京光缆传输系统工程第二路由开工建设，设立了呼和浩特区域性国际通信出入口局。“宽带内蒙古”工程和第四代移动通信（4G）网络全面建设，截至2016年底，固定互联网宽带接入端口1166万个，全区光缆总长度58万公里，4G基站数达到4.39万个。云计算数据中心初具规模，数据中心服务器装机能力达到90万台，居全国首位。

大数据产业体系逐渐形成。和林格尔新区大数据产业园等一批大数据园区加快建设，中国电信、中国移动、中国联通、百度、阿里巴巴、腾讯、华为、浪潮、苹果等一批国内外知名企业相继落户，产业集聚效应开始显现。电子信息产业稳步发展，初步形成电子元器件、软件开发、信息服务等门类的电子信息产业体系。2016年，软件和信息技术服务业实现收入27.96亿元。

大数据加速向传统工业的渗透，驱动着自治区生产方式和管理模式的变革，推动着制造业向网络化、数字化和智能化方向发展。目前，内蒙古的稀土、煤炭等大宗商品已建成电子交易平台并投入运营。在全国率先建立了能源云、乳业大数据平台、稀土交易大数据平台、牧区全产业链溯源数据平台和煤炭、药材、草业等一批大数据应用系统，各领域的大数据应用逐渐开展，大数据在带动传统产业转型升级中的效应开始显现。

目前，内蒙古已经形成一批企业集聚、基础齐全、要素齐备的大数据园区——和林格尔盛乐现代服务集聚区、内蒙古自治区国家大学科技园、包头市高新技术园区、鄂尔多斯市高新技术产业园区、赤峰市红山区云计算产业园、乌兰察布市中关村科技园和锡林郭勒盟中电智云多伦大数据产业园等。

和林格尔新区大数据中心

“十三五”时期，内蒙古将有序建设云计算数据中心，重点推动呼和浩特、包头、鄂尔多斯、赤峰、乌兰察布、呼伦贝尔、锡林郭勒等地区大型云计算数据中心建设，并依托云计算数据中心，加强相关软件研发，建立云计算数据中心和服务的管理体系、安全体系和维护体系。其中，呼和浩特市把云计算产业作为转型发展的抓手和创新发展的着力点，结合当地丰富的电力资源，努力推进“把能源储备转化为信息储备、把能源输出转化为信息输出”的转型发展，力争做到千亿级的产业集群，为国家“互联网+”战略的实施和网上“一带一路”的建设做出贡献。

（2）打造国家级蒙医蒙药研发生产基地，推动传承发展蒙医蒙药文化瑰宝，加强国际合作，惠及世界人民。

作为蒙古族丰富文化遗产的一部分，蒙医具有独特完整的理论体系——“三根”学说。蒙医学认为，人体内存在着“赫衣”（风），“希拉”（胆），“巴达干”三种重要元素。三种元素在体内平衡时就是健康，失去平衡就要生病。蒙药的作方法是以生制为主，保持天然活性，具有配方解毒、剂型小、药劲大、无副作用、独具疗效等特点。蒙医学除了以“三根”学说为主要理论基础，同时还包括阴阳五行、五元学说、七素及六基症学说。

忽必烈即位后，承袭唐宋时期的医疗制度，建立太医院，并在各地建立了惠民局。太医院的下属机构有广惠司、御药院、御药局惠民局等，其中惠民局“掌收官钱，经营出息，市药修剂，以惠贫民”。随着国内各民族间及欧亚地区间的交往逐渐增多，各地区的医药也先后传入蒙古地区。元代蒙古人不仅对内地医学的进一步发展起到积极的推进作用，而且也从内地医学中有所收益，此时蒙古民间医学开始摆脱“巫医”的形象，蒙医传统疗术、整骨、饮食疗法及药物学知识有了新的发展和提高。这个时期，蒙医传统疗术发展迅速，如震脑术、灸疗法、皮疗、热血浸泡疗法、放血疗法、烙疗法、熏法、蒸法等疗术都有了不同程度的发展。

明末著名蒙医绰尔济·莫尔根在正骨、治伤外科的临床实践中做出了突出的贡献。《盛京通志》称绰尔济·莫尔根能使人“起死回生”，救人无数，当时的人们常将他与神医华佗并论。据《清史稿》所载，女真族首领努尔哈赤的一员大将武拜在一次交战中身中三十多箭，不省人事，绰尔济·莫尔根用成吉思汗时代的传统疗法，剖开白驼腹，将武拜趺坐在骆驼腹腔，醒过来后敷药获愈。清初时蒙医外科开始将麻醉法用于临床手术。由于蒙医正骨技术发达，清廷选拔了许多蒙医正骨医生，配备到全国各地。《清史稿》载："选上三旗每旗士卒之明骨法者，每旗十人，隶上驷院，名蒙古医士，凡禁庭执事人员有跌损者，命医治，限日极痊，逾期则片治之。"而且，蒙医正骨术声名远播，甚至影响到了俄罗斯等国人民。1728年，在北京学习的俄国留学生专门学习蒙医正骨。

蒙医正骨术是历代正骨医学家们所积累的具有民族特色的治疗各类骨折与关节脱位、软组织损伤等一系列病症的疗法。蒙古族是以游牧为主的"马背民族"，在生活、劳动中，跌伤、骨折等时有发生。蒙医正骨术是最负盛名的蒙医传统疗法之一。如今，在蒙东的通辽，辽西的阜新，仍有很多蒙医续写着传统医学的辉煌。骨折不用动手术，医生呷口白酒，"吱"的一声，喷到患者骨折的地方，按摩拿捏不到两分钟，整骨过程完毕，再用小夹板把患者伤处固定住，治疗就结束了。

目前蒙药的品种已多达2200余种[1]，较为常用的药为1300余种，涵盖植物、动物及矿石等种类。其中，蒙医常用药有450余种，蒙医专用260余种。

"十三五"期间，内蒙古自治区大力支持蒙中医药技术创新，建设蒙中医药工程实验室和研究中心，提升蒙中医药新产品研发能力。加快完善蒙医药标准体系，扩大蒙医药市场占有率。加快建设通辽、赤峰、呼伦贝尔、兴安盟等蒙中医药生产基地，大力培育集蒙中药材种植、加工为一体的特色产业链，打造国家级蒙药研发基地和现代化蒙中医药生产基地，支持蒙中医药骨干企业做大做强，立足国内、面向国际、实现蒙医药现代化和国际化，惠及世界人民。

---

[1] 苏荣扎布. 蒙医学百科全书·医学卷［M］. 呼和浩特：内蒙古人民出版社，2002.

（3）构筑全国新能源产业基地，把新能源产业培育成为特色产业和新的经济增长点，助力中国占据全球能源竞争的制高点。

如果说，20世纪是化石能源世纪，那么，21世纪则是新能源世纪。加快新能源产业发展，对优化能源结构、促进节能减排、培植新的经济增长点、促进经济社会可持续发展具有十分重要的意义。

内蒙古新能源资源丰富，是全国风能资源最丰富的地区，其中10米高度可开发利用的风能资源为1.01亿千瓦，占全国风能资源量的40%，居全国首位；太阳能资源仅次于西藏排名全国第二，太阳能发电装机469万千瓦，居全国第四，约占全国的10.9%。

截至2016年底，内蒙古累计风电装机2556万千瓦，居全国第一位，光伏发电装机636万千瓦，风电、光伏累计装机总量达到3192万千瓦。2017年底，内蒙古的电力总装机已达1.1亿多千瓦，新能源占发电装机总量达到28.9%。

“十三五”期间，重点建设阿拉善（乌海、巴彦淖尔）、包头北（巴彦淖尔）、鄂尔多斯（巴彦淖尔、乌海、阿拉善）、乌兰察布（呼和浩特）、锡林郭勒、赤峰、通辽、呼伦贝尔（兴安）八大新能源基地。支持利用沙漠（沙地）、矿山恢复治理区域建设光伏发电示范工程，鼓励发展光伏农业，建设光伏小镇。采取风火打捆、风光互补、风电供热等多种措施，提高风电光电消纳比重。鼓励发展沼气、燃料乙醇、生物柴油等生物质能，合理布局水电和抽水蓄能电站。到2020年，风电装机容量达到4500万千瓦，光伏装机容量达到1500万千瓦。

其中，蒙西风电、光伏基地，重点在阿拉善盟、包头、巴彦淖尔、乌兰察布北部等地建设2~3个千万千瓦级大型风电光伏项目，2020年风电并网装机规模达到3800万千瓦，光伏发电并网装机规模达到458万千瓦。围绕蒙西、锡林郭勒盟电力外送通道，通过“风火打捆[1]”方式实现外送风电1000万千

[1] 风火打捆，就是风电火电通过交直流混联的方式外送到用电紧缺的地区，有助于缓解风电消纳问题，并减少了铁路运输压力。由于我国一次能源与负荷中心呈逆向分布，西北地区大量风光煤炭资源，大量风电无法就地消纳，而华中、华东一带沿海城市一次能源较少，用电量大，出现供电不足的情况。如果单纯将风电外送，当风电场弃风又可能造成输电通道浪费。因此，西北地区通常采用风火打捆来外送电力。

瓦；蒙东风电、光伏基地，重点在赤峰市、通辽市、兴安盟西部地区建设1~2个千万千瓦级大型风电项目，通过“风火打捆”方式外送，2020年风电并网装机规模达到2000万千瓦，光伏发电并网装机规模达到142万千瓦。

如今，内蒙古正在抢抓新能源产业发展的机遇，构筑全国新能源产业基地，加快培育新能源产业，使之尽快成为扩大投资、促进消费、稳定出口的新的经济增长点。

（4）尽快形成全国重要的高端装备制造业基地，努力提升国家综合实力和技术水平。

高端装备制造业是国家综合实力和技术水平的集中体现，决定了大力发展高端装备制造业，是我国在世界经济竞争格局发生深刻变革和调整新形势下，促进经济社会发展进入创新驱动、内在增长轨道的必然选择，也是构建国际竞争新优势、掌握发展主动权、重塑中国在全球产业价值链中的地位的重要举措。

目前，自治区拥有国家级技术中心的内蒙古一机集团，自主研发、制造的履带式大马力推土机填补了我国西北地区同类产品的空白；高速动车组大型铝合金枕梁和抗侧滚扭杆总成系列产品，打破了国外垄断并列入国内高铁国产化配套供应商目录。内蒙古北方重型汽车股份有限公司已连续多年入榜全球工程机械制造商50强，机械传动矿用车系列产品国内市场占有率达到80%，电动轮矿用车系列产品国内市场占有率达到100%。

“十三五”期间，内蒙古自治区以纯电动汽车、插电式混合动力汽车和燃料电池汽车为重点，打造全国重要的新能源汽车、关键零部件生产基地；重点发展电力设备、智能输配电设备、特高压输送电装备、农牧业机械、节能环保设备、化工设备等装备制造业；依托高速铁路、呼和浩特地铁、城市轻轨等项目，培育发展城市轨道交通配套设备制造产业。

内蒙古自治区将以园区为载体、骨干企业为主体，发展配套产业，形成装备制造产业集群，推动钢铁、有色金属等行业产品结构调整和产业转型升级。加快建设包头装备制造产业园区、鄂尔多斯装备制造园，支持呼和浩特新能源汽车及配套零部件、赤峰农机制造、通辽和乌兰察布电力设备、乌海天然气重型卡车及配套零部件、阿拉善通用航空设备制造等特色装备制造业发展。尽快形成全国重要的高端装备制造业基地，努力提升国家综合实力和技术水平。

（5）**培育国家新材料应用产业基地，成为全世界稀土信息、技术、产品交易中心，引领稀土新材料产业发展**。

2008年国际金融危机以来，随着新能源、新材料、新一代信息技术等战略性新兴产业的快速崛起，以及全球经济、产业格局的新一轮重构，作为战略新兴产业支撑的稀有战略金属就成为当今世界各国资源竞争的前沿领域。战略金属关系到一国乃至全球未来的可持续发展和经济安全问题。

1992年，邓小平在南行中指出："中东有石油，中国有稀土。"这句话从总体上指明了中国稀土资源的战略地位。稀土被称为"工业维生素"和神奇的"新材料宝库"。稀土在荧光、磁性、激光、光纤通信、贮氢能源、超导等材料领域有着不可替代的作用，直接影响着光学仪器、电子、航空航天、核能等高技术产业发展的速度和水平。因此，稀土是发展高新技术的关键元素和国防工业的重要原材料，是关系国家安全和发展的最重要战略资源之一。

内蒙古自治区稀土氧化物资源储量位列全国第一位，其中白云鄂博的稀土储量占世界总量的80%。近年来，"稀土之都"包头市加快实现由"挖土卖土"向"点土成金"的转变，创新能力进一步加强，发展后劲十足。包头稀土高新区以建设"世界最具影响力的磁谷"为目标，打造镧铈平衡利用产业链为主线，配套发展稀土终端应用产业，形成完善的稀土产业集群。2017年，包头市新增稀土硫化物及稀土光源院士工作站和稀土研究院稀土永磁材料院士工作站各一个，成立了旨在快速提升高端稀土功能材料研发效率的内蒙古稀土功能材料创新中心。目前，该中心正在积极申报国家级稀土创新中心。2017年包头市稀土功能材料产量同比增长42%，其中稀土永磁材料增速达60%。

“十三五”期间，内蒙古依托包头稀土研究院等科技创新平台，要实施“稀土+”战略，建成国家稀土功能材料产业基地。推动稀土新材料向高端方向发展，应用向终端延伸。集中打造稀土磁性材料、稀土储氢材料、稀土发光材料、稀土催化新材料、稀土有色金属新材料及其应用五大产业集群。力争2020年稀土高端产品占比达到50%以上，建成国家稀土功能材料产业基地。

依托新型化工产业基础，发展工程塑料、有机硅系列产品、含氟材料等先进高分子材料和碳纤维等复合材料产业。以乌兰察布、呼和浩特、包头、阿拉善等地区为重点，发展石墨烯、柔性石墨、人工合成金刚石等石墨材料产业，建设国家重要的石墨（烯）研发生产基地。大力提升多晶硅、单晶硅产品质量，打造光伏全产业链，建设国家重要的光伏材料产业基地。大力提升蓝宝石单晶制备规模和产业规模，积极引进蓝宝石产业化应用项目。推动铀、钍资源开发利用，发展核燃料元件产业，将包头建成国家级核燃料生产基地和铀纯化转化基地。

□ 人民幸福的“内蒙古指数”

2013年，和讯网推出《全国各地幸福指数》数据报告，结果显示江西、湖南、内蒙古位列全国前三。计算公式包括五项数据——就业与价格指标、房价承担指标、税收承担指标、城乡差距指标与空气质量。其中，内蒙古自治区以其优越的生活环境、较低的生活消费负担，排在全国第三位。

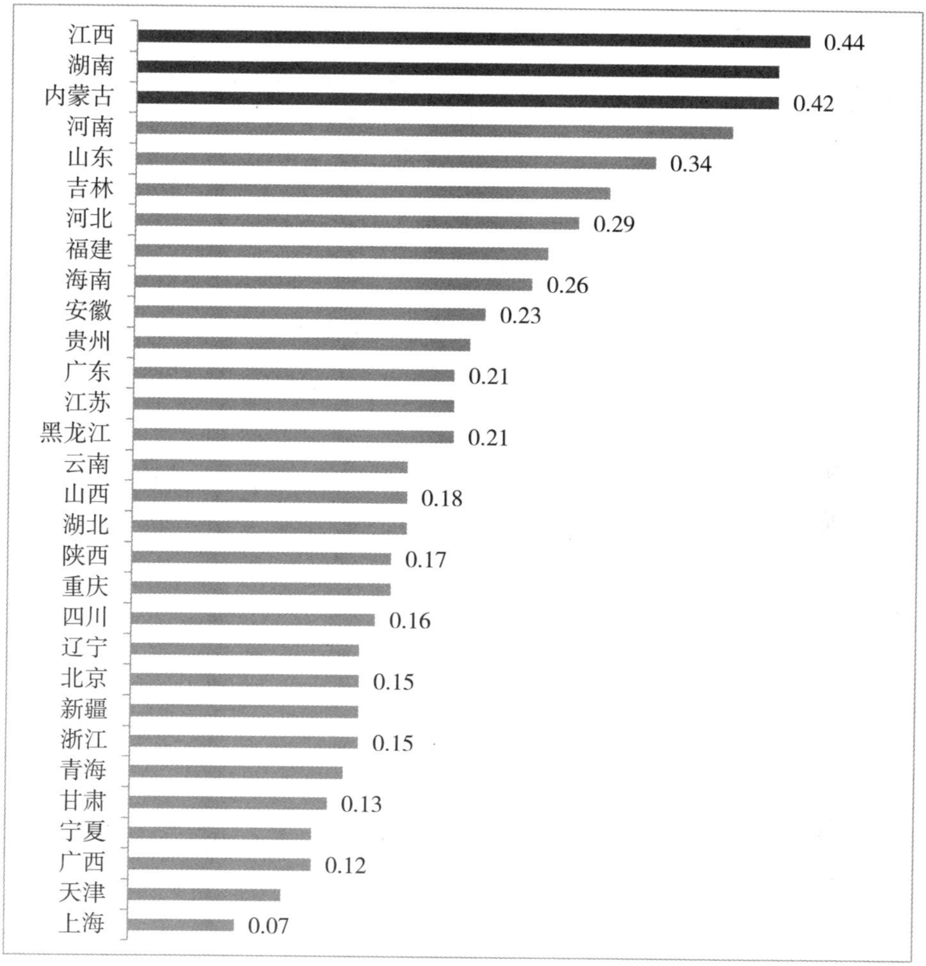

2013 年和讯网发布的全国各地幸福指数

数据来源：和讯网，国家统计局

2016年，内蒙古人均可支配收入2.4万元，连续多年位于全国第10位，反映出当地居民幸福感指数较高。除了内蒙古位于中西部，其他9个省份均位于东部。根据国家统计局数据，2016年全国居民人均可支配收入为2.3万元。

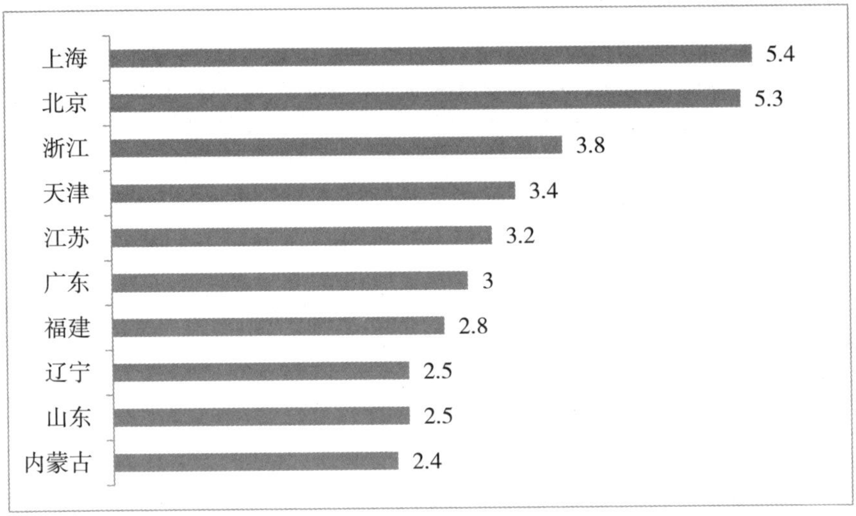

2016 年排在前十位省份的居民人均可支配收入指标（万元 / 年）

数据来源：国家统计局

2016年，由中国社会科学院等单位联合主编的《经济蓝皮（2015~2016）》中，认定内蒙古为中国大陆6个步入高收入阶段和工业化后期阶段的发展水平较高的省级单位之一，其余5个分别为天津、北京、上海、江苏、浙江。

2010年12月，中国经济网发布了一份《全国第三届地市州盟相对富裕程度与统筹发展监测评价报告》[1]，其中，内蒙古自治区的鄂尔多斯市、包头市、阿拉善盟、乌海市、呼和浩特市属于全国最富裕地区（A+级）。

2016年2月23日，在中央电视台联合国家统计局等单位开展的《中国经济生活大调查》评选中，呼和浩特市成为2015年度最具幸福感的省会城市之一。如今，“青色宜居之城，幸福呼和浩特”成为这座草原都市的新名片。

“建设和谐宜居、富有活力、各具特色的现代化城市”，在我国城市发展进入新时期之际，习近平总书记对城市工作做出了战略部署。作为全国民族区域自治的时代楷模——内蒙古自治区，正在走出了一条团结奋进、文明宜居的幸福之路。

[1] 数据来源：参考指标有居民收入、消费、储蓄、基本公共服务、经济发展和财政调控能力等。

第九编　文化复兴：放飞现代旋律的草原牧歌

内蒙古大草原作为我国北方游牧民族的摇篮，创造了五彩斑斓且底蕴深厚的草原文化，并与黄河文化、长江文化交相辉映、汇聚融合，共同造就了博大精深、源远流长的中华文明。

时至今日，无论是亚欧草原带上，还是南北美洲、非洲的大草原上，诸多草原文化的痕迹早已湮没于历史，即使幸存者也在工业文明的冲击下迅速边缘化，沦落为鸡肋。当今世界，草原文化真的已经势微甚至逐渐消失了吗？世人还能找回草原文化昔日的荣光吗？草原文化还能引领现代文明的前行吗？

七十年来，内蒙古的文化实践给出了完美的答案。源远流长的历史文化、底蕴深厚的草原文化、特色浓郁的民族文化，在这里都得到了很好的保护和传承。而且，形成了一批富有民族和地域特色的对外文化交流品牌，建立了中蒙、中俄文化交流基地，扶持培育出一批外向型文化企业，文化产品和服务出口规模不断提升，交流渠道进一步拓宽，在国际主流市场中的比重日益加大，草原文化的世界影响力与日俱增，草原文化全方位“走出去”战略获得巨大成功。

草原文化，我国三大文化体系中覆盖面积最广、涉及民族最多、文化底蕴最深的精神资源。深入研究、挖掘和传承这份宝贵的历史遗产，既是弘扬中华文化，建设中华民族共有精神家园的需要；也是促进民族大团结，增强民族凝聚力，构建各民族共同繁荣发展的和谐社会的需要；更是提升内蒙古文化软实力，助力内蒙古走向“一带一路”蜚声世界的重要支撑和迫切需要。

为此，2003年内蒙古启动了草原文化研究保护工程，使得许多曾经一度濒临消失的传统文化得到保护与传承。目前，全区已形成六级非物质文化遗产名录体系，其中49项被列入国家级非物质文化遗产。自治区还把每年的9月6日设立为“草原文化遗产保护日”，在全国率先组织实施文化遗产保护日活动。

目前，内蒙古12个盟市均打出自己的民族文化品牌，105个旗县区设立了自己的文化节日。他们以各自地区民族风俗风情为切入点，每逢节庆日都要举办独具特色的文艺活动。这些文化盛宴，如辽阔的历史文化画卷，在“一带一路”上展示着草原文化绚丽多姿的无穷魅力。

□ 世界上唯一竖写的文字

十三世纪，成吉思汗吹响了向世界进军的冲锋号，建立“从日出到日落之处”帝国的伟大目标开始实施，一场旷日持久的征服战争由此启幕，战火迅速燃遍整个亚欧大陆。

后来，一个欧洲人发出过这样的感慨：“从未建过一座城市的蒙古部落，建立了统治一半世界的帝国；以狩猎、放牧为生的人打垮了三个文明古国的军队；而不会写字的野蛮人居然为50个民族制定了法律。”

众所周知，蒙古帝国把草原文化推向巅峰，令人疑惑的是，他们的统治者们真的是“不会写字的野蛮人”吗？

（1）忽必烈创造性地提出，能够“译写一切文字”的拼音文字的构想。

不知大家可曾留意，我们每天接触的纸版人民币上，总共有7种文字，分别是汉字、壮文、蒙古文字、藏族文字、维吾尔文字，以及汉语拼音和阿拉伯数字。其中，像电影《黑客帝国》中的数字雨的那种竖写的文字，就是蒙古文字。

蒙古文出现于13世纪初，迄今已有800多年历史，为内蒙古自治区的官方文字。1204年，成吉思汗西征乃蛮部（大致位于今新疆北部天山与阿尔泰山之间）时，乃蛮部掌印官回鹘人塔塔统阿虽遭逮捕，但依然守着国家的印信。成吉思汗非常嘉许他忠于自己国家的行为，遂命令他掌管蒙古国的文书印信，并命令他教授太子、诸王畏兀字以书写蒙语。蒙古人至此便采用畏兀字母以书写蒙语，学界称之为回鹘式蒙古文，即现行蒙古文的前身。

元朝时期，忽必烈创造性地提出，能够“译写一切文字”的拼音文字的构想，也曾短暂推行八思巴蒙古文（主要借鉴了西藏文字），使得回鹘式蒙古文的使用一度受到限制。元代后期，回鹘式蒙古文又逐渐通行。到17世纪时，回鹘式蒙古文发展成为两支，一支是通行于蒙古族大部分地区的现行蒙古文，一支是只在卫拉特方言区使用的托忒文。其中，托忒文是1648年卫拉特蒙古和硕特部僧侣札雅班第达（那木海札木苏）对传统的回鹘式蒙古文稍加改良而来，更能准确地表达卫拉特方言的语音系统。目前，托忒文主要使用于新疆的蒙古族地区，如巴音郭楞等地。

（2）清朝政府仿照蒙古文字创制了满文。

17世纪前后，清朝政府仿照蒙古文字创制了满文，以书写满语。二者字形相似，故能触类旁通。今天我们在清宫戏等相关影视作品里面看到的满文就是由蒙文借鉴而来。据史料记载，“时满洲未有文字，文移往来必须习蒙古书，译蒙古

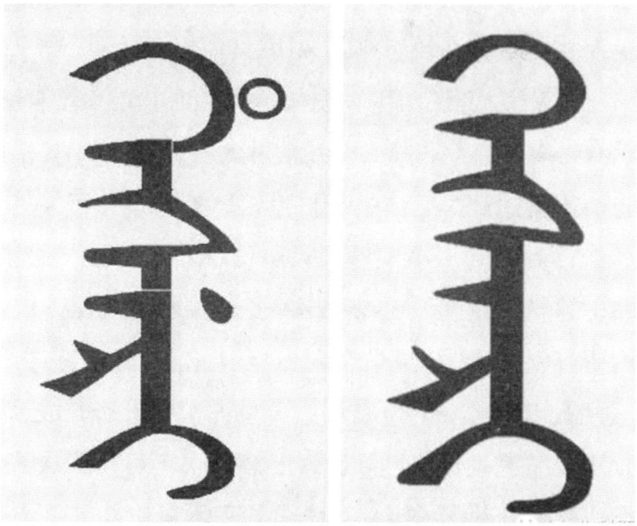

哈拉姓氏：赫舍里

（左侧满文，右侧蒙文）

语通之”，“国人以为不便”。努尔哈赤顺应社会发展的需要，亲自倡议并主持创制满文。明万历二十七年（1599年），努尔哈赤在费阿拉（今辽宁省新宾满族自治县永陵镇附近老城）命额尔德尼和噶盖借用蒙古文字创制满文。额尔德尼和噶盖遵照努尔哈赤的指示，参照蒙古文字母，结合女真语特点，创制了满文，后人称之为“无圈点满文”或“老满文”。

（3）金庸先生以《蒙古秘史》虚构出堪称天下武学最高典籍的《九阴真经》。

蒙古文字作为我国蒙古族用来书写蒙语的一种通用拼音文字，也是目前世界上唯一竖着写的文字，蒙古人说这是“从天降地”的文字。它承载着极其丰富的历史文化信息，凝结着蒙古族人民的思维感情与气韵，成为蒙古族传统文化及生命力的重要象征。蒙古族有其独立的语言文字系统。蒙古语属阿尔泰语系蒙古语族语言。和蒙古语同一个语族的语言还有达斡尔语、土语（蒙古尔语）、东裕固语、东乡语、保安语等。

传统蒙古文在蒙古族的文化发展上起到过重要作用，通过它保存了丰富的文化遗产。用其写成的历史文献、文学作品、语文工具书以及译成蒙古文的汉文典籍、佛教经典，多达1500种以上。

在蒙元时代，用畏兀体蒙古文创作出《蒙古秘史》《甘珠尔经》等不朽著作。其中，《蒙古秘史》被世人称作绝世奇书、有字天书，被联合国列为世界文化遗产。它成书于13世纪，其实是关于蒙古族历史的一本书，但被元朝统治者作为“事关外禁，非可令外人传写”的“秘籍”，写成之后藏入密室。这部“秘籍”在成书140多年后才被发现，被汉人译为《忙豁仑纽察脱必赤颜》，后来又成被金庸先生以此虚构出堪称天下武学最高典籍的《九阴真经》。20世纪60年代以后，《蒙古秘史》研究成为一门国际性学问，几乎任何一个研究世界史的学者，非读此书不可（成吉思汗及其子孙的西征使人类第一次有了世界史）。清代，畏兀体蒙古文进一步完善、定型，成为清朝主要文字之一。自此，蒙古族文学创作和历史编纂学空前发达，极大地丰富了蒙古文化遗产，为蒙古族的发展和草原文化的弘扬，发挥了巨大的作用。

（4）伴我人生的蒙古语，决不忘却的文化，生死相依的草原，誓不背离的故土。

中华人民共和国建立以来，为保护包括传统蒙古文在内的少数民族语言文字的多样性，相关部门积极采取行动，用蒙古文出版了大量政治、经济、文化、科学、教育、文学等方面的图书，发行了多种报刊。

内蒙古是世界上出版蒙文图书最多的地区，现已成为最大的国际蒙文图书出版中心。至20世纪末，内蒙古图书馆蒙文部藏书已达10万册，其中蒙古文文献有9万多册，蒙古文旧书刊7000册，满文文献3400册，蒙古文经卷1000册，内蒙古图书馆现藏蒙文古籍2千余种、1万余册，另有《大藏经》888卷和一些现代蒙古文报刊等。同时，内蒙古师范大学图书馆蒙文图书13万余册究内蒙古师范大学图书馆蒙文图书13万余册。内蒙古大学图书馆现藏蒙文图书6万余册。

内蒙古是国际上蒙古学最重要的研究中心。内蒙古蒙古文图书出版业蓬勃发展，内蒙古人民出版社是中国成立最早的少数民族地区综合出版社，现在平均每年出版各类蒙古文图书160余种，占中国蒙古文图书出版品种的一半以上。目前，内蒙古有包括内蒙古人民出版社在内的7家蒙古文出版社，1家蒙古语音像出版社，49家蒙古文期刊和19家蒙古文报纸。这些新闻出版机构每年都在出版发行大量的蒙古文图书、报刊、音像制品。

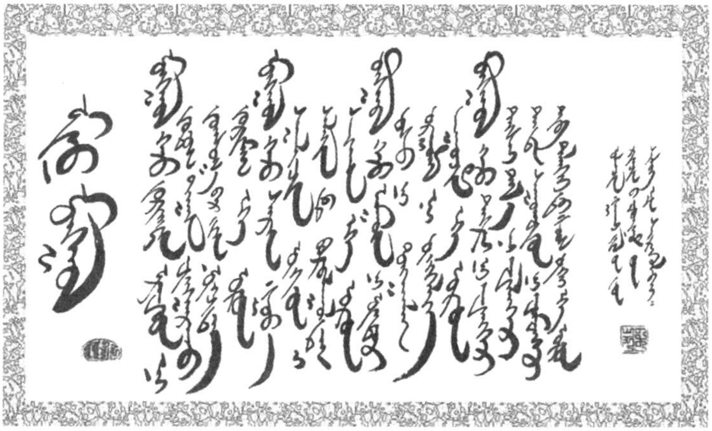

蒙古文

“伴我人生的蒙古语，决不忘却的文化，生死相依的草原，誓不背离的故土”这是一句几乎所有识字的蒙古人都能背出的诗句。一种民族语言，对一个独特的民族文化来讲，是其保存传统的最重要的载体和发展繁荣的沃土。

□ 镜头唤回的草原英雄主义

如果说，小说是一个民族的秘史，那么电影就是一个生动的流言，用最迅捷的传播速度和最全面艺术手法，为这部秘史插上最有力的翅膀。

成吉思汗将蒙古民族推到了世界历史舞台的中央，忽必烈、渥巴锡等杰出人物让蒙古民族永远闪耀璀璨的光芒。因此，凡是与内蒙古或蒙古族相关的影视作品，普遍都具有很强烈的国际色彩，尤其在当前鼓励开放发展和树立文化自信的形势下，正在成为我国“一带一路”文化建设的重要推动力量。

自匈奴的青铜帝国至成吉思汗建立蒙古帝国，这一千余年的历史进程中，蒙古高原上先后涌现出了匈奴、乌桓、鲜卑、柔然、吐谷浑、铁勒、羌、羯、突厥、回鹘、党项、契丹等数十个大大小小的民族，他们所创造的很多精神财富都已沉淀于蒙古族文化之中，通过蒙古族得以延续了下来。

因此，蒙古民族是草原文化的集大成者。正是因为蒙古族在草原历史文化中的典型性和代表性地位，十三世纪之后的“蒙古”一词，已经成为国际上表述草原文化及其生活方式、地理空间与物种属性的基本概念。蒙古马、蒙古包、蒙古高原、蒙古草原、蒙古人种等，表明蒙古族在世人的观念中已成为草原和草原文化的代名词。

千年以降，英雄主义一直是草原文化崇尚的人生观、价值观和审美观，是草原民族文化精神的典型特征之一。对此，在古代汉文典籍中经常出现说匈奴人、突厥人、乌桓人对于战死者十分敬重的描述。实际上，草原人敬仰的是在危难之际视死如归者——英雄。蒙古族汇集了草原民族的英雄文化，并使之更加完善。成吉思汗认为英雄必须是顾及群体利益、与群体休戚与共的人，是不畏强暴、知难而进者，直至为理想献出生命者。

武侠大家金庸先生分别在其名著《天龙八部》和《射雕英雄传》里，塑造了出身契丹却成长于中原，后又为平息宋辽两国战争而悲壮自尽的乔峰，和出身中原却游历草原、历练胸襟、帮助成吉思汗完成统一大业的郭靖。这两大英雄，其实也是草原民族与中原民族共同认定的英雄楷模。作为英雄辈出的民族，蒙古族是拥有英雄史诗最多的民族之一。今天的蒙古族仍然传唱着500余部英雄史诗，在世界各民族中，这是一个十分罕见的现象。

静态的蒙古民族是慈祥善良，动态的蒙古民族是跃马扬刀；静态的蒙古民族高贵而华丽，动态的蒙古民族似排山倒海。有动有静，影音兼备，穿越时空，这就是影视作品里的蒙古民族，在震撼而感人的镜头下，极浓厚且原生态的民族风情正在迅速风靡席卷世界。

从成吉思汗到狼图腾，再到梦中的额吉，铁血柔情，天人合一，草原英雄主义借助于影视和演艺力量，正在走向世界，蜚声全球，草原文化艺术品牌在全国乃至世界的影响力和知名度正不断提升。

（1）一代天骄，最具全球化的草原文化载体

中华五千年文明，伟人辈出，若论全球影响力最为深远者，则非一代天骄—成吉思汗莫属。他不仅开创了全球化的最早雏形，而且作为全球历史风云人物，其英雄事迹被全世界多个国家和民族进行了文学、影视演绎。甚至，不少国外的乐队、歌曲，以及各种网络游戏也以“成吉思汗”来命名。

世界范围内，成吉思汗最早阐释了“全球化”的概念，并把它作为战略来判断局势和指导行动，贯穿于所有开拓和征服活动中。成吉思汗扫除了亚欧两大洲之间的疆界阻隔，在人类历史上最早建立了畅通的运输线和通讯联络线。一套完善的驿站系统，把辽阔领域的各个部分彼此联系起来，商人、使者只要持有蒙古帝国下发的乘驿牌，就可以畅通无阻。

国外学者认为：在网络还未出现的七百多年前，成吉思汗就打开了全球信息交流。成吉思汗的驰马驿站是当时通讯业的最佳最快形式，是当今世界因特网的前奏。当时，蒙古人打下了3000多万平方公里的土地，亚欧大陆的大部分都归入蒙古帝国的版图。作为世界上最大的帝国，蒙古帝国把原来相互隔绝的世界紧密联系在一起。著名史学家翦伯赞认为，随着蒙古军西征，我国伟大的科学发明——罗盘、火药、造纸术、印刷术等发明和元朝发行的纸币以及驿站制度等传播到欧洲，对西欧社会发展影响尤其深远。

成吉思汗被后人赋予“人类之王”“千古一帝”“蒙古民族的缔造者”等伟大称号，全世界都不吝赞美之词来称赞他。俄罗斯、蒙古国、日本、哈萨克斯坦、德国、美国等很多国家都拍摄过关于他的影视作品，其中最早的可以追溯到20世纪50年代。不过，每个国家、民族都有他们心中的成吉思汗，在他们的影视作品中就会呈现出和我们心中不一样的“成吉思汗”，但总体上，成吉思汗是公认的世界伟人，是文化全球化的重要载体和传播纽带。

电影版的成吉思汗，所能查得到的最早版本是菲律宾版的《成吉思汗》（1953年）。此后，美国的《征服者》（1956年），德国、南斯拉夫、英国、美国等合拍的《成吉思汗传》（1965年），日本的《苍狼—成吉思汗的生涯》（1980年），美国的《成吉思汗》（1992）等相继上映。目前国内拍摄的电影主要有《成吉思汗》（主演：德力格尔、斯琴高娃，1986年）、《一代天骄成吉思汗》（主演：涂们，1997年）。其中，《一代天骄成吉思汗》为塞夫和麦丽丝联合执导，将成吉思汗的形象表现得淋漓尽致，并荣获了诸多奖项。

2004年，奥地利拍摄了成吉思汗的纪录片《成吉思汗——天启骑士》。英国BBC、日本NHK、韩国KBS等知名电视台也拍摄了诸多版本的成吉思汗纪录片。2007年，哈萨克斯坦、俄罗斯、蒙古、德国联合拍摄了电影《蒙古王》（主演：浅野忠信、孙红雷）；日本拍摄了电影《苍狼·直至天涯海角》（主演：反町隆史）。2008年，蒙古国拍摄了电影《永生的成吉思汗》（主演：图木德巴特尔）。2009年，美国、蒙古、俄罗斯联合拍摄电影《成吉思汗的意愿》（主演：爱德华·安达尔）。

电视连续剧方面，中国香港于1987年推出《成吉思汗》（主演：万梓良）。值得称道的是为拍摄该剧，TVB几乎出动了全台的精英，特意远赴内蒙古草原拍实景，这在当时是非常少见的现象。

2004年在中央电视台播放的电视连续剧《成吉思汗》（主演：巴森、萨仁高娃、赵恒煊），是一部堪称史诗级别的巨制。这也是迄今为止，诸多关于成吉思汗的电影电视作品中，反响最好的一部作品。该剧讲述了一代天骄成吉思汗波澜壮阔的一生，从铁木真出生到统一蒙古，直至西征病逝，时间跨度长达80余年。该剧自2004年8月在中央电视台一套黄金剧场播出后，以雄浑的气魄、壮丽的景象和精美的制作赢得了观众的一致好评，在电视屏幕上重新创造出一个时代，一个完整时代的人与物、人与事，成为央视2004年度电视剧的收视冠军。

关于蒙古历史的记载，除了中原地区编修的《元史》，重要的历史文献还有《蒙古秘史》、波斯志费尼的《世界征服者史》和拉施特的《史集》，以及后代学者法国人格鲁塞的《蒙古帝国史》和《草原帝国》，日本作家井上靖的小说《苍狼》等。在这些历史典籍中，成吉思汗的故事经过不断衍化，已具备了优秀古典史诗的各种特征。

讲好中国故事，传播草原文化。随着“一带一路”倡议的不断深化，文化全球化加速推进，成吉思汗相关题材的电影电视作品也必将继续成为全球热点，而倍受各国追捧。

最后，我们谨以巴森版电视剧《成吉思汗》的主题曲，向这位全球化的草原英雄致敬——

风从草原走过，吹散多少传说，留下的只有您的故事，被酒和奶茶酿成了歌。马背上的家园，因为你而辽阔，到处传扬您的恩德，在牧人心头铭刻深深铭刻。每一个降生的婴儿，都带着你的血性，每一张牧人的脸庞，都有你的轮廓，每一座毡房的梦里，都有你打马走过。

（2）“狼图腾”，草原文化中的世界精神

千年以降，蒙古族恪守并发展了自匈奴以来草原文化的信仰精神，即以“腾格里”为核心的宇宙观，甚至将“腾格里”的概念上升到世界新秩序的高度，超越了民族和血缘的局限性。崇尚自然的生态观是伴随着游牧生产而诞生的精神信仰，但蒙古族是第一个将生态保护意识由民间习俗禁忌转变为国家法律法规的民族。近年来风靡一时的文学及影视作品《狼图腾》，就将“腾格里”上升到人与自然和谐相处的高度。

不可否认，近十多年来，“狼图腾”一直是文学界、文化界不断争议的话题之一。

蒙古人信仰什么，内蒙古大草原上到底是什么样的状况，全国范围内真正关注的人可能并不多。这种状况，直到2004年，姜戎根据自己在内蒙古插队时的见闻写成长篇小说——《狼图腾》出版，才引起了人们对内蒙古大草原的巨大好奇。当然与之相伴的还有巨大的争议——狼究竟是不是蒙古族的图腾。

《狼图腾》的畅销出乎所有人的意料，也创造了文学类书的销售奇迹。姜戎凭此作品荣登“2006第一届中国作家富豪榜”。此后，《狼图腾》一书中文版在中国内地再版160次，正版发行500多万册，盗版1600万册，占据中国畅销书榜前30名长达479周——持续近10年之久，版权已输出到美国、英国、澳大利亚、德国、法国、意大利等30多个国家，覆盖全球110多个国家和地区。

其时，我们更倾向于认为苍狼和白鹿二者的结合才是蒙古民族的图腾，也更是读懂这个北方民族的精神特质的核心所在。蒙古民族许多世纪以来都信奉苍狼与白鹿是自己的祖先。狼性孤独、凶悍，耐饥渴，抗寒暑，长于捕捉时机、集体作战，是草原上难以对付的敌手。甚至，金庸先生的小说《天龙八部》中，身为契丹人的乔峰，胸口就刺有凶猛的狼头文身。

苍狼和白鹿

至于白鹿，则是蒙古女性的化身，代表善良、勤劳、重视生命和后代。我们仔细品味，“苍狼与白鹿”这一古老的传说，恰是蒙古民族性格的形象体现。

苍狼和白鹿

尽管随着藏传佛教13世纪开始大规模传入蒙古族地区后，蒙古人崇拜的不是狼与“腾格里”（长生天），而是活佛与喇嘛。但这并不能降低人们对“狼图腾”的崇拜。千百年来牧人与狼群生死相搏，狼的本性造就了牧人的智慧。世界上很多民族的原始图腾，就是自己的天敌，同时又是自己的朋友。牧民的原始图腾，就是狼图腾，而喇嘛教是外来宗教图腾，不是牧人的终极图腾。

我们无意争论狼图腾本身是否足够科学，而是试图以狼图腾为视角，阐述草原文化如何能更好地走向世界。

曾获奥斯卡最佳外语片奖的国际著名导演、法国人让·雅克·阿诺，在阅读法语版《狼图腾》还不到60页时，就下定决心要把它拍成电影。他认为，小说《狼图腾》具有深厚的文学性，赋予世人深刻的文明反思，人们需要重新审视草原狼与游牧文明，以及人与自然的关系。《狼图腾》的故事不仅属于中国人，足以改编为一部面向全世界的电影。此后，经过7年筹备，直到2015年正月，由让·雅克·阿诺亲自执导，改编自同名小说的电影《狼图腾》正式上映。电影首次以真狼为主角，600余人的摄制团队集结多国电影人，融合了中西方剧作家共同的智慧，规模空前，史无前例。

《狼图腾》全片只有大概5%的镜头由特效制作。拍摄团队花费3年时间驯养了3代20多匹蒙古狼，全片仅狼的镜头就有1000多个。虽然投入巨大而且非常危险，但真狼呈现的电影效果是其他动物无法取代的。难度最大的“狼马大战”一场戏准备了6个月，拍摄了6周，最后在大银幕上呈现出来只有6分钟。

电影《狼图腾》之狼马大战片段

暴风雪之夜，草原如同炼狱一般，雪片在白毛风中如同乱箭穿梭，期间时而传来令人不安的群狼嚎叫声。就在此时，牧民饲养的军马受到狼群的攻击，马受惊后纷纷逃向夜幕深处。狼群紧追不舍，企图分散马队，马群奔跑得更加迅猛，它们狂乱地驶向山坡下的大冰湖。这是一处危险地带，由于俯冲下来的马群速度极快，后来的马匹大批涌入，前面的马匹已经无法停住驰骋的脚步，马群直接冲进河水，马蹄踏破湖面上的薄冰一头扎进泥泞的沼泽中……

电影《狼图腾》对如何实现中国文化走出去也有很好的启示。《狼图腾》是第三部中国与法国合作拍摄的电影。现在正是中国电影的机遇期，合拍是促进中国电影与世界电影交流，迅速提升中国电影水平，开拓世界电影市场，把中国电影、中国电影人推向世界的好方式，对于促进中国文化与其他文化的融合有重要意义。随着中国市场的不断扩大与“走出去”步伐的不断加快，中法，以及中蒙、中俄、中哈等文化艺术交流正处于空前的繁荣期。“一带一路”文化建设，需要更多《狼图腾》这样的范例。

文学和电影作品不但是联通世界的文化桥梁，也是文化创意、文化旅游相关产业的引擎。作为电影拍摄地的锡林郭勒乌拉盖草原，那青山如黛、绿水蜿蜒的壮美景象得以完美呈现。那草原上诡谲多变的云层，那天地大美，春夏秋冬的四季更迭，配乐同样大气悲凉且充满民族特色，似乎时刻提醒着人们能像主人公一样爱护包括凶悍孤傲的草原狼等万物生灵。随着电影的带动效应，锡林郭勒草原，正在成为我国北疆的旅游影视胜地。

电影《狼图腾》开始拍摄前，让·雅克·阿诺与姜戎一起去原著故事的发生地走访了三周。用让·雅克·阿诺的话说：“小说情节一一在我眼前复原，这段经历对于拍摄电影非常关键。更重要的是，我从此爱上了内蒙古，爱上了中国（此前，这位法国大导演因误解西藏问题而对中国充满偏见）。我爱草原文化粗犷的力量与孤独荒凉的美，这些在都市生活中是十分少见而珍贵的。”这或许也是草原游越来越火，越来越多的国内外游客爱上内蒙古的原因吧！

（3）额吉，草原上的母性赞歌

20世纪的饥荒年代，蒙古草原无私抚养3000上海孤儿的故事广为传颂，电视剧《静静的艾敏河》用生生不息感人的长调在世人心中刻下草原母爱的印象。

1959年，由于粮食严重不足，上海孤儿院每天都能接到几十个弃婴，但孤儿院也无力抚养这么多孩子。上海、江浙、安徽等地孤儿院的领导纷纷向时任全国妇联主席的康克清告急。康克清向周恩来总理汇报这一情况后，建议可否从少数民族地区调一些奶粉。周总理请康克清与时任国务院副总理兼中共内蒙古自治区委员会第一书记的乌兰夫商量此事。乌兰夫得知此事后，召开内蒙古自治区党委常委会。

会上，大家认为调运奶粉只能解决一时困难，不如把孤儿接到内蒙古，分配给牧民去抚养。这一想法与乌兰夫所想的不谋而合。一来，这可以切实解决上海等地的负担；二来，牧区地广人稀，很多牧民缺儿少女，而他们又非常喜欢小孩；三来，青少年人口的增加，有助于牧业发展。

乌兰夫将这一情况向周总理汇报后，周总理非常高兴，认为这是一举三得的事，应该尽快去办，因为上海那边每天都有孤儿患病死亡，情况危急。

从1960年到1963年，内蒙古各地先后接纳了3000多个从上海、江苏、浙江、安徽等地来的孤儿。这些孤儿小的只有几个月，大的也只有七八岁，大多数面黄肌瘦，有些还在患病。乌兰夫安排工作人员把年龄大一点、身体好一些的孤儿直接送到牧区，年幼患病的孤儿则在呼和浩特、集宁、包头等地的保育院治疗，等他们康复后，再送到牧区。如今，在内蒙古档案馆还保存着1960年上海孤儿北调的档案：6月，呼和浩特市组成17人的接运小组赴上海，接运100名儿童；7月，鄂尔多斯市19人接运小组出发，接运100名儿童；8月，通辽市17人接运小组赴上海，接运60名儿童……

草原母亲献出的不只是乳汁，还有鲜红的血液。当麻疹等一些疾病危及孩子们的生命时，鄂尔多斯市保育院的职工们伸出臂膀，把自己鲜红的血液输进孩子们的身体。锡林郭勒盟西苏旗保育院80%以上的职工都给孩子们献过血，其中一名职工先后献血15次。

这些来到草原的3000名孩子，被称为“国家的孩子”，而收养他们的则是上千个普通牧民家庭。他们还用最美丽的花朵为女孩们命名：春花、秋菊、冬梅，用最威武的词汇为男孩们命名：巴特尔（英雄）、玛拉沁呼

（牧人）……

30多年后，从科尔沁草原走出来的蒙古族导演宁才看到一篇有关这段史实的报告文学，被深深地触动了，萌生了将这段历史改编成电视剧的想法，于是有了后来的电视剧《静静的艾敏河》。

16集电视连续剧《静静的艾敏河》舒缓而深沉地向人们讲述了这段鲜为人知的史实。剧情一开始，一列火车载着上海孤儿驶向内蒙古草原……

10年之后，宁才决定将这个题材搬上大银幕，因为在这10年中，这个故事始终未曾离开过他的内心深处，一直在默默酝酿着，他感觉还有话要讲，还有新的想法要表达，这就是电影《额吉》的由来。电影《额吉》于2010年5月上映，被选定为新中国成立60周年重点献礼影片之一。

草原母亲

半个多世纪过去了，当年的孤儿如今很多人当上了工程师、教师，走上了领导岗位，也有的人成了地道的牧民。他们大多已儿女绕膝，享受着天伦之乐。虽然很多人的籍贯一栏还写着“上海”，但他们都觉得自己的根在草原，是草原母亲用博大的胸怀和深沉的爱养育了自己，自己永远是草原的孩子，永远感谢草原母亲—梦中的额吉。

（4）美丽的草原，蒙古族群光辉

自新中国成立之日起，中国大陆影视剧中的蒙古族题材影视剧就开始了一个同步发展的历程。1949年8月，由毛泽东亲自题写片名、蒙古族表演艺术家恩和森饰演男主角的新中国第一部少数民族题材故事片《内蒙古人民的胜利》正式发行放映，由此揭开了我国大陆影视剧中蒙古族题材影视剧发展史的序幕。此后几年里，陆续有蒙古族影视工作者参与的《牧人之子》《草原上的人们》等作品制作，到今天为止，半个多世纪里蒙古族影视工作者与内蒙古电影制片厂以及其他电影制片厂合作完成了《内蒙古人民的胜利》《草原上的人们》《鄂尔多斯风暴》《塞上风云》《草原晨曲》《猎场札撒》《骑士风云》《东归英雄传》《黑骏马》《悲情布鲁克》《一代天骄成吉思汗》《嘎达梅林》《天上草原》《季风中的马》《绿草地》《图雅的婚事》《静静的艾敏河》《美丽的草原我的家》等百余部蒙古族题材的国产影视剧，这数百部影视剧无论在思想内容、还是艺术构思、拍摄技巧等方面，均有着对中国电影艺术广纳、汲取与传承的鲜明印迹，均有着对草原文化的独特书写和影像表达。

同时，改革开放以来，一些少数民族优秀导演也脱颖而出，中国民族题材电影在量和质上都达到一定高度，呈现出渐入佳境的良好发展势头。这其中内蒙古电影制片厂的蒙古族导演塞夫、麦丽丝夫妇的作品令人瞩目。他们自20世纪90年代起共拍摄了《骑士风云》《东归英雄传》《悲情布鲁克》《蒙古往事》《一代天骄成吉思汗》《天上草原》等11部故事片，获得过华表奖、美国费城国际电影节美术奖等40余项国内外大奖。作为民族精英，他们矢志不渝、兢兢业业地借银幕影像描述着蒙古族群光辉的历史、多彩的生活，为世人塑造了众多民族英雄的不朽形象，同时也向世界影坛展示了中国电影的独特魅力。

今天，借助于影视和演艺力量，草原文化艺术品牌在全国、“一带一路”沿线国家和地区，乃至世界的影响力和知名度正不断提升。

□ 马背上的旋律传四方

总想看看你的笑脸，总想听听你的声音，总想住住你的毡房，总想举举你的酒樽，我和草原有个约定，相约去寻找共同的根。

如今踏上这归乡的路，走进了阳光迎来了春，看到你笑脸如此纯真，听到你声音如此动人，住在你毡房如此温暖，尝到你奶酒如此甘醇。我和草原有个约定，相约去祭拜心中的神。

如今迈进这回家的门，忍不住热泪激荡的心。我曾在远方把你眺望，我曾在梦乡把你亲近，我曾默默为你祈祷，我曾深深为你牵魂。

我和草原有个约定，相约去诉说思念的情，如今依偎在草原的怀抱，就让这约定凝成永恒。

——《我和草原有个约定》

如果说在《父亲的草原母亲的河》中，草原用它炽热而伤感的情怀感召了人心，那么，《我和草原有个约定》则是用草原般舒缓多情的深沉召唤着人们靠近。

一直以来，边塞歌派都是我国当代音乐史上一个令人骄傲的存在。其开篇之作，就是1952年蒙古族音乐家美丽其格作词作曲的《草原上升起不落的太阳》，以及1953年电影《草原上的人们》的插曲《敖包相会》，那熟悉的旋律与优美的歌声仍在被人传唱。再加上能歌善舞的蒙古族、鄂温克、鄂伦春、达斡尔等民族的传承，内蒙古已经成为边塞草原歌曲与草原文化的传播源头。

颇为有趣的是，在内蒙古，几乎每个盟市、旗县，乃至乡镇（苏木）都有自己的盟歌、市歌、旗歌、乡歌，而且这些具有浓郁蒙古风格的歌曲，多为当地的词曲家、教师、官员、农牧民等热心群众自己创作。诸如：包头市市歌《我从草原来》《草原晨曲》，呼伦贝尔市市歌《呼伦贝尔美》《呼伦贝尔大草原》，通辽市市歌《科尔沁迎宾曲》，赤峰市市歌《草原上有一座美丽的城》，科尔沁左翼后旗旗歌《科左后旗我可爱的家乡》，乌拉特前、中、后三旗旗歌《鸿雁》，东、西乌珠穆沁旗两旗旗歌《美丽的乌珠穆沁》，巴林右旗旗歌《蓝色的蒙古高原》、《锡林河》，以及鄂温克族自治旗旗歌《彩虹》、新巴尔虎右旗旗歌《克鲁伦河》、正蓝旗《正蓝旗旗歌》、鄂托克旗《鄂托克旗歌》、额济纳旗《额济纳旗旗歌》等，其中不少歌曲具有较高的艺术水平，流传也很广。

音乐是世界通用语言。“一带一路”倡议所倡议的“五通”中，如果说设施联通、贸易畅通、资金融通更侧重硬性的、物质性的基础设施、矿产能源等方面的合作，那么民心相通，正可以借助草原文化尤其是拥有多元文化属性和广泛传播性的草原歌曲，这种柔性的、精神性的文化产品，连接起“一带一路”的民心相通工程。

（1）中国人寻根情感的炽烈表达

父亲曾经形容草原的清香，
让他在天涯海角也从不能相忘。
母亲总爱描摹那大河浩荡，
奔流在蒙古高原我遥远的家乡。

如今终于见到这辽阔大地，
站在芬芳的草原上我泪落如雨，
河水在传唱着祖先的祝福，
保佑漂泊的孩子，找到回家的路。
啊！父亲的草原，
啊！母亲的河。

虽然已经不能用，不能用母语来诉说，
请接纳我的悲伤我的欢乐，
我也是草原的孩子啊！

心里有一首歌，
歌中有我父亲的草原母亲的河。
啊！父亲的草原，
啊！母亲的河。
——《父亲的草原母亲的河》（词：席慕蓉 曲：乌兰托嘎）

人的心中总会长留下一些刻骨铭心的声音、场景，每每引出，都是教人不自禁的留恋、回味。

多少次，在《父亲的草原母亲的河》那动情的旋律中被感染得热泪盈眶，雄阔草原，母性之河，思乡的情结，归返的冲动，唤醒了无数人的寻根梦，将他们带到远方，那片心中的蒙古大草原，绿色的心灵家园。

也许世界上没有一首歌，有着如此无可比拟的磅礴气势：歌曲的作者联结了海峡两岸，是文学界与音乐界的风云际会；歌词缔结着一家两代、半个多世纪的寻根梦，它的曲萦绕着亿万炎黄子孙心灵的共鸣；它从最初一个人的吟唱到风靡蒙古高原、再到红遍大江南北直至唱响维也纳金色大厅的艺术殿堂。这首歌曲融合了三位艺术家的泪水，更代表了海峡两岸世世代代渴望寻根、渴望拥抱故土的朴素情怀。这首歌曲就是《父亲的草原母亲的河》，一个由德德玛、席慕蓉、乌兰托嘎联袂而缔造的巨作。这首脍炙人口的草原歌曲由台湾诗人席慕蓉作词，而整首作品的创意则出自著名歌唱家德德玛。

席慕蓉，蒙古族，原籍内蒙古察哈尔部，台湾师范大学美术系毕业，著名的诗人、画家。她的作品多写爱情、人生、乡愁，写得极美，淡雅剔透，抒情灵动，饱含着对生命的挚爱真情，影响了整整一代人的成长历程。她的父亲曾是军人，20世纪50年代初带着家人离开内蒙古到了台湾。在外多年，父亲和母亲依然是做梦都想回到草原，可他们到死都没有如愿。日日夜夜，他们那句到死都不变更的话常常回响在席慕蓉耳边：孩子，我们去不了了，将来你一定要回我们的草原，因为我们的根在那里……

1989年，席慕蓉第一次踏上内蒙古大草原寻根。面对古老的土地，她虔诚下跪，捧起一抔热土揣在胸前；扑伏在如毯的草原上，她像孩子一样折断了一片草叶并捧在手心，她用心地嗅着，像一下子进入了久远的梦境，泪流满面……

德德玛后来偶然的一次机会得知了席慕蓉这位来自宝岛台湾的蒙古人寻根的故事，非常受感动。经著名蒙古族作曲家乌兰托嘎的牵线，德德玛很快便见到了席慕蓉。

德德玛说，“两岸隔绝了这么多年，你们两代人思乡的情感我太能理解了。你在那么远的地方，那种压在心头几十年的沉重感觉我真的能体会到……”言谈中，德德玛感到，席慕蓉是一个非常真诚的诗人，这种真诚，是那种为了自己的民族敢于牺牲一切的真诚，这让德德玛对她更为敬重。

于是，德德玛突发灵感，让慕容作词，让乌兰托嘎作曲，经不懈努力，克服困难，两岸三杰，风云际会，共同完成了这首思乡心曲。

席慕蓉踏上内蒙古大草原寻根

2000年初，德德玛在内蒙古春节晚会上演唱了这首荡人心魂的《父亲的草原母亲的河》。几乎是一夜之间，这首歌像掀起一阵强大的旋风，刮在辽阔的内蒙古高原上，随后又迅速传向祖国的大江南北，甚至在台湾老军人集中的眷村，也有好多人学唱这首寻根的歌。

此后，不少歌唱家都翻唱了这首歌曲。其中有腾格尔、布仁巴雅尔、齐峰、降央卓玛、云飞……他们用各自的理解和风格成功地演绎了这首凝聚着中国人最炽烈寻根情感的歌。

（2）我愿与你策马同行，奔驰在草原的深处

“天边漂浮的歌声，述说着无限的爱慕，天边升起的明灯，照亮了一生的旅途，我愿与你策马同行，奔驰在草原的深处，我愿与你展翅飞翔，遨游在蓝天的穹谷……”

在《天边》的歌声中，盛夏的一天，我们终于站在内蒙古东部的大地上，看到了大草原上的河流，为人传唱的莫尔格勒河，心中的艾敏河，看到它寂然无声地从金帐汗大营腹下穿过，蓝色的河道像大地脐带一样弯回舞动，远山绕出空旷，起伏向天边的草地上有栗色的马群散布，150公里的“天下第一曲河”据说抻直的话，可长达1500公里。

天下第一曲河——莫尔格勒河

在草原上，牧民们相信水是母亲的乳汁，人是不能朝水的方向小便的；草也是有灵性的，你作践它，它就走了，给你留下一片沙地。

有水才有生命，内蒙古大草原之所以能进入人类的记忆当中，与它丰美的水草资源密不可分。如果没有水，草原上就不会孕育出丰富多彩的生命，人类的祖先就不会选择这里驻留，世界历史上的精彩瞬间就不会频频在这里出现。

音乐是一种人类共有的沟通方式，它超越了语言和文化的阻碍，直达人

们的心灵深处。天边的草原之歌、草原上的母亲吟唱已经成为我们心中永远的祈盼。

（3）香飘世界的草原神韵

在世人的眼中，内蒙古代表着奔放、豪爽的气质，但是真正了解了这个民族，会发现他们性格温和、含蓄而且敏感，待人随和真诚的同时骨子里面有一股桀骜不驯的力量。这种内心世界丰富而充实，外表柔软的特点使蒙古人的感情世界深沉而饱满，很适合产生艺术家的天性。虽然绝对数量不多，但是从人口比例上看，蒙古族的确是一个艺术家多产的民族。

这里有，出生于呼和浩特市、有着“帝王之音”的韩磊；歌声质朴流畅、仿佛山涧里流淌的溪水沁人心脾的布仁巴雅尔；歌声高亢洪亮、刚柔并济、直达人心的草原柔情硬汉，被誉为“草原歌王”的腾格尔；歌声带有魔性，响彻大江南北、大街小巷，甚至冲出亚洲、走向了全世界的音乐组合的凤凰传奇的主唱将——杨魏玲花；还有德德玛、乌兰托娅、额尔古纳乐队、斯琴高娃等。

“阿爸，太阳出来月亮回家了吗？对啦。星星出来太阳去哪里啦？在天上。”这是歌曲《吉祥三宝》中耳熟能详的“阿爸问答”。不幸的是，创作并演唱这首歌曲的“阿爸”——蒙古族音乐人布仁巴雅尔在2018年9月19日因突发心梗去世，年仅58岁。吉祥三宝再无“阿爸问答”……

长调牧歌艺术是蒙古族声乐艺术中的精华。身穿蒙古长袍的艺人，配以马头琴音乐，用最接近自然的声音讴歌母爱、赞美生命、诉说爱情。2005年11月，联合国教科文组织正式公布了第三批“人类口头与非物质文化遗产代表作”名单，中蒙两国联合申报的蒙古族长调名列其中。提到蒙古长调大师不得不提的便是哈扎布。蒙古族女诗人席慕蓉这样来描述这位蒙古族最负盛名的长调大师：

“他们说，在他年轻的时候，就是骑在马上也要唱歌，歌声横过草原，能让天上的云都忘了移动，让地上的风都忘了呼吸。他们说，只要远远地听到他的歌声，就会让毡房里火炉旁的老人家忽然间想起了过去的时光，让草地上正在挤牛奶的少女忽然间都忘记了自己置身何处；所有的心，所有的灵魂都跟随着他的歌声在旷野里上下回旋飞翔，久久不肯回来……”

蒙古马头琴

蒙古民歌不能离开马头琴，马头琴是蒙古族特有的乐器，它的顶端雕有马头，琴弦由马尾制成，琴箱有的还蒙着马皮。马头琴的历史悠久，从唐宋时期拉弦乐器奚琴发展演变而来，成吉思汗时已流传民间。马头琴所演奏的乐曲具有深沉粗犷、激昂的特点，体现了蒙古民族的生产、生活和草原风格，是适合演奏蒙古长调的最好的乐器。

蒙古族马头琴音乐已作为一项非物质文化遗产，他的传承人是成吉思汗大儿子术赤的后代、现代马头琴艺术宗师、齐·宝力高先生。作为世界马头琴大师，齐·宝力高先生引领马头琴艺术三次重大改革，创作了世界上80%的马头琴乐曲，频频受邀参加国内国际演出盛会，维也纳金色大厅、奥运会、吉尼斯纪录都留下了他的足迹。当《万马奔腾》演奏响起时，你闭上眼睛听这首曲子，会感觉到草原上马群奔腾的气势……

如今，齐·宝力高入选蒙古国“影响世界的百位蒙古人”，而我国唯一的一所马头琴专业高等院校齐·宝力高国际马头琴学院已在锡林郭勒成立。

如今，草原文化不仅成为引领自治区从民族文化大区向民族文化强区跨越的一面旗帜，而且还成为内蒙古人民递向外界的新名片。这些新成就充分彰显了草原文化自信及其影响力和传播力。

□ 中国民间的第九大菜系

2015年7月1日，内蒙古政府新闻办公室召开新闻发布会，向外界公布了内蒙古“十大文化符号”：大草原、马头琴、那达慕、蒙古包、成吉思汗、草原英雄小姐妹、蒙古文、敖包、蒙古马和红山玉龙。

显然，这份名单遗漏了中国民间一个最大众、最普遍、最日常的蒙古族文化符号——蒙餐。舌尖上的内蒙古，吃什么，便会成为什么。想要读懂这个民族的性格，可以徜徉在大草原上感受这个民族的粗犷豪放；可以去体验骑马、摔跤、射箭，感受蒙古族的男儿三艺；也可以去观赏马头琴、蒙古长调、安代舞，惊叹蒙古族的歌舞天分；更直接的方式可以如老饕一样，跟着当地人，品品地道的蒙餐美食。

在笔者的心中，似乎饮食文化，才更能体现出一个民族的文化内涵。“吃”不仅可以满足口腹之欲，更体现了食物带给当地人的生活仪式、伦理、趣味等方面的文化特质。蒙古族饮食不仅造就了其强悍刚健的体魄，而且是其粗犷豪放的民族性格的体现。

热腾腾的奶茶、香喷喷手把肉、醇香诱人的马奶酒，绵软鲜嫩的烤全羊……作为我国北方少数民族的聚集地，内蒙古地区拥有许多独具特色的美食。蒙餐自成体系，极具地方特色，又具有天然绿色、营养丰富、便于制作的特点，当代的蒙古饮食更是将北方游牧民族和农耕民族餐饮风格进行了完美的结合。我们将蒙餐推崇为“中国第九大菜系”更应是实至名归。

2017年4月16日，第三届内蒙古美食文化节暨自治区餐饮与饭店行业协会工作年会在呼和浩特召开，本次活动中同期举行了“中国第九大菜系——蒙餐”新闻发布会。

（1）一代"吃货"忽必烈发明涮羊肉和冰激凌

根据文献记载，蒙古族在10世纪就已经有了蒙餐体系。当时，助力蒙餐菜系的传播、吸收及其成熟有两大途径：一种途径依靠万里草原丝路的商道，把外边的东西带进来，让自己的东西走出去，商贸物流，互通有无；另一种途径则是军事行动，靠战争、征服、统治来实现。13世纪，元朝作为当时世界上最大的国家，更是将蒙餐的发扬光大。

1330年，元朝皇帝为了养生而编著的《饮膳正要》，作为蒙餐的文化源头，也是唯一列入世界科技史上的营养学专著，共介绍了270多种食材，有270多种菜品，成为当时集世界之大成的营养菜谱，吸取了中原文化乃至世界文化的精华，为蒙餐奠定了雄厚的理论基础。

涮羊肉，人皆晓之，人皆爱之，家喻户晓的。可令人想不到的是，涮羊肉竟是由元世祖忽必烈发明的。直到现在在日韩地区，还有人把吃火锅叫作"忽必烈"。

涮羊肉

据说当年忽必烈统帅大军南下远征，一日，人困马乏饥肠辘辘，他猛地想起家乡的菜肴——清炖羊肉，于是吩咐部下杀羊烧火。正当伙夫宰羊割肉时，探马飞奔进帐报告敌军逼近。饥饿难忍的忽必烈一心等着吃羊肉，他一面下令部队开拔一面喊："羊肉！羊肉！"厨师知道他性情暴躁，于是急中生智，飞刀切下十多片薄肉，放在沸水里搅拌几下，待肉色一变，马上捞入碗中，撒下细盐、葱花和姜末，双手捧给刚来到灶旁的大帅。

忽必烈抓起肉片送进口中，接连几碗之后，他挥手掷碗，翻身上马，英勇地率军迎敌，结果旗开得胜，生擒敌将。

在筹办庆功酒宴时，忽必烈特别点了战前吃的那道羊肉片。这回厨师精选了优质绵羊腿部的"大三叉"和"上脑"嫩肉，切成均匀的薄片，再配上麻酱、腐乳、辣椒、韭菜花等多种佐料，涮后鲜嫩可口，将帅们吃后赞不绝口，忽必烈更是喜笑颜开。

厨师忙上前说道："此菜尚无名称，请帅爷赐名。"忽必烈一边涮着羊肉片，一边笑着答道："我看就叫涮羊肉吧!众位将军以为如何？"从此，涮羊肉成了宫廷佳肴。

涮羊肉始于元代，兴起于清代，早在18世纪，康熙、乾隆二帝所举办的几次规模宏大的"千叟宴"，内中就有羊肉火锅。后流传至市肆，由清真馆经营。民国初年中国最杰出的报人之一——徐凌霄曾在其著作《旧都百话》中云："羊肉锅子，为岁寒时最普通之美味，须与羊肉馆食之。此等吃法，乃北方游牧遗风加以研究进化，而成为特别风味。"

清朝特色涮羊肉锅

而今，北京城内大名鼎鼎的"东来顺"起源于1903年（清光绪二十九年），由丁德山先生创始。据说当年，北京"东来顺"羊肉馆的老掌柜买通了太监，从宫中偷出了"涮羊肉"的佐料配方，"涮羊肉"才得以在北京及各地名菜馆中出售。现在东来顺已成为北方火锅文化的代表，享有"中华第一涮"的美誉。

此外，相传冰激凌的发明也与忽必烈有关。忽必烈建立元朝，定都北京后，恼于夏天新鲜的牛羊奶容易变质而很难喝到，后来他灵机一动，想到在牛奶中加入冰块，以延长牛奶的保存时间。这个无心之举却让忽必烈有了意外发现：牛奶和冰块融合之后的“奶冰”味道比鲜牛奶更鲜美，后来忽必烈在“奶冰”中又加入了蜜饯、水果等佐料，使“奶冰”的颜色更鲜艳，口味更好。

此后意大利旅行家马可·波罗游历到中国，受到忽必烈的接见与赏赐，忽必烈兴高采烈地把只有贵族才能享用的“奶冰”赐给马可·波罗，马可·波罗便将它的制作工艺带回欧洲，经过改良，最终形成了受人喜爱的冰淇淋。

忽必烈与冰激凌的诞生

（2）蒙餐之“红白食”与“蒙古八珍”

蒙餐的食材以牛羊肉、奶、野菜及面食为主，烹调方法较为简单，只有烤（烤羊排）、煮（冷水煮羊肉）、炖（西洋参炖羊肉）、涮（小肥羊、小尾羊的涮锅系列）等几种方式，其中尤以烤最为著名。尽管少了炒、爆、烹、炸等烹调程序，然而口味却独特而别致。

蒙古族饮食品种丰富多彩，元代著名诗人白珽曾赋诗称赞蒙古八珍。诗中“八珍”主要是供元皇帝每年六月三日诈马宴、八月马奶宴御膳用或赐左右大臣用的，由专任奉皇帝饮食的博尔赤（蒙古语厨师的尊称）来烹饪。此蒙古八珍即：烤羊腿、全羊席、手抓羊肉、奶菜、马奶酒、莜麦面、卓资山熏鸡、肉干、哈达饼、蒙古馅饼。

续演雅

八珍肴龙凤，此出龙凤外，

荔枝配江姚，徒夸有风味。

——元代著名诗人白珽

走进蒙元文化的发祥地蓝旗，餐桌上则是地道的蒙餐红食和白食文化风格。以肉类为原料制成的食品，蒙语称“乌兰伊得”，意为“红食”；以奶为原料制成的食品，蒙语称“查干伊得”，意为圣洁、纯净的食品，即“白食”。

夜幕下伴着马头琴悠扬的曲调，篝火旁人们编织着草原的歌舞英姿飒爽、载歌载舞，淳朴的蒙古族兄弟姐妹手捧着洁白的哈达，空气中飘着马奶酒甘美的香味，在这样一个草原之夜，世人们未饮先醉。夜幕进一步降临之时，大餐——烤全羊开始登场，肥美至极，大快朵颐。

内蒙古烤全羊，选材非常考究，需要选用草原上膘肥、体重四十斤左右的绵羊，宰杀后，剥去毛皮，摘去内脏，腹内加葱、姜、椒、盐等佐料整体烤制而成。

“眼未见其物，香味已扑鼻。”眼前羊形完整，却香味已扑鼻，外表金黄油亮，外部肉焦黄发脆，内部肉绵软鲜嫩，羊肉味清香怡人，颇为适口，别具一格。

羊肉的食法除了烤全羊外，还有手把肉、涮羊肉等。将肥嫩的绵羊宰杀后，剥皮，去头去蹄，去除内脏，洗净，卸成若干块，放入白水中清煮，待水滚肉熟即取出，置于大盘中上桌。食客们净手后，一手把着肉，一手拿着刀，割、挖、剔、片，把羊骨头上的肉吃得干干净净，此“手把肉”也别有一番风味。

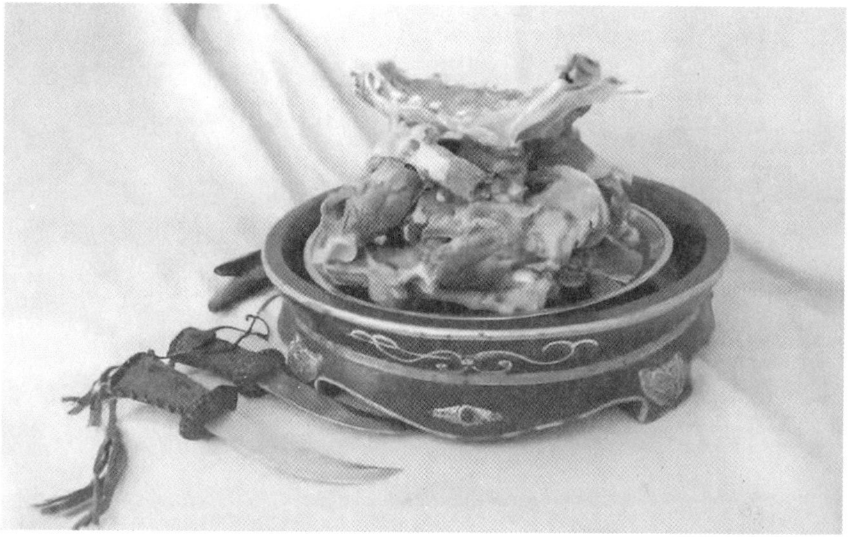
手把肉

牛肉干是内蒙古地区招待贵客的食品，风靡全国的零食。牛肉干源于蒙古西征时代，一头牛宰杀后，百十公斤重的牛肉晾干后只有十几斤，装袋后背在身上随时可以食用，这大大减少了军队行进的后勤辎重，因携带方便，且富含营养，故被誉为“成吉思汗的行军粮”。

蒙餐之“红食”令人大快朵颐，而蒙餐之“白食”则让人沁入心脾。蒙古族奶制品加工已有几千年的历史，它在蒙古军队征战和蒙古族游牧生活中起了重要的作用，主要有奶茶、奶酪（奶豆腐）、奶皮子、黄油、奶片、奶酒等传统奶食品。

蒙古各式奶制品

奶茶，是蒙古族传统的热饮料，是用砖茶和牛奶共同煮成的热饮，食用时一般佐以饼等面食，有暖胃、解渴、充饥、助消化的功能。蒙古族嗜茶，视茶为“仙草灵丹”，过去一块砖茶可以换一头羊或一头牛，草原上有“以茶代羊”馈赠朋友的风俗习惯。

蒙古奶茶

除了蒙餐红白食外，也有一些面食种类。蒙古果子、莜面燕麦、烧卖等也堪称面食之精品。据说，烧卖真正的起源在清朝的绥远，也就是现在内蒙古的首府——呼和浩特市。据说，早年的烧卖都在茶馆出售，食客一边喝着浓酽酽的砖茶或各种小叶茶，吃着糕点，一边就着吃热腾腾的烧卖，故烧卖又称“捎卖”，意即“捎带着卖”之意。

蒙古草原占有的独特经纬度，适宜草场的生长，加上肥美健壮的牛羊，造就了纯天然、宁静、安详的健康生态环境。辽阔的草原山川，丰富的物产资源，古老的民族文化，给蒙古族餐饮赋予了丰厚的文化底蕴。蒙餐文化在今天正成为都市忙碌的人们的一种奢求和期盼，在亚健康的生活节奏里，来草原吹着风、喝着酒、吃着肉，何尝不是一种难得的惬意。

近年来，餐饮食文化极大地带动了内蒙古服务业的发展，越来越多的游客为品尝原汁原味的蒙古族饮食慕名而来。同时，蒙餐全面登陆中国餐饮界，蒙古族饮食已覆盖全国。

现在，除了蒙餐饭店在全国各地遍地开花，喜结硕果外，就连作为草原上为数不多的蔬菜——野沙葱，也已经搭乘绿色食品的专车进入北上广等大都市，将草原的气息带到都市人的生活中。

野沙葱

（3）西贝莜面村的蒙餐奋进之路

令人震撼的一件事是，内蒙古的餐饮消费和蒙餐收入在全国均处于领先水平。2015年，内蒙古进入餐饮酒店人均消费全国第二位。2016年，蒙餐已占到内蒙古餐饮总收入的四成以上，总收入为450多亿元人民币。而且，蒙餐产业化发展态势良好，已经成为内蒙古自治区经济社会发展的又一引擎。连续几年，内蒙古食品餐饮行业占据了“内蒙古名片价值品牌”榜的半壁江山。预计到2022年，蒙餐总收入将达到千亿元。

谈到蒙餐，不得不提的一大名片便是“西贝”。西贝餐饮于1988年起源于内蒙古，创始人贾国龙先生从巴彦淖尔临河一个小吃店开始做起，一步步做大，目前已成为西北菜系的代表，已从起初的一个“黄土坡小吃店”发展成为全国19个省、46个城市、253家店面，从业人员16000多人[1]的中国知名餐饮企业。

笔者于西贝莜面村就餐时拍摄店内海报

蒙餐饮食文化之精髓——天然、纯正、健康，在西贝莜面村得以体现并发扬光大，也着实符合现代人追求营养、保健、绿色的观念。近些年，“西贝莜面”业绩扩展迅猛，将蒙餐的经济价值和营养价值放大并推向全国，成为蒙餐的一大代言人。

除了西贝莜面村外，来自内蒙古的小肥羊、小尾羊蒙餐也作为中国驰

[1] 数据来源：西贝莜面村官方网站，数据截止日期为2018年7月2日。

名商标风靡海内外。“伊利”“蒙牛”已经成为有全球影响力的奶制品企业，液体奶、奶粉、奶茶粉、雪糕、冰淇淋产销量连续多年居全国前列；“小肥羊”“小尾羊”短短几年内就在在全国发展了上千家加盟和直营连锁店，而且已经进入美国、加拿大、日本等发达国家；“河套王”“蒙古王”“金骆驼”“宁城老窖”等品牌撑起了内蒙古的白酒市场，产品还远销俄罗斯、蒙古国、澳大利亚和加拿大等地……

第十编　生态典范：构筑北部边疆的绿色长城

2014年初，习近平总书记考察内蒙古自治区时强调，内蒙古的生态状况如何，不仅关系到内蒙古各族群众的生存和发展，也关系到华北、东北、西北乃至全国的生态安全，要努力把内蒙古建设成为我国北方重要的生态安全屏障。同时要求，内蒙古要大胆地先行先试，积极推进生态文明制度建设和改革。

内蒙古，这片辽阔美丽的土地，横跨“三北”，毗邻八省，是我国北方面积最大、种类最全的生态功能区。这里有着我国目前保存最完好的草原——呼伦贝尔草原、我国北方第一大淡水湖——呼伦湖。同时，还分布着五大沙漠和五大沙地，占全国荒漠化和沙化土地总面积的1/5。

内蒙古典型风貌

（大兴安岭林区、巴丹吉林沙漠、呼伦贝尔草原、达里诺尔湖）

自治区成立之初，制定了“保护牧场、禁止开荒”，“保护草原森林、禁止乱垦滥伐”等一系列政策措施。新中国成立后，在西部开始治理乌兰布和、库布奇、毛乌素等沙漠，在东部地区规划并营造了上千公里的大型防护林带，对内蒙古生态建设、产业发展和民族团结都起到重大作用。

党的十八大以来，内蒙古提出建设美丽内蒙古的新目标，坚持“节约优先、保护优先、自然恢复为主”的方针，构建了科学合理的国土空间开发布局，深入实施生态重点工程，全面落实生态补奖制度，大力推进资源节约、污染防治工作，出台了领导干部自然资源资产离任审计和生态环境损害责任追究等一系列严格制度，推动资源利用方式实现根本转变。

森林面积由自治区成立初期的913.8万公顷，增加到2015年的2487.9万公顷，森林覆盖率由自治区成立初期的7.7%，提高到2015年的21.03%。草原植被盖度达到44%，比2000年提高了14个百分点。荒漠化和沙化面积分别减少625万亩和515万亩。实现了森林覆盖率和草原植被盖度“双提高”，沙漠和沙化土地“双减少”，主要污染物排放总量大幅下降、节能降耗和淘汰落后产能任务圆满完成。

70年来，内蒙古始终把筑牢祖国北方生态屏障作为自己肩负的重大国家使命，摆在重要位置。

□ 胡焕庸沿线的草原带

中国是世界上草原资源最丰富的国家之一，草原总面积将近4亿公顷（400万平方公里），占全国土地总面积的40%，为现有耕地面积的3倍。

如果从中国的东北到西南划一条斜线，也就是从东北的完达山开始，越过长城，沿吕梁山，经延安，一直向西南到青藏高原的东麓为止（即大致沿着胡焕庸线），可以把中国分为两大地理区：东南部分是丘陵平原区，离海洋较近，气候温湿，大部分为农业区；西北部分多为高山峻岭，离海洋远，气候干旱，风沙较多，是主要的草原区。

沿着胡焕庸线，内蒙古境内分布着六大草原，自东向西分别是呼伦贝尔草原、科尔沁草原、锡林郭勒草原、乌兰察布草原、鄂尔多斯半荒漠草原和阿拉善的荒漠草原。经过多年的保护和整治，六大草原碧波万顷，像一颗颗晶莹硕大的绿色珍珠，镶嵌在内蒙古偌大的地域里。

改革开放以来，内蒙古坚持把生态建设作为最大的基础建设来抓，按照“保护与建设并举、保护优先”的原则，率先在全国实施了“草畜双承包”经营责任制，制定了《内蒙古自治区草原管理条例》，极大地调动了农牧民保护和建设草原的积极性。同时，先后实施了“三北”防护林建设工程、京津风沙源治理工程、天然林保护工程、平原绿化工程、退耕还草等国家重点生态修复工程，初步建立起功能比较完善的生态建设网络，内蒙古生态环境状况实现了总体遏制、局部好转的明显成效。

□ 科尔沁沙地重回科尔沁草原

目前，我国沙漠总面积约70万平方公里，如果连同50多万平方公里的戈壁在内，总面积则达到128万平方公里，占全国陆地总面积的13%，绝大部分集中在新疆、内蒙古、西藏、甘肃、青海5省区。我国最著名的八大沙漠分别是：塔克拉玛干沙漠、古尔班通古特沙漠、巴丹吉林沙漠、腾格里沙漠、乌兰布和沙漠、库布齐沙漠、柴达木盆地沙漠、库木塔格沙漠。

其中，巴丹吉林沙漠、腾格里沙漠、乌兰布和沙漠、库布齐沙漠主要分布在内蒙古中西部的鄂尔多斯、阿拉善等地区。这里，由于气候干旱，植被稀少，土壤风蚀严重，生态环境脆弱，是我国的主要沙尘源区。自2000年以来，多次出现的源于本区的沙尘暴给北方地区群众的生产生活造成了很大影响。

与此同时，我国地理学界为了强调东西部沙漠自然条件和景观的差异，对东部沙漠使用了“沙地”一词。沙漠和沙地的区别在于：沙漠是指地表被大面积沙丘覆盖，一般以流动沙丘为主，干燥多风，植被稀少的地区；而沙地是由于受自然及人为因素的综合影响和干扰，形成类似沙漠的地貌类型，地表被沙丘或沙覆盖，通常以固定或半固定沙丘为主，气候半干旱或半湿润，多风少水，植被较少，有一定人口分布的地区。

我国的沙地主要有科尔沁沙地、浑善达克沙地、毛乌素沙地、呼伦贝尔沙地。这些沙地主要分布在内蒙古境内。其中，科尔沁沙地是一块位于内蒙古东南部赤峰市和通辽市附近的沙地，面积达5万平方公里，是中国最大的沙地。谁曾想科尔沁沙地100多年前原本是肥沃的科尔沁大草原的主体部分，但由于在清朝的放垦开荒，战乱和建国初期“以粮为纲”大力发展农业的作用下，科尔沁草原下的沙土层逐渐沙化和活化，再加上气候干旱，使这个秀美的大草原，演变成中国正在发展中面积最大的沙地。

近年来，按照中央的要求，内蒙古自治区不断加大生态建设与保护力度，过去20多年间累计投入数百亿元，先后实施退耕还林、退牧还草等重大生态工程，生态保护与建设取得良好成效，已连续15年实现荒漠化和沙化土地双减少，有些环境治理模式甚至走在全国乃至全球前列。

人民群众是历史的创造者。正如半个世纪前内蒙古东北部大兴安岭林区盛产“伐木英雄”一样，近年来，内蒙古中西部涌现出了一大批民间“治沙能手”“治沙英雄”，诸如苏和、张喜旺、云福祥、王果香、殷玉珍、鲍永新等，可谓数不胜数。他们在荒漠中栽下片片新绿时，也让绿色和谐的种子，深深扎根在那片沙漠之中。现在，放眼广袤的内蒙古，人们明显地感受到，树木多了，草场绿了，风沙小了。昔日沙进人退的地方出现了人工绿洲，退化的草原、荒秃的山岭、沙化的土地上葱茏叠翠，植被恢复的速度超乎想象。

内蒙古东部的沙地治理也是成效显著。曾作为全国土地沙化和水土流失最为严重地区之一的通辽市，沙土面积曾达到4086万亩，占全市总土地面积的45.5%。20世纪80年代初以来，通辽市坚持把造林绿化、防沙治沙作为头等大事来抓，依托三北防护林、防沙治沙、退耕还林等一系列国家重点生态建设工程，加快推进防沙治沙步伐，使科尔沁沙地在全国率先实现了治理速度大于沙化速度的良性逆转。中国国家林业局最新监测，科尔沁沙地每年绿化面积大于沙化面积约75万亩。

愿孝庄文皇后的出生的这片科尔沁土地，重现那有如亲临大海的绿茵！

□ 悬在首都头上的一盆沙

库布齐沙漠是中国第七大沙漠，总面积约1.45万平方公里（与北京市面积相当），位于内蒙古河套地区的黄河南岸，长400公里，宽50公里，沙丘高10~60米，像一条黄龙横卧在鄂尔多斯高原北部。同时，库布奇沙漠也是距北京最近的沙漠，中心点间直线距离约600公里，一度被称为“悬在首都头上的一盆沙”。在20世纪末21世纪初，沙尘暴肆虐京津等地的时候，人们才开始真正认识库布奇沙漠。

20世纪80年代以来，库布齐沙区各族干部群众，以顽强的意志和不屈的精神，大力推进祖国北方重要生态安全屏障建设，沙漠治理总面积达到6460平方公里，涵养水源240多亿立方米，创造生态财富5000多亿元，实现了由“沙逼人退”到“绿进沙退”的历史性转变，创造了大漠变绿洲的奇迹，走出了一条生态与经济并重的中国特色沙漠综合治理之路。

2017年7月，习近平总书记在致第六届库布齐国际沙漠论坛的贺信中指出：“中国历来高度重视荒漠化防治工作，取得了显著成就，为推进美丽中国建设做出了积极贡献，为国际社会治理生态环境提供了中国经验。库布齐治沙就是其中的成功实践。”

库布齐沙漠治理

在内蒙古涌现的大批“治沙能手”“治沙英雄”中，全国绿化工作劳动模范、亿利资源集团创始人王文彪就是一个让库布奇沙漠停下脚步的人。1988年以来，王文彪引领的亿利资源企业在党和政府的支持下，致力于库布齐沙漠的治理，25年投入30亿元人民币实施了5000多平方公里的沙漠生态建设和保护工程，控制荒漠化面积1.1万平方公里。亿利资源治理沙漠的模式又被称为“库布齐模式”。

“库布齐模式”的核心是发展“沙产业”，即首先是利用荒漠化地区独特的资源优势，通过大规模的荒漠化防治，培育和带动荒漠化地区的沙产业发展；然后通过沙产业的发展，反哺和促进荒漠化地区规模化防治，最终实现荒漠化地区人与环境全面协调可持续发展；同时，库布奇的沙漠治理已经与沙漠旅游、生态休闲、沙漠航空与越野自驾体验、蒙药种植、沙漠足球、沙漠夏令营等业态紧密结合，沙漠不再死寂，绿色与生机不断盎然。

库布奇沙漠游

2012年6月，亿利资源这家企业所缔造的“库布齐沙漠生态文明”被列为联合国“里约+20”峰会重要成果向世界推广，作为这一世界级成果的创造者，王文彪先生也获得联合国颁发“全球环境与发展”奖。这是联合国40年来首次给企业家颁发环境方面的唯一大奖。

2017年9月，《联合国防治荒漠化公约》第十三次缔约方大会在内蒙古成功举办。内蒙古自治区的荒漠化防治工作代表国家接受了世界的检阅，为实现土地退化零增长这个世界目标提供了“中国方案”。与此同时，联合国防治荒漠化公约组织提出了“2030年世界耕地荒漠化零增长”的目标，其目标的决策依据就是来自于亿利资源所创造的库布齐沙漠发展模式。

现在，站在高地远望库布齐沙漠，一条条穿沙公路犹如人体中的一根根血管，盘活了整个沙漠地区。一望无际的沙漠，因为有了绿色植物的点缀而不再孤单。

今天，走进库布齐沙漠生态治理区，你会发现这里远比想象的还要漂亮：水鸟翱翔天际，野鸭栖息在随风摇曳的芦苇丛中；岸边灌木遍布，乘着暖暖微风，空气中满是生命的味道……

“没错，这就是大家口中的‘死亡之海’。经过30年的治理，这里已经发生了翻天覆地的变化。”当地人的自豪之情油然而生。

数据统计，2017年，库布齐沙漠的植被覆盖率已经达到53%，年降雨量已经有400多毫米，超过500种生物在这里“安家落户”，一年只刮了一次沙尘暴。可是，有谁知道，30年前，这里的植被覆盖率只有3%~5%，年降雨量不足100毫米，一年要刮50次沙尘暴，只有少得可怜的10种生物。

库布齐沙漠的沧桑巨变，正是内蒙古大规模推进国土绿化，加强荒漠化防治，推进生态文明建设的典型案例和生动实践。

□ 首创刘晓光在阿拉善跪地成旗

在库布奇沙漠以西，大约再一个库布奇到北京的距离，则是比库布奇沙漠更大、更难治理的内蒙古阿拉善地区的广袤沙漠，占地约8万平方公里，总面积仅次于新疆塔克拉玛干沙漠。我国总面积排名前几位的沙漠中，巴丹吉林沙漠（面积4.7万平方公里）、腾格里沙漠（总面积3.6万平方公里）和乌兰布和沙漠（面积为1.4万平方公里），主要都集中在阿拉善地区，是阿拉善沙漠的重要组成。

第一个将阿拉善的沙漠治理与首都北京企业联系起来的人，就是刘晓光及其倡导创建的阿拉善SEE基金会。

刘晓光曾掌舵中国最大的地方国企之一——北京首都创业集团有限公司长达20多年（1995~2015年任首创集团董事长），入选过CCTV中国经济“年度人物奖”。2003年10月，一个偶然的机会，刘晓光来到了阿拉善沙漠。面对着一望无际的滔天黄沙，他跪倒在沙漠里，感觉心灵受到洗礼和震撼，并开始思考企业家在环境保护事业上的作为。

企业家刘晓光在阿拉善沙漠

随后，刘晓光与北京的企业家们发起了旨在治理沙尘暴发源地——内蒙古阿拉善沙漠的公益事业，正式把中国企业家作为一个阶层，带入到环保领域中去。当时，刘晓光作为京城房地产界的领袖，将任志强、王石、冯仑等一批有影响力的企业家召集到了治沙事业中来，赢得了社会各界的敬仰。

2004年6月，百位中国企业家在广袤的阿拉善沙漠里正式成立了中国首家以社会（Society）责任为己任，以企业家（Entrepreneur）为主体，以保护地球生态（Ecology）为实践目标的NGO（非政府组织）公益机构——阿拉善SEE生态协会。企业家们承诺：连续10年，每年投资10万元人民币，以减缓阿拉善的沙尘暴为起点，致力于保护中国的生态环境，促进人与自然的和谐，促进人与社会的和谐，促进人与人的和谐。

作为阿拉善SEE生态协会创始会长，刘晓光说："我们之所以选择从阿拉善开始，是因为阿拉善是中国最大的沙尘暴发源地，2000年中国华北地区9次沙尘暴，有8次源于阿拉善。"阿拉善位于内蒙古西部，境内有三大沙漠，巴丹吉林、腾格里、乌兰布和，三大沙漠中的两大沙漠即将握手连片，沙漠已经蔓延到贺兰山脚下，生态灾难正呈现不可逆的趋势。阿拉善SEE生态协会的最初目标就是改善和恢复阿拉善地区的生态环境，减缓或防止阿拉善地区的荒漠化，从而减缓或遏制沙尘暴的发生。

2008年12月，阿拉善SEE生态协会发起成立了阿拉善SEE基金会。截至2017年初，阿拉善SEE公益机构会员达到600多人，建立了12个地方项目中心，累计投入环保公益资金3亿多元，直接支持了400多家中国民间环保公益机构，已成为中国最有影响力的民间环保组织。阿拉善SEE唤起了中国企业家的公益意识和责任感，是一个凝聚成百上千企业家责任意识并付诸行动的实践家园。

阿拉善领路人刘晓光

通过阿拉善地方政府和阿拉善公益机构的多年努力，阿拉善生态恶化的态势得到了有效的遏制。而且，阿拉善的沙产业也具有无限广阔的开发前景，其特色种植养殖业、中药材产业已经获得市场的高度认可，产生了很好的经济效益。

万分悲痛的是，2017年1月16日晚，有地产界"老大哥"之称的首创原董事长刘晓光去世，还有一个月，就是他62岁的生日。然而十几年前，刘晓光像胡杨一样屈膝跪在大漠上，正像是为阿拉善沙漠治理树立了一面旗，引领着企业家们前行。

□ 钱学森与沙产业

提到钱学森，立马浮现我们脑海的是“两弹一星”“中国航天之父”“中国导弹之父”“中国自动化控制之父”和“火箭之王”等头衔，但并不为人熟知的是，晚年钱学森倡导重要科学构想——沙产业。

20世纪60~70年代，钱学森在领导我国火箭、导弹和卫星等国防科技工作期间，其足迹遍布茫茫沙漠戈壁中的酒泉卫星发射基地、马兰试验基地。蒙西、肃北及新疆，这里极端恶劣的自然条件和环境，以及人们贫困艰辛的生活，给他留下了深刻印象。钱老同时发现，戈壁、大漠并不完全是寸草不生的死亡之海，其中也有耐干旱、抗风沙、耐盐碱的植物顽强地生长着，有些植物如沙棘、甘草等，还有很高的药用和经济价值。悠然的骆驼，奔驰的黄羊，也给戈壁、大漠注入了生命的活力。

自那时起，可否开发利用沙漠、戈壁的问题，就在这位伟大的人民科学家的内心开始酝酿了。作为一名心系国家、民族的物理学家，钱学森用他的系统工程理论去思考问题，首先就想到利用万物之源太阳光，利用物理、化学、生物等科技手段来固定和转化太阳能，创造经济和社会价值，改善西部人民的生存环境。但由于当时国防科研试验任务繁重，他没有时间和精力深入研究这个问题。

钱学森指出沙产业是以太阳为直接能源，靠植物的光合作用来进行产品生产的体系；是用现代技术组装起来在不毛之地进行的大农业生产；是在干旱、半干旱地区新的文明。他说，我国沙漠、戈壁大约16亿亩，和农业面积差不多。沙漠、戈壁并不是什么也不长，其潜力远远没有发挥出来。

此后，钱学森的沙产业理论日益成熟。同时，他不遗余力践行沙产业，发起成立了沙产业发展基金，除了表彰致力于沙产业的工作者，还在甘肃省农业大学、内蒙古农业大学、宁夏农学院和西北农林科技大学设立了钱学森沙产业奖学金班，为培养我国沙产业人才队伍起到了促进作用。

2008年1月19日，中共中央总书记、国家主席胡锦涛来到钱学森家中，总书记告诉钱学森："前不久，我到内蒙古自治区鄂尔多斯市考察，看到那里沙产业发展得很好，沙生植物加工搞起来了，生态正在得到恢复，人民生活水平也有了明显提高。钱老，您的设想正在变成现实。"

目前，内蒙古的沙产业生机勃勃，中西部的沙漠现代农业、沙漠能源产业、沙漠旅游，东部的沙质（砂基）新材料等发展势头良好。

沙漠能源是内蒙古的优势产业，既可以利用优质沙子和充足电力来生产光伏组件，例如呼和浩特已成为全国最大的单晶硅产业基地，还可以利用沙漠地区的充足光照来布局光伏基地。在乌兰布和沙漠中，分布着众多太阳能光伏基地，一排排光伏组件在黄沙中犹如望不到边际的银色海洋，成为内蒙古打造国家清洁能源输出基地的有力支撑。

沙漠太阳能

我国东北地区有冰雕、雪雕，华中华南及曲阳等地有石雕，而内蒙古有沙雕，并将其与旅游和文化有机融合。例如在巴彦淖尔市的纳林湖景区，有内蒙古最大的沙雕群，该沙雕群共使用三万立方米优质细沙子和一吨多环保胶液制成，以成吉思汗西征的丰功伟绩为主线，通过标志性建筑、人物雕塑和艺术的巧妙组合，将中国和欧洲文化、风情、风光融合到沙雕艺术作品中。

巴彦淖尔纳林湖景区沙雕群

沙子本来是生产玻璃的重要原材料（沙子的主要化学成分为二氧化硅），但随着近年来我国平板玻璃行业的产能过剩，内蒙古的沙子寻找到了新的用武之地。在科尔沁沙地上，在京蒙合作框架下，利用北京的先进技术，对沙漠进行综合治理，变害为宝，点“沙”成金，依托当地丰富的硅砂资源生产生态环保的砂基透水砖，早已铺进了北京颐和园、长安街以及“鸟巢”等地方，并逐步向全国各地推广应用，海绵城市将是它一展身手之地。

砂基透水砖

大漠驼铃，一直以来都是绿洲丝绸之路的标识。草原丝绸之路上的内蒙古，也有自己的吉祥物。在盛产“圣诞老人”坐骑——驯鹿的内蒙古东北部，通过满洲里等口岸紧密加强与蒙俄欧的经济贸易联系，而在紧邻绿洲丝绸之路的内蒙古中西部，骆驼、山羊的养殖与产业化十分发达，阿拉善的驼绒与鄂尔多斯的羊绒一样闻名世界，成为名副其实的“软黄金”，是内蒙古沙产业的又一亮点。

鄂尔多斯羊绒

特色种植也是内蒙古沙产业的重要组成。在荒漠上种植梭梭林防风固沙，嫁接“沙漠人参”——肉苁蓉提高收入，阿拉善牧民正在延伸一条可持续发展的治沙之路。近年来，阿拉善盟制定沙产业规划，启动百万亩梭梭苁蓉产业基地建设，并与中科院、天津医科大学等机构合作，对沙生植物的功能效用等进行全方位研发，与天士力、同仁堂等药业龙头结成肉苁蓉供应链。通过发展沙产业，改变牧民传统生产方式，保护了生态环境，促进牧民就地转产增收，实现治沙致富的双赢目标。当地种植梭梭与苁蓉的牧民，普遍达到十几万至几十万元的年收入。在全国相对富裕地区地图上，内蒙古西部的阿拉善和中部的鄂尔多斯一样，是全国最富裕地区之一。目前，阿拉善当地政府在申报肉苁蓉“药食同源”新产业化路径，一旦成功，将对沙产业发展提供更大的推动力。

“沙漠人参”——肉苁蓉

可喜的是，内蒙古自治区不负钱学森老先生的期盼，沙产业已经走在全国的前列，且蒸蒸日上，即使在世界范围内，或许只有以色列可以与之媲美。在“一带一路”沿线国家和地区，有相当比重的荒漠化或沙化地区，如中亚、西亚、蒙古等。其中，中国东风航天城与酒泉卫星发射中心附近已经干涸的罗布泊、俄罗斯/哈萨克斯坦拜科努尔航天城附近正在干涸的咸海，都是世界级的生态灾难。今天，内蒙古完全有可以将治沙和发展沙产业的“内蒙古方案”推向“一带一路”沿线国家和地区，为其经济发展和环境改善提供切实可行的中国方案。

第十一编　交通枢纽：编织陆天一体国际大通道

习总书记提出的“一带一路五通”中，设施联通是“一带一路”建设的重要内容，而交通又是设施联通的重点之一。随着“一带一路”建设深入推进，内蒙古的交通正在发生革命性变化，逐步构建起由高速公路、高速铁路、民航组成的现代立体交通运输体系。

“交通强国”是党的十九大提出的宏伟目标，也是打好“三大攻坚战”、决胜全面建成小康社会的重要保障和有效支撑。近年来，内蒙古正努力以交通运输高水平的互联互通，对接“一带一路”，促进自治区融入国家战略，变交通末梢为欧亚大陆桥向西向北的前沿。截至2017年底，内蒙古铁路运营里程达到1.4万公里，居全国第一；全区公路通车里程达到19.9万公里，排全国第九位；12个盟市所在地均通了高速公路，99个旗县通高速公路和一级公路，所有苏木乡镇和具备条件的嘎查村通了沥青水泥路；有民用机场28个，其中运输机场20个，居全国第一位，实现了12个盟市运输机场全覆盖。张呼客专内蒙古段投入运营，京蒙高铁开通在即，正式开启内蒙古“高铁时代”。

□ 地跨“三北”，全国第一的铁路干线

内蒙古作为我国连接东北、华北、西北地区的交通枢纽，在铁路交通方面拥有两个全国第一：一是时间上，建设历史悠久，是中国最早建设的一批铁路，有一百多年的历史；二是空间上，运营里程全国第一，地跨“三北”，以北京为顶点的“倒A”型铁路干线成为“一带一路”建设的重要载体。

新中国成立后，内蒙古铁路建设迎来高峰，先后开辟了国际联运干线集

二线（集宁至二连浩特），跨内蒙古、宁夏、甘肃三省区的包兰铁路，有二连浩特、满洲里两个口岸可达蒙古和苏联，成为亚欧大陆桥的重要组成部分。1981年由北京至通辽的京通铁路全线通车运营，这是内蒙古东南部地区重要的运输干线，也是我国东北地区和关内联系的第二条重要通道。同年增开了呼和浩特至海拉尔的直达快车，称“草原列车”，途经赤峰、通辽等地，全程2475公里，连续运行50多小时，是全国独一无二的超长距离省区内直达列车。

此外，为开发内蒙古地区丰富的煤炭资源，促进地方经济发展，建设了海拉尔至伊敏河、通辽至霍林河、集宁至通辽、包头至神木、大同至准格尔等铁路。其中1994年通车运营的集通线（集宁至通辽）途经12个旗县，全长942公里，是全国最长的一条地方铁路，对开发当地资源、改善路网布局具有重要意义。

当前，我国正在加快推进中欧班列国际物流品牌建设，随着中俄蒙经济走廊建设的加快推进，国内多个省市开通了直达欧洲的铁路货运班列，中欧班列已经成为各地对接国家战略、开拓国际市场和稳定外贸增长的重要载体和抓手。现在，经满洲里、二连浩特口岸开往欧洲班列已达31条，班列运行终点远及俄罗斯、德国、波兰等地，跨境班列开行路线日趋丰富，辐射范围不断扩大，实现了与渤海、长三角、珠三角地区铁路或陆海联运跨省运输，内蒙古已成为中欧班列入境黄金枢纽。

目前，内蒙古自治区的铁路运营总里程连续多年居全国首位。2012年，内蒙古铁路运营里程达到10285公里，成为全国首个铁路运营里程超过1万公里的省区。2017年，这一数字增加到1.37万公里，占全国的1/10以上。

建区70周年之际，随着白城至乌兰浩特快速铁路全线通车，连接呼和浩特、包头、乌兰察布三座城市的呼包集动车组开行，内蒙古东、西部几乎同步迈入“动车”时代。正在建设呼和浩特至张家口（张呼客专）、通辽至新民（京沈客专通辽支线）、赤峰至喀左（京沈客专赤峰支线）等三条高速铁路，内蒙古东、西部将于2019年左右全面进入“高铁”时代。

“十三五”时期（2016~2020年），内蒙古将继续加快铁路和轨道交通建设，着力构建以北京为顶点的“倒A”型快速铁路骨架，西部以“北京—乌兰察布—呼和浩特—包头—巴彦淖尔—乌海”为主通道，东部以“北京—赤峰—通辽—乌兰浩特—齐齐哈尔—呼伦贝尔”为主通道，并以“通辽—锡林郭勒—乌兰察布”为东西部连接通道，努力推进国际大通道建设，完善口岸集疏运体系，为“一带一路”倡议提供有力支撑。按照规划，到2020年全区铁路运营里程达到1.65万公里，开行动车里程2000公里，高铁建设里程1000公里。同时，统筹高速铁路、普通铁路、高速公路、普通公路、运输航空、通用航空等交通网络，重点建设呼和浩特、包头全国性综合交通运输枢纽，争取将通辽、赤峰、乌兰察布打造成为全国性综合交通运输枢纽，形成安全便捷、绿色低碳的综合立体交通走廊。

□ 百年中东铁路，火车拉来城市

铁路作为交通运输系统的骨干和国民经济的大动脉，对国家的政治、经济、文化及国防建设都起着极其重要的作用。

千年之前，一列列驼队踏上了万里茶道，奏响一路清脆的驼铃；千年之后，一列列火车联通了亚欧诸国，谱写着经济合作的新篇章。

内蒙古最早的铁路分别建于蒙东的满洲里、海拉尔、通辽，蒙西的呼和浩特、包头。1896年，沙俄用《中俄密约》，攫取了修筑满洲里经哈尔滨、绥芬河到海参崴的铁路的特权，于1899年3月动工修筑东清铁路，1903年7月通车运营。该线自成吉思汗站，经扎兰屯、牙克石、海拉尔至满洲里，与俄国后贝加尔铁路相接，横贯呼伦贝尔全境，是内蒙古境内的第一条铁路。这条铁路也是百年中东铁路的一部分，时至今日，这条线路仍作为“一带一路”的北线而发挥作用。1905年10月京绥铁路在工程师詹天佑的主持下动工，1921年4月修至归绥（今呼和浩特），1923年修至包头。这是由中国自筹资金、自行设计、自行施工的第一条铁路，今天的京包线和京呼高铁，几乎仍是沿着当年的路线铺设。

通辽可以称作是一个火车拉来的城市。从名字一看这个带谐音的地名——“通了”，人们就知道，它的崛起与铁路密切相关。确实，内蒙古通辽，以前是个无名小镇，据说1921年第一条铁路修通，“火车通了（辽）”。于是，人们便把这个地方叫通辽，在全国大多数城市还不知火车为何物的年代，1921年就已经拥有了第一条铁路——由日本人主导的郑通铁路（四平、郑家屯至通辽）。到1927年，第二条铁路——由东北王张作霖主导的大（打）通铁路（大虎山至通辽）也修到通辽。这样，当时小小的通辽镇，就有了向东、向南两条铁路。通辽镇地处科尔沁草原腹地，其战略位置十分重要：南联后旗、奈曼、库伦；北接中旗、扎旗、锡林郭勒；往西可达开鲁、林东、奈曼。这片广阔的地区每年都有大宗的牲畜、皮毛外销。随着放荒的进程，粮食、油料产量逐年增加，俨然是一个潜在的大粮仓。此外，这里还有中草药等外运。火车一通，通辽镇自然成为内蒙古东部重要的商品集散地。此后，经过不断发展，通辽站已成为六条线路（大郑、通让、京通、通霍、集通、通新客运专线）、六个方向引入的铁路交通中心，从昔日的小站发展成为内蒙古自治区东部和东北地区西部最大的交通枢纽，成为全国三十八个主要路网编组站之一。

□ 第二条进疆大通道，连接“新丝路”

内蒙古西部的阿拉善等地区地广人稀，大漠戈壁绵延不绝，铁路、高速公路一直相对缺乏。建设一条横穿阿拉善及肃北，连接河套地区与新疆地区的铁路，具有重要意义。早在一百多年前，孙中山就在《建国方略》中提出要建设“东起北平（北京）、经阿拉善，西至迪化（乌鲁木齐）的第二条进疆大通道”的规划与梦想。然而由于连年战乱、国力不济等原因，一直未能实施。

一百年后的今天，孙中山的遗愿终成。2015年，这条进疆大道——临哈铁路正式通车，东起巴彦淖尔市横穿内蒙古西部沙漠戈壁，经过阿拉善盟额济纳旗境内的中蒙边境策克口岸，额济纳至通往哈密，全程1398公里。作为我国最长的沙漠铁路，额哈铁路跨越内蒙古、甘肃、新疆三省区，穿越曾被联合国称为“生命禁区”的甘肃肃北县马鬃山无人区，沿线无路、无水、无电、无人烟、无通讯，施工难度直逼青藏铁路。

临哈铁路向东经包头、呼和浩特、集宁等地可以抵达天津港出海，向西经乌鲁木齐、阿拉山口可通往中亚乃至欧洲，可形成以天津港为桥头堡的新亚欧大陆桥的便捷辅助通道。向北与策克口岸铁路相通，对构筑蒙古、中亚等内陆国家新的便捷出海通道具有重要意义，铁轨将连接起一条充满希望的“新丝路”。向南经过嘉策铁路（嘉峪关至策克口岸）、酒策铁路（酒泉至策克口岸）连接到新亚欧大陆桥主通道，这将紧密连接起“一带一路”倡议下的中俄蒙、新亚欧大陆桥两大经济走廊。

2017年，京新高速公路全线贯通，成为祖国北部进入新疆的最快最便捷大通道，使北京通往新疆的行车里程较此前缩短1300公里。这样，由临哈铁路、京新高速组成的丝绸之路经济带上又增加一交通大动脉，将紧密联系新疆地区与河套地区，并通过京包铁路、京呼高铁紧密联系京津冀地区。还可以紧密沟通中俄蒙经济走廊和新亚欧大陆桥经济走廊，甚至通过新疆铁路网紧密联系中巴经济走廊，使得“一带一路”倡议中这三个最重要的经济走廊协同发展。内蒙古作为“一带一路”倡议的重要组成，枢纽地位得到进一步体现。

□ 纵横万里的草原“新驼道”

三百多年前，长长的驼队从归化（呼和浩特）出发，经库伦（乌兰巴托）至俄罗斯伊尔库茨克、莫斯科，最终抵达圣彼得堡。这条穿越草原与戈壁的亚欧商道，被称为“万里驼道”。

如今，昔日的驼道已被绿草与黄沙覆盖，代之以四通八达的公路交通网络。

近年来，内蒙古自治区抓住国家公路加速成网的重要机遇，坚持高速公路、干线公路、口岸公路“三路并举”，以交通运输高水平的互联互通，促进自治区融入国家战略，变交通末梢为欧亚大陆桥向西向北的前沿。

目前，内蒙古正大力实施向北开放战略，已构筑起了以策克、甘其毛都、二连浩特、满洲里等19个口岸为基点的全方位向北开放带。目前，十几条以口岸为中心、连接边境地区与内地的高等级公路已初步形成网络：海拉尔至满洲里一级公路直接联通俄罗斯，二连浩特疏港公路、达来呼布至策克一级公路直接联通蒙古国；甘其毛都—临河一级公路也将于2018年底前竣工。

“十三五”期间，内蒙古自治区以干线公路动脉为对外开放轴，在关键通道、关键节点和重点工程上加强与俄蒙、周边省区合作，强化跨区域规划、计划协调衔接，即将建成通车的甘其毛都—临河口岸公路，实现了与俄蒙、周边省区重要节点的高水平联通；已经建成通车的临河—哈密高速公路，打通了丝绸之路北路，成为华北、东北地区通往西北地区的最快捷大通道，对深入实施西部大开发，加快内蒙古丝绸之路经济带建设和向北开放战略进程，推进内蒙古及新疆跨越式发展，促进中蒙经济文化往来，巩固边防等均具有极其重要的意义；完善丝绸之路辐射区域路网，已经全线贯通的经棚—锡林浩特高速公路、通辽—鲁北高速公路，向东、向南直达沿海港口、融入21世纪海上丝绸之路的快速通道完全畅达。同时，还将围绕自治区优势特色产业，发挥边疆口岸优势，与周边省区合作共建，推动对俄蒙陆路口岸与京津冀、呼包榆、川渝等内地市场及辽宁、河北、天津等出海口的公路运输直联直通。

草原新驼道

截至2017年底，内蒙古公路总里程突破19.9万公里，全区高速公路总里程达到6340公里，一级公路总里程突破7000公里。农村公路里程达到15.9万公里，所有苏木乡镇、具备条件的嘎查村全面实现了通沥青水泥路，苏木乡镇通达率100%，建制村通达率99.8%。内蒙古与周边省市的高速公路出区通道全部打通，已形成南联北开、承东启西的路网格局，外运通道的便捷，使草原特色产品以快速、方便的运输方式进入到销售市场。

□ 无远弗届的“空中丝路”

“没有海，位置偏，连接世界看蓝天”这是内蒙古交通发展的一个真实写照，随着时代的发展，内蒙古地势狭长、地广人稀，地貌也以草原、沙漠、戈壁、山地丘陵、干涸湖盆等为主，城市之间距离过远，发展公路、铁路交通投资大，见效慢，当地居民和游客出行花费的时间也长，这对内蒙古的发展以及“一带一路”的布局产生了巨大的阻碍。

有鉴于此，近年来内蒙古大力进行航空运输建设，与欧亚陆路大通道相辉映，一条“空中丝路”正在草原北疆的上空迅速形成。

截至目前，内蒙古民航机场达到26个，数量居全国前列，实现了盟市支线机场全覆盖。其中，运输机场18个（即干线机场1个，支线机场14个，通勤机场3个），数量占全国的1/12，具体如下表；通用机场8个，包括根河敖鲁古雅、锡林郭勒巴彦宝力格、新巴尔虎右旗、莫力达瓦达斡尔族自治旗、阿荣旗、满归镇、乌拉特中旗、杭锦旗等。西至阿拉善戈壁，东至大兴安岭林区都有机场通达。

空中互联互通是“一带一路”建设的重要支撑。为推进丝绸之路经济带战略既能“上天”又能“落地”，内蒙古积极开辟“一带一路”沿线国家与城市航线，扩大开放进程。目前，内蒙古18个民航运输机场中，呼和浩特、鄂尔多斯、二连浩特、满洲里、海拉尔、阿尔山、包头7个机场已经成为国家对外开放的航空口岸。全区共开通航线271条，通达全国29个省区市和4个国家，空中丝绸之路逐渐搭建起来。其中，呼和浩特白塔机场早在1991年3月就已开通至蒙古国首都乌兰巴托的航线，随后开通了至日本、韩国、中国香港等国家和地区的航线。海拉尔机场于1993年7月成为国际航空口岸，此后相继开通了至俄罗斯（赤塔、伊尔库茨克）、蒙古国（乌兰巴托、乔巴山）、香港、台北等地的国际航线，并开通了至日本宫崎、东京、名古屋、熊本等多个城市的旅游包机航线。截至目前，海拉尔机场国际正式航班数量及旅游包机数量均居自治区首位。

新世纪以来，内蒙古民航旅客吞吐量由2000年的63.1万人次增加到2016年的1777.9万人次。其中，呼和浩特机场旅客吞吐量由2000年的37.7万人次增加到2016年的818.5万人次，国际航空枢纽建设已初具规模，年旅客运输量、航班起降架次等指标在中俄蒙经济走廊沿线城市优势明显，有条件成为空中丝绸之路的重要支点。内蒙古周边的石家庄正定机场、哈尔滨太平机场在连通蒙俄、构建空中丝绸之路、发展航空物流等方面，已经取得了一定的突破，可以为呼和浩特机场提供有益借鉴。

内蒙古自治区 2016 年民航运输机场旅客吞吐量统计

机场名称	旅客吞吐量（万人次）			
	在全国218个机场中的名次	本期完成（2016整年）	上年同期（2015整年）	同比增速%
呼和浩特/白塔	32	818.5	744.6	9.9
呼伦贝尔/东山	51	187.9	183.6	2.3
包头/二里半	52	186.8	190.1	—1.8
鄂尔多斯/伊金霍洛	55	170.6	152.3	12.1
赤峰/玉龙	75	104.3	98.7	5.6
通辽	90	71.1	86.9	—18.3
锡林浩特	97	58.2	48.56	20.1
乌兰浩特/义勒力特	99	57.4	45.4	26.5
满洲里/西郊	118	45.4	41.9	8.3
巴彦淖尔/天吉泰	140	27.3	23.5	16.3
加格达奇	168	13.2	13.2	—0.1
二连浩特/赛乌素	171	12.2	11.9	2.6
阿尔山/伊尔施	181	10.5	9.4	11.6
乌兰察布/集宁	193	6.7	0.00	
阿拉善左旗/巴彦浩特	197	5.7	7.8	—27.2
额济纳旗/桃来	209	1.7	2.3	—25.6
阿拉善右旗/巴丹吉林	212	0.5	1.6	—67.9
扎兰屯/成吉思汗	217	0.0	0.0	
内蒙古合计（共18个运输机场）	—	1,777.9	1661.7	7.0

数据来源：国家民航局

通用航空是内蒙古搭建空中丝绸之路的优势所在，也是发展地区经济的重要途径。内蒙古地域辽阔，人口密度低，支线航空、通勤航空、通用航空是解决类似地区群众出行的重要方式，目前已领先全国推行通用机场“县县通”。例如在内蒙古东北部的呼伦贝尔、大兴安岭等地就已依托海拉尔、根河等机场试点利用通航飞机承担旅客通勤运输的任务，以解决当地居民出行不便的难题。运营的机型有运12E（载客19人）、塞斯纳（载客8人）等机型。而在旅游人口多、常住人口少的阿拉善、巴彦淖尔等内蒙古西部地区，航空旅游、航空摄影等通用航空发展迅猛，其中阿拉善盟于2016年被国家发改委确定为通用航空短途运输网络示范区。此外，独具特色的“飞行那达慕”“空中那达慕”已经连续在内蒙古包头市、赤峰市举行多届。活动期间，直升机、无人机、热气球、动力伞、翼装编队等各类飞行表演应接不暇。借助现代高端的航空旅游，结合独具民族特色的草原旅游，打造既有飞行特技表演又有草原游牧聚会的新型旅游活动，成为内蒙古通航产业起步发展的重要推动力。

为了实现内蒙古百姓公共服务均等化和国家向北开放战略部署，国家民航局在呼伦贝尔市先试先行，于2013年10月在呼伦贝尔市，由航空工业通飞与呼伦贝尔市政府共同出资成立了国内首家通用航空短途运输企业——呼伦贝尔中航通用航空有限公司，成为国家拓展通用航空（短途运输）试点，形成覆盖内蒙古主要盟市具有内蒙古特色的通用航空网络，架起内蒙古空中交通的绿色桥梁。

2015年7月，内蒙古通航呼和浩特基地投入使用，与呼伦贝尔基地遥相呼应，在内蒙古东部与西部地区同时推进通航产业发展，并在企业自身努力及社会各界支持下，已先后开通海拉尔—满洲里、海拉尔—根河、满洲里—根河、乌拉特中旗—包头、呼和浩特—鄂尔多斯、呼和浩特—二连浩特、呼和浩特—大同、鄂尔多斯—二连浩特、阿拉善左旗—阿拉善右旗、阿拉善左旗—额济纳旗、海拉尔—扎兰屯、海拉尔—加格达奇等航线；同时依托内蒙古丰富旅游资源适时开展“通航+旅游”。

目前，内蒙古通航已初步形成中部以呼和浩特基地、西部以阿拉善为基地，东部以呼伦贝尔基地为基本点辐射周边区域的能力。随着“一带一路”的扎实推进，内蒙古作为草原丝绸之路上重要的一环，孕育着巨大的发展潜力，世界的目光将逐步聚焦到内蒙古，未来的内蒙古通航将围绕呼伦贝尔基地开展国内至俄罗斯、蒙古等国际通用航空（短途运输）及货运航线，构建“草原丝路”空中绿色新通道，用实际行动为“一带一路”发展贡献自己的力量。

未来几年，内蒙古将继续加快支线、通勤、通用机场建设，实施呼和浩特等既有机场迁建和改扩建工程，不断提高航空运输保障能力，形成“1干19支4个通用群”协调发展、联通国内外的多层级航空运输网络。到2020年民用运输机场总数力争达到20个，其中干线机场1个（呼和浩特机场）、支线机场19个，建成一批通勤通用机场，形成西部以阿拉善左旗机场为中心、东北部以海拉尔机场为中心、东南部以锡林浩特机场为中心、西南部以鄂尔多斯机场为中心的4个通用机场群。

□ 构建中俄蒙走廊的最重要口岸群

内蒙古地处祖国正北方，拥有4200多公里的边境线，是我国面向俄蒙、通联欧洲的对外开放门户省份，在向北开放战略中处于重要地位。目前，内蒙古拥有各类口岸19个，犹如一粒粒璀璨明珠，成为内蒙古协调发展口岸经济，推进中俄蒙经济走廊及“一带一路”建设的战略支点。其中，对俄罗斯开放的有满洲里铁路/公路口岸、黑山头水运口岸、室韦水运口岸等6个，对蒙古国开放的有二连浩特铁路/公路口岸、策克公路口岸、甘其毛都公路口岸等10个，并拥有呼和浩特航空口岸、海拉尔航空口岸、满洲里航空口岸3个国际航空口岸，已经形成铁路、公路、航空等多种通关方式并存的口岸开放格局。

打造口岸经济链条，既要有四通八达的交通网络，又要有与之配套的现代化物流枢纽平台和较高的通关效率。公路方面，满洲里、二连浩特、策克已建成一级公路，重点边境口岸城镇与国内中心城市基本实现高等级公路连通；铁路方面，中蒙商定使用标准轨道修建4条跨境铁路，其中，策克铁路跨境通道已经开建；航空方面，呼和浩特、包头、鄂尔多斯、满洲里、二连浩特、海拉尔、阿尔山等机场分别开通了赴蒙古国乌兰巴托和俄罗斯远东地区的国际航线。通关方面，2015年，内蒙古年进出境货运量1000万吨以上的满洲里、二连浩特、甘其毛都、策克四大口岸全部实现“三个一”（一次申报、一次查验、一次放行）通关模式，节省通关时间50%。其中，二连浩特铁路旅检现场出境通道实现关检合作“一站式作业”，满洲里口岸率先在全国延边口岸启动“单一窗口”，通关效率进一步提升。

经过不懈努力，内蒙古口岸经济正迈向中高端，形成了年进出境货运量在1000万吨以上的满洲里、二连浩特、策克和甘其毛都四大口岸。其中，满洲里口岸货运量2013年突破3000万吨，二连浩特年进出境客运量保持在200万人次以上。在全国边境陆路口岸进出境货运量排名中，满洲里一直居第一位，甘其毛都、二连浩特和策克分列第三、四、五位[1]。其他口岸的进出境货运量虽然数量小，但均逐年大幅度增长。据统计，在双边贸易领域，内蒙古各口岸对蒙古国贸易额占全国对蒙贸易额的50%以上，而且发挥与俄蒙的经济互补优势，主要进口我国亟须的煤炭、铁矿石、铜矿砂、木材等资源性产品，出口俄蒙市场短缺的建材、机电、轻工、日用品和果菜等商品。

内蒙古自治区近两年重点口岸货运量统计表

名称/类别			2016年进出口量（万吨）	2015年进出口量（万吨）	同比增幅（%）
内蒙古自治区总额			7887.4	6581.6	19.8
对俄罗斯			3084.1	3043.9	1.3
对蒙古国			4803.4	3537.6	35.7
主要口岸	满洲里		3051.3	3013.5	1.2
	其中	铁路	2903.4	2872.1	1.1
		公路	147.8	141.4	4.5
	二连浩特		1435.7	1402.7	2.3
	其中	铁路	1231.6	1078.8	14.1
		公路	204.1	323.9	-36.9
	甘其毛都		1388.7	725.1	91.5
	策克		1257.7	762.3	65.0
	珠恩嘎达布其		127.0	125.2	1.4

数据来源：内蒙古商务厅，2015、2016年数据

[1] 位于新疆搏尔塔拉蒙古自治州境内、紧邻哈萨克斯坦的阿拉山口口岸作为我国唯一集铁路、公路、输油管道三位一体的国家一类口岸，连续15年位居中国陆路口岸第二位，是“丝绸之路经济带”上名副其实的重要节点和新疆对外开放的首要门户。

内蒙古支撑中俄蒙经济走廊及“一带一路”建设的口岸群中，首要的就是满洲里口岸。满洲里口岸（包括铁路、公路、航空）有100多年的发展历史，始建于1903年，1907年伴随着中东铁路的运营而正式开通。满洲里口岸位于内蒙古呼伦贝尔大草原西部，处于中俄蒙三国交界处，北接俄罗斯，西邻蒙古国，是我国通往俄罗斯等独联体国家和欧洲各国的国际大通道——第一亚欧大陆桥的交通要冲，也是我国最大的边境陆路口岸，货运量始终雄居全国同类口岸之首。

作为全国唯一设在县级市、纬度最高的直属海关，满洲里口岸也是中俄两国最大的通商口岸，承担了中俄贸易60%以上的陆路运输任务。值得一提的是，满洲里口岸是我国东线通道的货运班列唯一转运节点。自2013年9月“苏满欧”首班班列从满洲里口岸出境以来，目前，以满洲里口岸为枢纽的出境中欧班列已达到25条，其起点包括苏州、天津、武汉、长沙、广州、营口、大连、沈阳等58个城市，涵盖西南、华南、华东、东北等多个地区。各条班列，一路向北向西，由满洲里口岸出境直抵欧洲腹地。2016年，经满洲里口岸进出境的中欧班列数量首次突破1000列大关，达到1036列，共运载7.3万个标箱，同比增长52.4%，成为我国吞吐班列数量最大、货物跨境转运效率最高的国际陆港。

二连浩特口岸（铁路、公路）自古就是我国内陆通往北亚、东欧的咽喉要道。草原丝路、万里茶道、张库大道及抗战时期的红色交通线等自不必说。1956年1月，北京—乌兰巴托—莫斯科国际铁路联运正式通车，二连浩特成为国家一类口岸，1992年，公路口岸也正式开通。二连浩特铁路口岸位于集二线终端，是我国陆路连接欧洲最近的通道。以北京为起点经二连浩特到莫斯科，比经满洲里口岸的滨洲线近1140公里。特别是通过京包、京山线与天津港相连，是日本、东南亚及其他邻国开展对蒙古、俄罗斯及东欧各国转口贸易的理想通道，更是蒙古国走向太平洋的唯一通道。

甘其毛都口岸位于内蒙古自治区巴彦淖尔市乌拉特中旗境内，口岸开通20多年来，累计完成货物吞吐量5000多万吨，原煤进口4000多万吨，为国家创关税、所得税等近百亿元。特别是2011、2012年连续两年进出口贸易量和原煤进口量均突破1000万吨，成为自治区过货量最大的公路口岸和仅次于满洲里的综合口岸。甘其毛都是巴彦淖尔市对外开放的前沿阵地、内蒙古西部重要的对蒙开放贸易通道和连接亚欧大陆的重要纽带。

策克口岸地处内蒙古自治区阿拉善盟额济纳旗境内，东距巴彦淖尔、乌海等河套地区约600公里，南距甘肃省酒泉市500公里，西距新疆东大门哈密约700公里，北与蒙古国南戈壁省接壤。自2005年开通以来，发展迅猛。2016年口岸进出口货物1257.7万吨，达到全国陆路口岸前列，同比增长65%，增速居全国陆路口岸之首。目前，策克口岸入列《西部大开发“十三五”规划》。同时，策克镇作为“边境口岸型城镇”之一，将积极开展国家新型城镇化试点和中小城市综合改革试点工作。随着“一带一路”倡议的深入实施，策克口岸将加快构建“大开放”“大物流”格局，成为“一带一路”向北开放的重要节点，中俄蒙经济走廊的西翼，西北地区能源资源交互的核心。

整体上看，内蒙古向北开放的口岸群将形成分工协同态势，全面融入中俄蒙经济走廊和“一带一路”。西部以策克、甘其毛都等口岸为重点，打造对蒙能源资源战略通道、加工和储备基地；中部以二连浩特、珠恩嘎达布其口岸为重点，打造集商贸流通、综合加工、国际物流、人文交往为一体的对蒙经济合作主示范区；东部以阿尔山、额布都格等口岸为重点，打造对蒙跨境旅游和生态产业合作区；东北以满洲里、黑山头、室韦等口岸为重点，打造集商贸流通、综合加工、国际物流、跨境旅游、人文交往为一体的对俄经济合作主示范区。

火车一响，黄金万两；高铁一通，转换时空；高速一修，经济加速；城市建机场、腾飞有翅膀；口岸联动，全面畅通。

“十三五”期间，内蒙古将在现代基础设施建设上继续布局大手笔、大突破，对内全面畅通“微循环”，对外高效连通“大动脉”，在大开大合、大进大出中更好地融入全国、走向世界，引领“一带一路”倡议。从根本上解决大宗产品外送不畅、资源要素流动不快等问题，使人流、物流、信息流更加通畅起来，使祖国北部边疆变成对外开放的前沿和区域合作的高地，更好地实现地尽其利、物尽其用、货畅其流。

第十二编　两弹一星飞天梦，中国东风航天城

□ 空天经济时代到来

从古至今，人类的生产、生活及军事活动不外乎是在陆、海、空、天四大疆域内进行。在1981年召开的国际宇航联合会第32届大会上，陆地、海洋、大气层和外层空间分别被称为人类的第一、第二、第三和第四环境。其中，第三、第四环境即是随着航空、航天技术的诞生而出现的。

作为世界上能实现文明不间断传承的少数国家之一，中国历来就是传统的陆权大国，且一直是全球的经济文化中心。直到五百年前欧洲开启大航海时代和一百年前阿尔弗雷德·马汉创建著名的"海权论"，以及近代以来英、法、日等帝国主义列强凭借坚船利炮屡叩中华之海上国门时，中国的陆权才开始式微。至冷战及美苏争霸时期，全球开始进入争夺制空权、制天权的新时代。目前则加入电磁空间的争夺。

天下大势，合久必分，分久必合，在此亦然。在人类科技达到一定阶段以前，"空"和"天"是不分的，笼统称之为"天空"，而且只能对其"仰望""遐想"，或提出"天问"；当科技十分发达时，例如目前的中国，技术与产业进行细分，于是有航天产业、航空产业、通用航空产业。近年来，随着新一轮科技与产业革命席卷全球，"空""天"的技术界限正在被打破，例如目前美国、俄罗斯最先进的"空天飞机"正在突破"空"与"天"的分界面，畅游于二者之间，将"空天"作为航行活动的新疆域。商业层面，全球著名的客机制造商波音公司，近些年在维持民用飞机制造业的优势外，大力拓展航天和通信领域，取得良好的经济社会效益，成为跨航空、航天两大板

块实现产业化的典范。此外，美国、欧洲等地的一些企业在加快研制服务大众的空天飞机。例如，维珍银河与XCOR Aerospace公司均计划提供亚轨道平民太空游，目前总共已收到近1000个商业太空飞船“船票”的订单。

尖端技术已经引领人类逐步进入“空天时代”。由此，传统的航空航天工业、民航运输业、机场临空产业、通用航空，以及航天科技产业化等相关的产业体系也必须以新的视角进行重构。

力争空天权，抢占制高点，是国家战略的体现。新中国成立后，面对当时严峻的国际形势，实施了震烁古今、彪炳千古的“两弹一星”工程，一举奠定了我国核工业和航天大国的地位。近年来，随着新舟60涡桨支线飞机、H425直升机、Z-15直升机、运-12通用飞机等开始批量进入国内外市场，C919大型客机（即“大飞机”专项）、ARJ21涡扇支线飞机（可作为高端公务机的基础平台）、Z-20十吨级中型通用直升机等重点产品研制稳步推进，我国民用航空工业进入快速发展时期，科研生产水平跃上了一个新台阶。同时，随着低空改革、天空开放等方面政策的不断利好，通用航空及运输航空发展迎来更多机遇。航天技术飞速发展，并取得一定的商业效益，运载火箭、人造卫星、载人飞船、航天防务、信息技术等方面取得长足进步，北斗导航系统开始服务全球，“神舟”“长征”等国家自主创新品牌享誉世界。我国航天科技军转民用及航天技术产业化迈入一个新阶段。另一方面，全球航空运输重心正在向东亚转移，亚太已经是全球最大的航空市场，尤其是中国已经成为世界第二大航空运输业大国，并将很快超越美国成为全球最大的航空市场。凡此种种，均在说明一个重大趋势：中国正在加速进入空天经济时代！

□ 伟大的中国东风航天城

有人评价说，在新中国60多年的历史性大决策中，堪称国家最重大的决策有三件：一是出兵朝鲜，抗美援朝；二是实施“两弹一星”工程；三是改革开放。它们树立了中国的大国地位，奠定了尖端而完备的工业基础，使中国人民站起来、富起来，对中华民族历史进程的影响将会长达百年，甚至更远。

与新中国成立时蒙东地区组建精锐骑兵支援辽沈、平津战役并参加朝鲜战争的情况类似，蒙西地区则见证了“两弹一星”的举世成就。

酒泉卫星发射中心，又称“东风航天城”，是中国创建最早、规模最大的综合型导弹、卫星发射中心，也是中国目前唯一的载人航天发射基地。1992年，江泽民主席亲自为其题写“东风航天城”。截至2016年10月1日，中国发射了约280颗人造卫星，其中82颗在此发射。

新中国的“两弹一星”工程

如同很多人会误以为大兴安岭林区主要在黑龙江省境内一样，不少人也会误以为中国东风航天城与酒泉卫星发射中心是在甘肃省境内。实际上，这一东（大兴安岭）一西（东风航天城）相距2000多公里的地方，都在内蒙古的土地上，只不过由于多方原因分别由黑龙江省和甘肃省代管。在市场经济时代，其巨大的生态价值、文化价值将充分释放，成为内蒙古与黑龙江、甘肃省区交界处协同发展的推动力。

作为世界三大航天中心之一，坐落在内蒙古自治区阿拉善盟额济纳旗境内的东风航天城，是创造中国航天史上“九个第一”、实现中华民族飞天梦想的地方——中国第一颗原子弹、第一枚洲际导弹、第一颗人造卫星在这里发射成功，“神舟”系列飞船、“天宫一号”从这里升起。在这里：

1960年9月，中国第一枚远程导弹成功发射。

1966年10月，中国第一次导弹携带核弹头的“两弹结合”成功发射。

1970年4月，中国第一颗人造地球卫星“东方红一号”成功发射。

1975年11月，中国第一颗返回式人造卫星成功发射。

1980年5月，第一枚洲际导弹成功发射。

1981年9月，中国首次以“一箭多星”方式，用一枚运载火箭成功发射三颗卫星。

1987年8月，第一次为外国卫星提供搭载服务。

1999年11月，中国载人航天工程在这里进行第一次试验，成功发射“神舟一号”。

当然，神舟系列飞船不但是从内蒙古升起而直奔太空，而且也是在内蒙古的土地上着陆。

在中国东风航天城与酒泉卫星发射中心东侧约1000公里，即内蒙古中部的乌兰察布市四子王旗，是我国最重要的航天着陆场，也是目前“神舟”系列航天飞船的主着陆场，同美国肯尼迪航天中心主着陆场、美国爱德华兹空军基地、俄罗斯载人航天主着陆场等世界著名的航天着陆场齐名。我国的“神舟一号”（1999年）至“神舟十号”飞船（2013年），都在四子王旗主着陆场成功着陆。

其中，2003年10月，中国首次发射的载人航天飞行器“神舟五号”在酒泉卫星发射中心发射成功，将航天员杨利伟送入太空并顺利返回。这标志着中国成为苏联（俄罗斯）和美国之后的第三个将人类送上太空的国家。它标志着我国在航天技术上的又一座里程碑。当在电视转播画面上看到身穿蒙古族盛装的少女簇拥着航天英雄杨利伟一同出场的时候，许多人还不清楚航天城和内蒙古有什么关系。其实，多少年来，阿拉善、乌兰察布等地的父老乡亲始终为祖国的军事及航天事业的发展默默奉献着。

2003年11月，“神舟五号”载人飞船成功发射和着陆后，解放军总装备部、中国载人航天工程指挥部给内蒙古自治区党委赠送的锦旗专门写明："飞船从内蒙古升空，航天员在内蒙古着陆。"随后，杨利伟在内蒙古政府礼堂做报告时深情地说："我是从内蒙古的额济纳旗起飞，在四子王旗落地。今天来到这里，我倍感亲切，在此向内蒙古人民致以衷心的感谢和崇高的敬意。"

2016年10月17日7时30分，"神舟十一号"载人航天飞船从内蒙古额济纳旗的酒泉卫星发射中心升空。11月18日，"神舟十一号"飞船结束历时33天的太空之旅，返回舱在内蒙古中部预定区域成功着陆。不过此次降落的地点是距离四子王旗约100公里的锡林郭勒盟苏尼特右旗，"神舟十一号"给了锡林郭勒盟人民一个大惊喜！

由于历史地理的原因，中国东风航天城位于内蒙古这一事实长期被人误解。甚至中国最权威的工具书《辞海》也曾一度将酒泉卫星发射中心写成位于甘肃酒泉。为此，内蒙古有关方面向《辞海》的出版方进行交涉，要求更正。因为"酒泉卫星发射中心"的实际地理位置在内蒙古自治区阿拉善盟额济纳旗境内。

2005年，内蒙古阿拉善盟党委宣传部编撰出版的《"神舟"号升起的地方——阿拉善历史文化文集》一书中说，以"酒泉"命名，一是因为当时各国导弹卫星发射基地起名时均避开真实地址；二是因为发射基地地处茫茫戈壁，很难选一个有知名度的地名，而酒泉是与发射中心距离最近的地级市，且在历史上是有名的城镇。另外，至20世纪70年代，额济纳旗从行政区划上归属甘肃，到1979年才归属内蒙古阿拉善盟。

□ 跨界合作多维度构建"一带一路"

如同纵向疆域的"空"与"天"合久必分，分久必合一样，近年来祖国西北横向疆域的内蒙古与甘肃曾一度争夺酒泉航天城归属，但目前，两地正在形成合力，携手打造跨区域旅游路线，提升整个区域的品牌影响力。

尤其是随着京新高速、临哈铁路的建成通车和蒙西地区通用航空的快速发展，甘肃敦煌、酒泉，与内蒙古额济纳旗、四子王旗完全可以围绕空天经济合力打造“一带一路”上跨越时空维度（从航空航天到空天经济）、穿越千年历史（从古丝绸之路到空天时代）的经典文化旅游路线，成为我国重要的文化教育、军工国防、空天体验等基地，例如可以组织开展沙漠航空体验、航天文化旅游、太空科技夏令营等。

内蒙古与甘肃可以围绕空天经济合力打造“一带一路”经典文化旅游路线

与我国西北陆地边界线共线最长（约1700公里）、与新疆地区相望的哈萨克斯坦共和国，曾是古代丝绸之路的必经之地。作为原苏联的加盟共和国，随着中俄战略互信的不断提升，哈萨克斯坦也日益改善对华关系。在中哈双方的共同努力下，哈萨克斯坦成为“一带一路”建设的最重要力量之一。

我国在国际上首次提出共建“丝绸之路经济带”的倡议，正是2013年9月，中国国家主席习近平出访哈萨克斯坦时所提出的。对于这一深远影响整个亚欧大陆未来发展的里程碑式事件，哈萨克斯坦是第一个对这一倡议表示支持的国家。中哈两国全面加强规划对接和产能合作，已在石化、机械、电力、基础设施、制造业、工业、冶金和农工综合产业园区等多个领域取得进展。目前，“一带一路”率先推进的六条经济走廊中，有两条（即新亚欧大陆桥经济走廊、中国—中亚—西亚经济走廊）都要涉及哈萨克斯坦，而且数条空中丝绸之路也以其作为中转枢纽。由此，哈萨克斯坦成为“一带一路”建设的六个重要节点国家之一（此外还有俄罗斯、巴基斯坦、伊朗、缅甸、印度尼西亚）。

值得一提的是，哈萨克斯坦拥有全球最重要的航天基地之一——拜科努尔航天基地，且不断发展相关旅游产业。中哈除了基础设施互联互通、国际产能合作之外，完全可以围绕航天基地开放开发加强相互交流与借鉴，为“一带一路”建设提供新的着力点。拥有东风航天城、酒泉卫星发射中心和四子王旗航天着陆场的内蒙古，将成为中哈合作的重要参与主体。

拜科努尔航天基地在我国东风航天城西侧约3000公里处，坐落在北纬46度、东经63度的哈萨克斯坦半荒漠地区，即原世界第4大湖——咸海的东北部约100公里，在地图上很好找到。不过，目前咸海已经大部分干涸消失，而且预计到2020年，咸海将完全干涸消失。苏联时期，强大的苏军部队长期驻扎哈萨克斯坦，并在此部署了众多航天和核导弹发射基地，拜科努尔航天发射基地就是其中之一。拜科努尔基地除了数十个发射台之外，还拥有5个发射控制中心，9个地面跟踪站。从弹道学角度及区位条件而言，它是苏联境内最为有利的航天发射基地，因为纬度相对较低，而且远离欧洲与中东，与首都莫斯科地区的交通也比较便捷。

拜科努尔航天发射基地在人类航天探索事业中所发挥过巨大作用，在世界诸大航天发射基地中占据着极其特殊的地位。它作为当年苏联科学皇冠上的明珠，见证了诸多世界第一：1957年10月，世界上第一颗人造地球卫星从拜科努尔发射基地升空，从而开创了人类利用航天器探索太空的新纪元；1961年4月，苏联宇航员加加林乘坐的“东方1号”宇宙飞船从拜科努尔发射升空，成为进入太空的第一人；1963年6月，苏联宇航员特内斯克娃作为苏联“东方6号”飞船的指挥官从这里升空并环绕地球48圈，成为世界首位女太空人。1971年4月，苏联在拜科努尔第一次将“礼炮1号”空间站送入了太空轨道，紧接着在6月，“联盟11号”载人飞船又从这里起飞，和空间站首次实现对接，从而使“礼炮1号”成为世界上第一个载人空间站。

由于冷战的原因，拥有7万人口的拜科努尔航天城曾经是苏联时代最神秘的城市。1961年，世界航天第一人加加林从丘拉坦航天发射基地升空后，为了迷惑西方，苏联官方在登记时没有将它命名为丘拉坦发射基地（“丘拉坦”在俄文里有“丘拉墓地”的意思，丘拉是成吉思汗的一个儿子），而是选择了附近最大的城市拜科努尔来命名（“拜科努尔”俄文里有“富裕之地”之意）。因此，今天的拜科努尔市和拜科努尔航天发射基地实际上是两个地方，前者在后者东北方向有300公里之遥。这一情况颇似今天的酒泉市与酒泉卫星发射中心，后者在前者东北方向有200公里之遥。

直到今天，拜科努尔航天基地仍是俄罗斯发射载人飞船的唯一基地，其军用卫星中也有近四分之三是从这里发射的，也是国际空间站的生命线，俄罗斯所担负的向国际空间站运送人员和货物的任务，都要通过在拜科努尔航天中心发射的“联盟”号载人飞船和“进步”号货运飞船来完成。因此，哈俄两国于1994年签署协议，俄罗斯每年要向哈萨克斯坦支付1.15亿美元的租金，租用期至2050年。在未来的数年里，这里仍然会进行频繁的发射。近期，俄罗斯相关部门宣布，将在拜科努尔航天发射基地开设旅游信息中心，并在拜科努尔附近开设国际机场，来吸引来自俄罗斯、哈萨克斯坦和其他独联体国家的游客，促进航天旅游业发展。游客可以参观主题博物馆，观察无人航天器发射及载人飞行。

拜科努尔航天基地

让拜科努尔更加吸引大众关注的还是从这里出发的太空游客。随着太空旅游产业的发展，从2001年至今已经有5名太空游客由此发射升空并进入国际空间站观光，因此拜科努尔毫无疑问是当前的太空旅游第一城，这也为航天中心的发展带来了巨大的机遇。另外，很多国家虽然自己没有能力将人送入太空，但仍然希望本国宇航员和游客能够进入太空，与俄罗斯合作就可以实现这一点，例如马来西亚已通过拜科努尔航天基地将人送入了太空。未来，将会有更多的太空游客和宇航员从这里启程，前往太空。

根据中哈两国领导人达成的共识，2017年被确定为哈萨克斯坦中国旅游年。借此契机，中国游客不仅将有机会去哈萨克斯坦的各大城市观光，还可以去著名的拜科努尔航天发射基地看一看。同时，随着内蒙古依托中国东风航天城、酒泉卫星发射中心和四子王旗航天着陆场等地不断壮大旅游产业与体验经济，亚欧大陆上的两大天地接入点——中国内蒙古和哈萨克斯坦拜科努尔，将引领“一带一路”沿线国家和地区空天经济发展，为国际合作推动“一带一路”建设提供更多支持。

下　卷

战略考量：区域协作之策，国际合作之思

不谋全局者，不足谋一域；不谋万世者，不足谋一时。

这是一个区域一体化和经济全球化的时代，封闭发展，自我循环，注定没有出路。

内蒙古人形容自己的区位优势是：边连两国、横跨三北、毗邻八省。凭借独特的区位优势，自治区成立70年来，经济发展实现了历史性跨越，今天又站在了开放发展的崭新历史起点上。

开放是繁荣的必由之路。伴随国家“一带一路”建设和经略周边战略的深入实施，内蒙古在国家对外开放格局中的地位更加重要、作用更加凸显，对外开放到了一个打造升级版的重要窗口期，不开放没有出路，开放徘徊不前也没有前途。只有通过实施更加主动的对外开放战略，把内蒙古的潜力和优势充分释放出来，才能在新一轮竞争中抢占先机，为经济发展注入新动力、拓展新空间，在新常态下实现新突破。

面向未来，内蒙古仍然处于可以大有作为的战略机遇期，尤其在区域协作与国际合作方面，面临国家深入实施西部大开发、新一轮东北振兴的区域战略以及“一带一路”倡议、京津冀协同发展、长江经济带建设三大历史机遇；同时，面临国家支持民族地区加快发展的重大利好。

胸怀内蒙古，放眼全世界，如何充分发挥内联八省、外接俄蒙的区位优势，主动融入和服务“一带一路”倡议、京津冀协同发展、长江经济带建设，全方位扩大对内对外开放，已经成为内蒙古实现可持续发展的关键动力。

坚冰已经打破，航向已经指明。“十三五”期间，内蒙古将全方位深化区域经济协作，主动融入京津冀、辽吉黑等地区发展，积极承接沿海地区先进产业转移；积极推进中俄蒙经济走廊建设，加快建设我国向北开放的重要桥头堡；扩大对东北亚的开放，打造东北亚地区合作的重要枢纽；密切同港澳台及东南亚的交流合作，拓展向南开放的新空间；加强同中亚、西亚和欧洲的经贸往来，构筑向西开放的国际经贸大通道……

抢抓历史机遇，发挥自身优势，加快形成北上南下、东进西出、内外联动、八面来风的区域协作和国际合作新格局，面对新形势、新战略、新任务，内蒙古的决策者们需要站得更高，看得更远，想得更多。

第十三编　非均衡协调发展之路：布局“三蒙”，破局“三困”

对于一艘没有航向的船，任何方向的风，都是逆风。

对于内蒙古的发展而言，目标确立与道路选择，至关重要。

世界各国的发展经验告诉我们，中国的区域经济发展有三种可选模式[1]：一是均衡发展模式，即每个区域、每个产业都保持相同的发展速度；二是区域经济的非均衡发展模式，即发展有快有慢，有先有后；三是区域经济的非均衡协调发展模式，强调在区域经济非均衡发展的同时，采取积极的方法，对这种不均衡进行适度的调控，以期实现区域整体经济的快速、健康和可持续发展。

改革开放以来，内蒙古和全国北方多数省市一样，走的是“有形之手”强力主导，行政干预无处不在的人为“主观均衡发展道路”。众所周知，国内衡量不同区域发展状态，考核发展业绩的关键指标是GDP及其增长速度，另外就是与之相关的经济发展水平排序，这在一定程度上导致了各盟市不顾自身的资源环境承载力、区域分工条件和比较优势，大搞同质化竞争，盲目开发和发展不适合本地资源禀赋的产业体系。最终的结果就是，经济发展与人口、资源、环境的矛盾越来越突出。

总体来看，内蒙古还是一个资源空间分布不均衡，各地区发展不平衡的后发地区，不具备全面均衡发展的资本和资源，现在实行全面均衡发展的策略，还为时尚早。

非均衡发展模式认为，后发国家或地区由于资金、技术、人才等条件的

---

[1] 陈秀山，张可云. 区域经济理论［M］. 北京：商务印书馆，2003.

制约，不可能实现全面均衡增长，只能通过个别区域优先发展然后带动其他区域发展的非均衡增长模式，最终实现整个国家或地区的均衡增长。显然，内蒙古近几年的快速发展，尤其是呼包鄂经济圈创造的经济奇迹，证明了非均衡增长带来的速度，但同时也导致了区域之间差距的进一步扩大的结果。

因此我们认为，内蒙古的发展应该选择第三种发展模式，即非均衡协调发展模式。根据当地资源禀赋和战略布局建立“经济特区”且兼顾其他发展薄弱区域，将“看得见的手”和“看不见的手”的完美结合，全盘考虑配置人才、资金等生产要素，实现全区经济的长期稳定增长。

近年来，在我国“一带一路”发展战略和区域经济政策的引导下，内蒙古自治区经济突飞猛进，形成了区域发展新格局。十八大之后，在新的北部丝绸之路规划之下，我国与俄罗斯、蒙古国的经贸关系进一步深化，西部大开发进入新的阶段，在国家支持少数民族地区区域经济发展的新形势下，内蒙古区域经济也面临着全新的机遇与挑战。

内蒙古在区域经济发展上要实行非均衡协调发展模式，就必须要坚持“适度收缩、相对集中”的原则，首先实现蒙中呼包鄂地区的大发展，紧接着在国家振兴东北经济与西部大开发的规划下，发展蒙东和蒙西地区，只有塑造“抓中间带两翼”的区域发展新格局，才能增强内蒙古在国内经济格局中的竞争力，为我国全面建成小康社会做出重要贡献。

□ 布局“三蒙”：快马加鞭，瘦驴加料

内蒙古自治区各盟市之间的自然资源禀赋与区域经济发展基础各有不同优劣势，选择非均衡协调发展模式必须要充分了解各地区之间的差异和发展前景，唯有如此才能有利于内蒙古区域经济的协调发展和区域要素的优化配置。

第一，从地域范围看，东西狭长跨度大，很难形成一个完整的经济圈。内蒙古横跨“三北”，毗邻八省，狭长的地形特征，制约了全区产业资源、

公共资源的合理配置。自治区内部以行政区划为基础，分为蒙东、蒙中和蒙西地区。蒙东地区包括呼伦贝尔市、兴安盟、通辽市、锡林郭勒盟、赤峰市；蒙中地区包括呼和浩特市、包头市、鄂尔多斯市、乌兰察布市；蒙西地区包括巴彦淖尔市、乌海市、阿拉善盟。近几年，各地区之间的区域经济有了明显的差异，其中经济增长最快的是蒙中地区（呼包鄂），相比之下蒙东、蒙西地区发展要慢很多。

第二，各区域的资源禀赋差异较大，导致各地发展不均衡。我们以煤炭为例，内蒙古煤炭资源总储量超过7000亿吨，居全国首位，但主要集中于锡林郭勒、鄂尔多斯和呼伦贝尔地区。水资源分布也极为不平衡，全区地表径流的90%集中于嫩江流域和西辽河流域的东部盟市。

第三，从气候环境和生态承载力来看，不同地区的发展和保护策略差别较大。长期以来，由于干旱少雨，以及森林过伐、土地垦荒、超载过牧、建设资金投入不足等人为因素的影响，全区荒漠化土地面积92655万亩，占自治区总土地面积的52.2%；全区沙化土地总面积62205万亩，占自治区总土地面积的35.05%。内蒙古是能耗高、污染重、排放多的省区之一，全区能源消费对煤炭的依赖度超过90%，人均二氧化碳排放量达到11.95吨／人，是典型的高碳经济区。

十三规划中提出，蒙西地区坚持生态优先，强化生态环境保护，提升生态安全屏障功能；蒙中地区以资源环境承载力为基础，优化城市群发展，加快发展现代农牧业和先进制造业；蒙东地区加强大兴安岭等森林生态系统保护和防沙带建设，全面停止天然林商业性采伐，强化湿地和农畜产品产地土壤环境保护。

第四，从经济布局看，产业结构差异大。蒙中地区的包头市以钢铁产业为主，鄂尔多斯市以煤炭和羊绒产业为特色，呼和浩特市的乳业是最重要、最具优势和特点的产业，因此又被称为“中国乳都”；蒙东地区中呼伦贝尔大草原、科尔沁大草原旅游产业集群正在逐步形成，锡林郭勒、通辽、赤峰的牛羊肉产品加工产业具有了一定的规模。内蒙古自治区大型企业主要集中在呼包鄂地区共有27家，而蒙东地区总共有16家。

第五，由于经济基础不同，近几年在吸引投资方面也有了明显的差异。“十二五”期间，呼包鄂依托优越的地理环境优势和科技、人才等优势吸引了越来越多的投资者，固定资产投资占全区的52.3%，而蒙东五盟市固定资产投资占32.9%，其他四个盟市（巴彦淖尔、乌海、阿拉善、乌兰察布）固定资产投资仅占十二盟市的14.8%。因此，从吸引投资的角度来看，蒙中地区明显高于其他地区，吸收了大量的固定资产投资，而蒙东与蒙西地区则要弱很多。

目前，“三蒙”地区的发展已经形成“蒙中一匹快马；蒙东、蒙西两头瘦驴”的局面，下一步必须加快内蒙古由撒胡椒面式的“平均用力，均衡发展”向非均衡协调发展转变，实施多极化和城市化发展战略，坚持“适度收缩、相对集中”的原则，使快马加鞭，为瘦驴加料，促进内蒙古区域经济协调发展。

无数事实已经证明，人为主观均衡发展模式的代价就是地方政府不顾自身发展潜力，导致在短时期内局部取得一定效益的同时，造成长期和整体的环境和经济损失，制约了区域比较优势的发挥和各地形成合理的分工合作格局，也导致了资源环境问题，影响了资源的配置效率。因此，非均衡条件下的协调发展是内蒙古工业化、城镇化和农牧业现代化进程中的必然选择。

我们把内蒙古的非均衡协调发展模式，形象地概括为“快马加鞭，瘦驴加料”，其目标是按照主体功能区理念进一步调整优化经济发展的空间布局，明确重点开发区、限制开发区和禁止开发区的功能定位和发展方向，控制好开发强度，促进生产空间的集约高效利用，构建科学合理的非均衡协调发展格局。

所谓“快马加鞭”，就是按照主体功能区规划，形成以重点开发区域为核心的非均衡发展态势。就是按照已经形成或正在形成的重点开发区域加大力度实施产业集聚战略和人口集聚战略。从内蒙古的情况看，应重点发展沿黄河沿交通干线经济带、沿边开放经济带、锡赤通经济区等，加大自身发展动力，推动构建非均衡的空间开发格局。

所谓“瘦驴加料”，就是要充分考虑生态环境脆弱的基本区情特征，加大对农牧产品主产区和重点生态功能区的扶持力度，实现公共服务的均衡发展。其中，农产品主产区是以提高农业综合生产能力作为发展的首要任务，坚决守住耕地红线，保护农业空间。全区农产品主产区包括21个旗县（区）（其中：国家级12个，自治区级9个）和123个国家重点产粮乡镇，占全区国土总面积的16.14%；重点生态功能区以增强生态产品生产能力作为首要任务，严格守住生态红线，保护生态空间，确保国家生态安全。全区重点生态功能区包括41个旗县（市区）（其中：国家级35个，自治区级6个），占全区国土总面积的70.76%。

近几年来，内蒙古自治区重点生态功能区重大生态修复和建设工程深入实施，生态文明制度加快完善，森林、草原、湿地、农业四大生态系统趋于稳定，荒漠生态系统逐步好转，生态服务功能进一步加强，北方重要生态安全屏障的架构初步成型。

"快马加鞭"体现的是非均衡发展，而"瘦驴加料"则是为了实现协调发展，两手抓，两手都要硬，才能实现"三蒙"的非均衡协调发展。

无论是"快马加鞭"还是"瘦驴加料"，其最终目标就是要破解经济发展与人口、资源、环境的矛盾，全力建设产业合理、民生富裕和生态优美的亮丽内蒙古。

□ 破局"三困"："跳出内蒙古发展内蒙古"，跨区域合作之路

生产空间如何合理布局？生活水平如何迅速提高？生态环境如何优美起来？

这是内蒙古面临的世纪考题，也是破除未来发展瓶颈的关键，建设亮丽内蒙古任重而道远，非均衡协调发展之路需要艰苦探索。

2010年，在告别连续八年全国增长第一的"奇迹"后，内蒙古经济增长速度开始回落。我们回顾内蒙古经济增长史，尽管在"大央企、大能源、大

化工”的发展模式下，内蒙古经济实现了腾飞。但不可否认的事实是目前内蒙古的发展的速度、质量还是效益都不高，各盟市之间发展水平参差不齐。整体而言，内蒙古与东部沿海地区发展差别还很大，基本区情依然是“欠发达”。

当前，内蒙古产业结构不合理现象较为明显，能源、冶金、农畜产品比重较高，有些企业在当地甚至一支独大，由此导致了市场风险较高。同时，内蒙古区域发展很不平衡，各盟市之间的发展差距明显。如果用经济研究的角度看内蒙古的发展，就是资本收益远远大于社会百姓的收益，从而导致了内蒙古人均GDP高而人均纯收入低的现实状况。

近年来，呼包鄂崛起成为全区的经济增长中心，但与沿海发达省市相比，还有明显差距，需要进一步加快发展；东部盟市尽管也取得了较快发展，但总体看，无论是发展的速度、质量还是效益都不高；各盟市之间发展水平参差不齐，都面临一个全面发展的问题。

内蒙古自治区地域辽阔，资源分布不同，人文环境各异，不可能用一种模式发展，也不可能完全照搬一个地区的发展模式来指导另一个地区，更不可能在全区范围内形成一个统一的经济区域。内蒙古求变效果如何，关键要看如何做到全区十二盟市的非均衡协调发展，如何定位自身发展方向和优势，如何借助外力跨区域合作，应当是未来发展的主线和基调。

百舸争流、不进则退，内蒙古路在何方，何以再次腾飞？

习近平总书记2014年1月考察内蒙古时嘱托内蒙古各族干部群众要守望相助。“守，就是守好家门，守好祖国边疆，守好内蒙古少数民族美好的精神家园；望，就是登高望远，规划事业、谋划发展要跳出当地、跳出自然条件限制、跳出内蒙古，有宽广的世界眼光，有大局意识；相助，就是各族干部群众要牢固树立平等团结互助和谐的思想，各族人民拧成一股绳，共同守卫祖国边疆，共同创造美好生活。”

困境往往给寻求出路的人平添动力。习总书记“跳出内蒙古发展内蒙古”的思路值得我们深入研究和思考。当下，国家高度重视区域协同发展，稳步推进“一带一路”、京津冀协同发展、长江经济带等区域发展战略，为内蒙古的区域协同发展战略也指明了方向。内蒙古要实现发展方式转变，真正实现富民强区的战略目标，除了坚持非均衡协调发展模式，还应在自治区内部和跨地区甚至跨国合作方面多做布局。

第一，加强政府宏观调控、合理协调区域内部经济发展。内蒙古区域不均衡发展表现明显，城乡之间、东中西部之间、发达地区与不发达地区之间的二元经济发展差距较大，目前呼包鄂的经济虽然占到全区一半以上，但是并没有带动全区其他地区经济的发展。自治区政府应该实施多极化和城市化发展战略，促进内蒙古区域经济协调发展。

第二，加强跨区域协作，推动优势共享，实行梯次化、抱团化发展，形成集约有效的区域发展格局。内蒙古自治区是我国同时享受西部大开发和振兴东北老工业基地双重优惠政策的地区，也是构建以首都为核心的京津冀世界级城市群的重要依托与保障。内蒙古各地区应该注重与全国各地的跨区域产业协作，大力拓展合作方式和合作领域，全面提升对内开放水平，不断开创互利共赢的区域合作新格局。积极谋划蒙中融入京津冀协同发展，大力推动蒙东地区融入东北经济区发展，不断加强与长三角、珠三角等地区合作，全面招引发达地区科技、人才、产业优势与内蒙古的资源、区位、政策优势有效对接，建设承接产业转移示范区。

第三，深度融入“一带一路”，在对外开放中做大“朋友圈”，打造成为国家向北开放的重要窗口和桥头堡，发展更高层次的开放型经济。内蒙古自古以来就是贯通蒙古高原的草原丝绸之路的重要组成部分，一直是我国沟通俄罗斯、中亚、西亚乃至地中海、欧洲的商贸大通道。目前，内蒙古拥有对外开放口岸共18个，其中千万吨级别的共有4个，分别为满洲里、二连浩特、甘其毛都和策克，这四大口岸为“一带一路”经济走廊建设发挥了重要作用。

然而，目前看来，内蒙古并没有打好口岸这张牌，反而存在“酒肉穿肠过”的现象。尽管自治区拥有全国最大的陆路口岸和对蒙最大铁路、公路口岸，但基本上处于“两头在外”的状态。由于当地加工能力有限，进口物资很少直接在自治区内加工产生附加值，大都流向东部沿海地区进行转化加工增值；另一方面通过口岸出口的货源也基本上来自自治区外。中欧班列更是借道而过，完全“两头在外”。如何能把自治区众多的口岸优势转变成经济优势值得深入思考，这需要自治区能够“跳出内蒙古，发展内蒙古”，在产业升级、更高水平的发展口岸经济、更大广度的跨区域、跨国界合作等方面下功夫，这样国际贸易对本地经济拉动作用才能充分体现出来。

第十四编　蒙中“金三角”战略：协同京津冀，突破呼包鄂

现阶段，非均衡协调发展的道路已经成为内蒙古未来区域经济发展的现实之选，具体而言就是要按照“快马加鞭，瘦驴加料”的原则适度收缩、相对集中，实施“抓中间带两翼，选重点呈多极”的发展策略，即率先协同京津冀，实现蒙中呼包鄂地区的大发展，紧接着联动东北振兴与西部大开发的国家战略，加速蒙东和蒙西地区的经济发展。

自古以来，内蒙古自治区与京津冀地区一直就是地缘相近，人缘相亲，文化相通，伴随京津冀协同发展的深入推进，内蒙古与京津冀的全面协作也如火如荼般展开。党的十八大以来，内蒙古大力抢抓京津冀协同发展机遇，积极谋划融入世界级城市群，不断加强与京津冀的经济交流与区域合作。目前，内蒙古正围绕重点领域和重点产业，通过京津冀这一国际化平台，积极引进国内外资金和高新企业参与内蒙古的经济建设，创新打造内蒙古经济增长的新引擎，不断缩小同全国发展的差距。尤其是，蒙中地区更是一马当先，全面对接京津冀，力度之大前所未有。

蒙中地区包括呼和浩特市、包头市、鄂尔多斯市、乌兰察布市。其中呼包鄂城市群位于内蒙古自治区中西部的核心区，黄河两岸，是全区交通最为发达和便捷的区域，在地理位置上具有优越的区位优势。近年来，呼包鄂三市经过高速发展，已成为内蒙古最具活力的城市经济圈，被誉为内蒙古的“金三角”地区，正成为内蒙古经济快速增长的火车头和助推器，对带动当地经济发展起了巨大作用。

乌兰察布位于祖国正北方，是内蒙古自治区距离北京最近的城市。一直以来，乌兰察布都是北京市重点帮扶地区。近年来，乌兰察布并未仅仅满足

于支援和帮扶而是主动作为，一方面加大与北京的产业协作，科技协作，把传统意义上的帮扶变成“造血式”的合作共赢；另一方面，联合周边区域积极构建“乌大张”长城金三角，并组团争取纳入国家级战略——京津冀协同发展重要协作区。

区域经济的发展离不开战略增长极的带动，尤其是内蒙古的首府更应担此重任。和林格尔新区作为自治区全力打造的国家级新区，定位是全方位对外开放的重要窗口、创新体制机制的重要平台、产城融合发展的重要示范区、绿色循环低碳发展的生态智慧区，正踌躇满志，蓄势待发，势必在下一轮的发展中成为自治区重新崛起的战略引擎。

□ 做强呼包鄂增长极，融入世界级城市群

当前，全球经济一体化的时代，世界级城市群已经成为决定国家在全球经济格局中地位的关键要素。一个国家或区域，拥有多少世界级的城市群，就决定了它在世界政治经济版图中的地位。今后国家之间的竞争，就是城市群之间的竞争。相对于单个城市，城市群能够从更加广泛的范围进行资源配置，从而获得更大的竞争优势。城市群作为参与国际竞争合作、支撑国家经济增长、促进区域协调发展的重要平台，在我国经济社会和城镇化发展过程中具有重要地位。

我国提出“十三五”期间，总共要建设19个城市群。可以预计，未来城市群将成为我国生产力布局新的增长点，也将是城市与区域发展中最具活力和潜力的核心内容。其中，京津冀作为我国经济最具活力、开放程度最高、创新能力最强的地区之一，正在加快构建以首都为核心的世界级城市群，联动周边城市群，提升全球影响力和控制力。

从城市群发展格局来看，呼包鄂（榆）城市群与辽中南城市群是京津冀建设世界级城市群，以及祖国“三北”地区最终腾飞的左右两翼。“守三北者守中原，领三北者望首都”，自古以来，东北、西北、华北三个区域的地

缘政治地位举足轻重。因此，作为“三北”地区携手京津冀城市群发展的重要一翼，呼包鄂城市群的战略地位不言而喻。

呼、包、鄂是国家能源矿产资源富集区和自治区经济发展核心区，是国家级重点培育的城市群、新一轮西部大开发战略确定的重点经济区、国家级重点开发区域。目前，呼包鄂城市群已发展成为内蒙古最重要的经济圈和城市带，也是中国最富裕的地区之一,三市呈品字形分布，被誉为内蒙古的“金三角”地区，有着非常密切的经贸和社会联系。三市区域面积13万平方公里，总人口800多万，云集了全自治区79%的三甲医院、70%的普通高校、60%以上的科研机构、50%以上的文化体育场馆。三市集中了全国20%的优质羊绒、17%的煤炭、84%的稀土、12%的天然气，堪称全国能源和矿产资源的聚宝盆。

2016 年呼包鄂榆城市群经济指标比较

城市	本自治区/省排名	在全国内排名	GDP（亿元）	常住人口（万）
鄂尔多斯	1	37	4678	201
包头	2	47	3969	276
呼和浩特	3	63	3319	300

数据来源：国家统计局

呼包鄂已经成为我国西部地区重要的经济增长极，更是自治区经济发展的重要引擎。2016年，呼包鄂三市经济总量进入“万亿俱乐部”行列，达到11459.15亿元，三市经济总量占全区12个盟市总量达“半壁江山”之多（53.8%）。人均GDP超23000美元，是全国人均GDP的近3倍。呼包鄂三市一般公共财政预算收入达991.89亿元，占全区各盟市一般公共财政预算收入的比重达57.8%。三市社会消费品零售总额达到3608.48亿元，占全区的比重达53.9%；三市外贸进出口总额达到43.07亿美元，占全区的比重为50.7%。

呼包鄂城市群的城镇化水平高，在整个西北地区而言，城镇化配套和设施更为完善，城镇发展更为集约和高效。2016年，呼包鄂三市城镇人口占总人口的比重达到74.8%，远高于全国平均水平（57.4%）和自治区平均水平（61.2%）。呼包鄂区域城镇化发展迅速，2010~2016年，6年间常住人口城镇化率增加了6.3个百分点，农区牧区人口加快向城镇转移的速度和质量在不断提高。2016年，呼包鄂三市城镇居民人均可支配收入超过4万元，均远高于全区平均水平（32975元）。

为了进一步加快呼包鄂总体发展水平，自治区制定了《呼包鄂协同发展规划纲要（2016~2020年）》。“十三五”期间，呼包鄂三地全面发力打造成国家资源型地区可持续发展实验区、世界级新兴乳业基地、“稀土+”基地和国家绿色农畜产品生产加工输出基地、清洁能源生产输出基地、现代煤化工基地、国家级大数据基地。

综上所述，呼包鄂城市群已经形成一定的经济总量和人口规模，而且具备了充分融入世界级城市群的一般条件。此时，呼包鄂城市群作为区域性的经济引擎，唯有尽快融入范围更大、辐射更强、能级更高的全球性城市群，才能培育顶尖的经济全球化水平，参与更高层次的国际合作和拥有全球竞争的优势。尤其是在京津冀协同发展战略的重大机遇下，三市一定要全面对接京津冀，积极承接京津冀地区新能源、电子、物流、文化旅游、健康医疗、后台服务等产能转移，通过合作共赢的方式全面融入京津冀世界级城市群，打造成为京津冀世界级城市群的拓展区。

2018年全国两会上，全国人大代表、内蒙古自治区呼和浩特市市长冯玉臻率先创新性提出，将内蒙古的呼包鄂城市群打造成为京津冀世界级城市群的拓展区。

冯玉臻提出，将呼包鄂地区作为京津冀协同发展拓展区，推动呼包鄂与京津冀地区开展多领域、多层次、多形式的交流合作，可有两大作用：一方面能够发挥呼包鄂地区能源资源富集优势，为京津冀协同发展提供有力支撑，助力京津冀协同发展战略的有效推进；另一方面可以推动呼包鄂地区产业协作，全面提升呼包鄂产业层次和发展水平，推动内蒙古自治区实现高质量发展。

呼包鄂立足建设京津冀协同发展的拓展区，定位主要是四个方面：

一是清洁能源供应保障基地。呼包鄂地区集中了全国17%的煤炭、84%的稀土、12%的天然气探明储量，能够为京津冀协同发展提供充足、稳定、绿色的资源能源供应。

二是产业项目转移承接地。呼包鄂地域辽阔、土地资源丰富，用地、用电、用气、用水、人力资源等生产成本较低，可以有效承接京津冀地区特别是疏解北京非首都功能的产业项目转移。

三是向西向北开放的重要“桥头堡”。呼包鄂地处“一带一路”建设重要节点，紧邻俄罗斯、蒙古国，已经形成系统完善的“陆路港”“铁路港”“航空港”等开放平台，能够作为京津冀向西向北开放的重要战略支点。

四是旅游休闲和健康养老基地。呼包鄂气候宜人，冬无严寒、夏无酷暑，与京津冀的近距离能够为京津冀协同发展提供更多优质的“周末游”、休闲度假、健康养老等服务。

下一步，呼包鄂可以借助京津冀协同发展战略的深入实施，发挥距离近、区位优、资源足、政策好等综合优势，积极参与、主动对接、深度融入，努力做好区域协作、互利共赢这篇大文章。

笔者认为，京津冀协同发展国家级战略对于呼包鄂而言，最高的合作形态就是推动呼包鄂成为京津冀拓展区，共同联手打造世界级城市群，带动内蒙古融入全球经济，配置全球资源，实现全球定位。无疑，呼包鄂在推动京蒙协作，实现区域经济一体化，从而走向全球经济一体化的进程中，站得更高，看得更远，想得更多，做得更实。

□ 长城金三角融入首都经济圈

乌兰察布，与同样位于蒙中地区的呼包鄂相比，其地理位置则稍显尴尬。在内蒙古东西狭长的版图上，西有呼包鄂金三角，东有锡赤通（锡林郭勒—赤峰—通辽）、阿海满经济区（阿尔山—海拉尔—满洲里），而位于中部的乌兰察布则有“不东不西，不是东西”的戏谑之称，而且还是内蒙古经济基础比较薄弱的地区之一。长期以来，由于产业结构单一，致使经济实力不强和城市发展滞后，乌兰察布在内蒙古战略布局中逐渐被边缘化，随时面临被淘汰出局的命运。

乌兰察布位于中国正北方，内蒙古自治区中部，用北京的“八环”来形容其地理位置非常恰当。一方面，从整个内蒙古来看，乌兰察布的区位优势非常明显，距离北京仅200多公里，是连接华北、东北、西北三大经济区的交通枢纽。从乌兰察布出发，开车3小时，乘飞机40分钟就能到达北京。2019年，北京到乌兰察布的高铁开通以后，时间缩短到70分钟，真正与北京进入同城化时代；另一方面，北京和乌兰察布对口合作历史悠久，从1997年乌兰察布市与北京市建立京蒙对口帮扶机制以来，经过积极推动，双方在经济建设、社会事业及帮扶合作等方面实现了多层次、宽领域、全方位的合作。乌兰察布与北京在干部、文化、商业等领域进行了广泛交流。

除了被动接受北京的对口援助，乌兰察布也在积极谋划一盘大棋，以便更快促进区域经济的大发展。

2015年4月，中共中央审议通过了构建新型首都圈和世界级城市群，推动大国首都地区率先崛起为最高目标与最高纲领的《京津冀协同发展规划纲要》，提出“支持蒙晋冀毗邻地区开展区域合作”。2016年1月，京津冀协同发展领导小组办公室印发《“十三五”时期京津冀国民经济和社会发展规划》，提出支持乌兰察布、大同等周边毗邻地区融入京津冀协同发展国家战略，并明确在产业承接、科技成果转化、农产品供应、生态建设、大气污染联防联控、能源资源保障、优质劳动力输送、生活必需品供应等方面打造协同发展区，实现协同共赢。

自此，京津冀协同发展除了北京、天津、河北三地作为主体外，还在三个方向进行了适当拓展。分别是位于京西北方向（即京张方向）的乌兰察布、大同、张家口，简称“乌大张”区域，位于京东北方向（即京承方向）的葫芦岛市、朝阳市，以及位于京南方向的山东省德州市。

“乌大张”区域，位于蒙晋冀三省交界处，京津冀、环渤海、呼包银榆三大经济圈结合部，历史上曾同属于察哈尔地区与长城经济带，因此我们又称为“蒙晋冀长城金三角合作区”。三地从雁门、代群到张垣特区再到察哈尔特区，绵延着雄伟的长城。以乌兰察布为例，境内就有丰富的长城遗址，有赵长城、秦长城、汉长城、北魏长城、金长城（金界壕）和明长城等。战国时，乌兰察布区域大部分是赵国和匈奴的领地。赵国为了防御匈奴和邻国的侵扰，在这里修筑长城。赵长城遗址长约170公里，至今在卓资县境内保存得较好。

长城金三角三个地级市区域面积10.6万平方公里，共辖42个旗县市区，总人口1078.8万人。特殊的历史背景、地理位置和民族构成使三市人民的血脉里都融合了农耕文明和游牧文明的基因，构筑起三市人民共同的生活习性、民俗特征、天然相亲的文化氛围。另外，“乌大张”三市同属能源矿产富集区和生态功能区，有着极为相似的资源禀赋和较强的产业互补性。长城金三角合作区顺应区域合作大势，在京津冀协同发展的国家大战略下，具备了从边缘地区进入国家战略核心地区的条件，完全可以放手一搏，整体融入首都经济圈。

乌大张长城金三角区位图

2017年8月3日，内蒙古境内首条高铁——张呼客运专线中的乌兰察布至呼和浩特段正式通车，运行时间40分钟。这作为内蒙古首条高铁线路，使乌兰察布率先迈入高铁时代。目前，张家口到乌兰察布高铁通车在即（预计2018年底通车），大张高铁（大同到张家口）正在加快建设，集大（乌兰察布到大同）高铁项目已经列入国家中长期铁路网规划。届时，“乌大张”三地将全面进入一小时经济圈。此外，在公路交通方面，“乌大张”合作区内现有G6、G7、G55高速和110、208国道等干线公路连接，目前正在协调与河北3条、山西2条道路的统一等级标准和对接问题。与此同时，三市都有支线机场，尽管目前客流不大，但三地机场可以统一规划，抱团发展。笔者建议三地下一步要协同加强公路、铁路、空港建设，打造“金三角”一小时经济圈，打通“金三角”与中原腹地、俄蒙欧的连接，使三地更便捷地融入京津冀经济圈和欧亚国际市场。

除了借助京津冀协同发展的机遇外，该地区还有一张“王牌”可打，即共同利用好“冬奥会”这次国际盛会，加强三市冰雪运动及旅游产业合作。积极响应国家发展冰雪产业的号召，充分挖掘“三亿人参与冰雪运动”的巨大市场需求。乌兰察布、大同两市可作为北京—张家口冬奥会举办地的拓展区域，加强三市在冰雪运动和体育旅游方面的合作，进一步提升该区域服务保障能力，拓展三市在冰雪运动和体育旅游领域合作的深度与广度，形成一地办会、三地协同、区域受益的共赢格局。

目前，正是乌兰察布发展的绝佳战略契机。乘着区域经济一体化发展的东风，“乌大张”金三角全力打造京津冀协同发展协作区，可谓恰逢其时。

除了长城金三角，笔者在研究山西的区域经济协作时，还有一个有趣的发现。山西，除了在晋北构建蒙晋冀长城金三角外，还在其纵向交通动脉（同蒲铁路、大运高速公路）的另一端——运城市，积极谋划构建晋陕豫黄河金三角。长城、黄河，作为中华民族的象征，在新时代契机下成为区域合作的重要突破口，正是历史的必然选择，这也为内蒙古积极融入区域一体化提供了借鉴。

□ 和林格尔：三城融合“天眼”，内蒙古战略“引擎”

火车跑得快，全凭车头带。区域经济的发展离不开战略增长极的带动，尤其是内蒙古作为后发地区，更应培育强有力的战略增长极，作为强力拉动区域经济发展的核心引擎。

那么，什么样的城市或区域才堪当此任？我们认为，首府城市由于其特定的政治中心、文化中心、教育中心、城市集聚中心等功能地位，以及人才、资本、科技等高端要素集聚的先天优势，具备了打造区域增长极先天条件，成为打造区域增长极的现实之选。

2016年11月，内蒙古自治区正式下发《呼包鄂协同发展规划纲要（2016~2020年）》，其中提出要坚持区域协同、城乡一体，按照要素有序自由流动、主体功能约束有效、基本公共服务均等、资源环境可承载的要求，塑造“一核两翼、三带四区”的空间格局。“一核两翼”就是指突出呼和浩特核心地位，加快发展首府经济，增强城市服务功能，提升综合承载和辐射带动能力。强化包头、鄂尔多斯区域副中心城市地位，发挥区域经济发展引擎作用，打造呼包鄂协同发展增长极。发展壮大准格尔、达拉特、土右、土左、托克托、和林等城镇规模，推动呼包鄂城市群加快发展。

目前，由于呼和浩特市经济首位度明显偏低，还难以担当呼包鄂协同发展的核心与自治区经济发展的战略增长极。

首先，经济规模首位度低。2016年呼和浩特市GDP实现3319亿元，位列鄂尔多斯与包头之后，居于自治区第3位，经济总量在全自治区的占比偏小。其次，产业结构首位度低。2016年，呼和浩特市规模以上工业增加值排名全区第3位，在全自治区的占比不足10%；服务业增加值不足全区30%，在全国27个省会城市中居于中偏下水平。最后，发展水平首位度低。2016年呼和浩特市公共财政收入排全自治区第3位，人均GDP全国排名第21位，农牧民人均收入全自治区排名第5位，发展水平亟待提升。

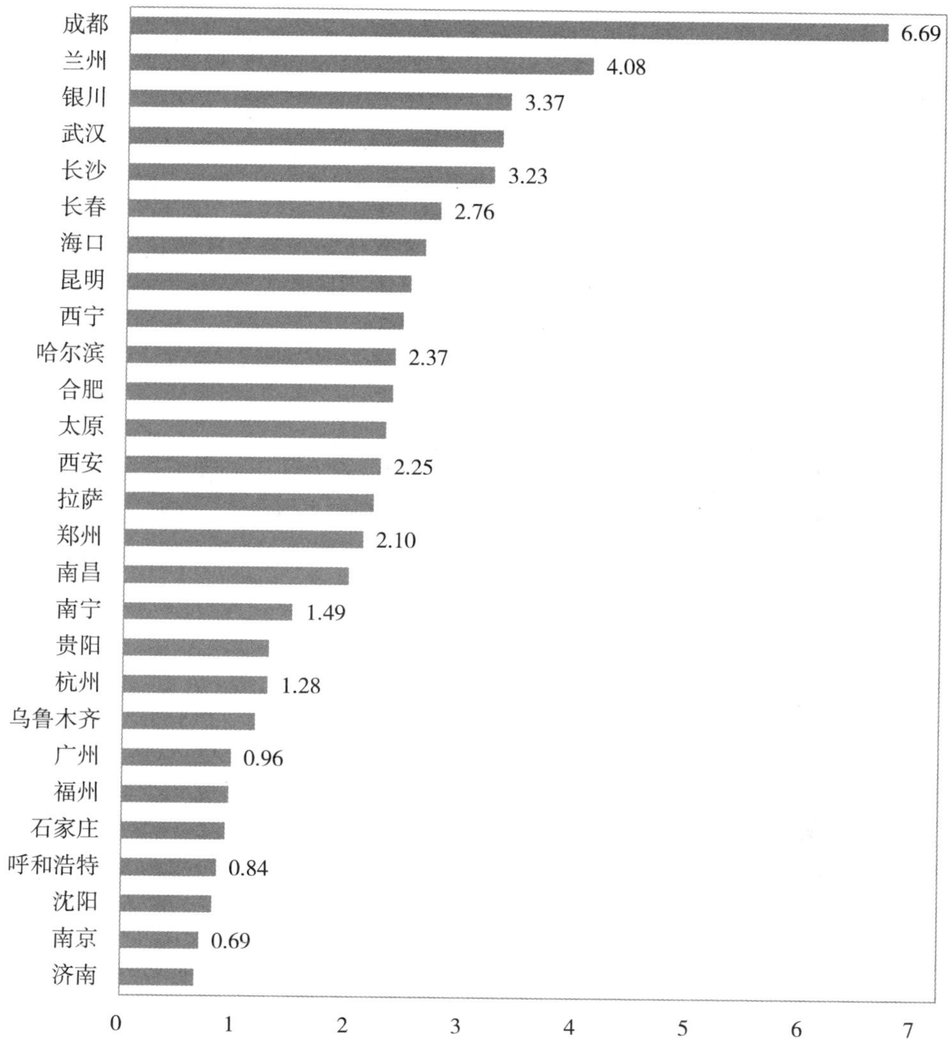

2017 年 27 个省会城市城市首位度

数据来源：国家统计局，2017年各省、自治区统计年鉴

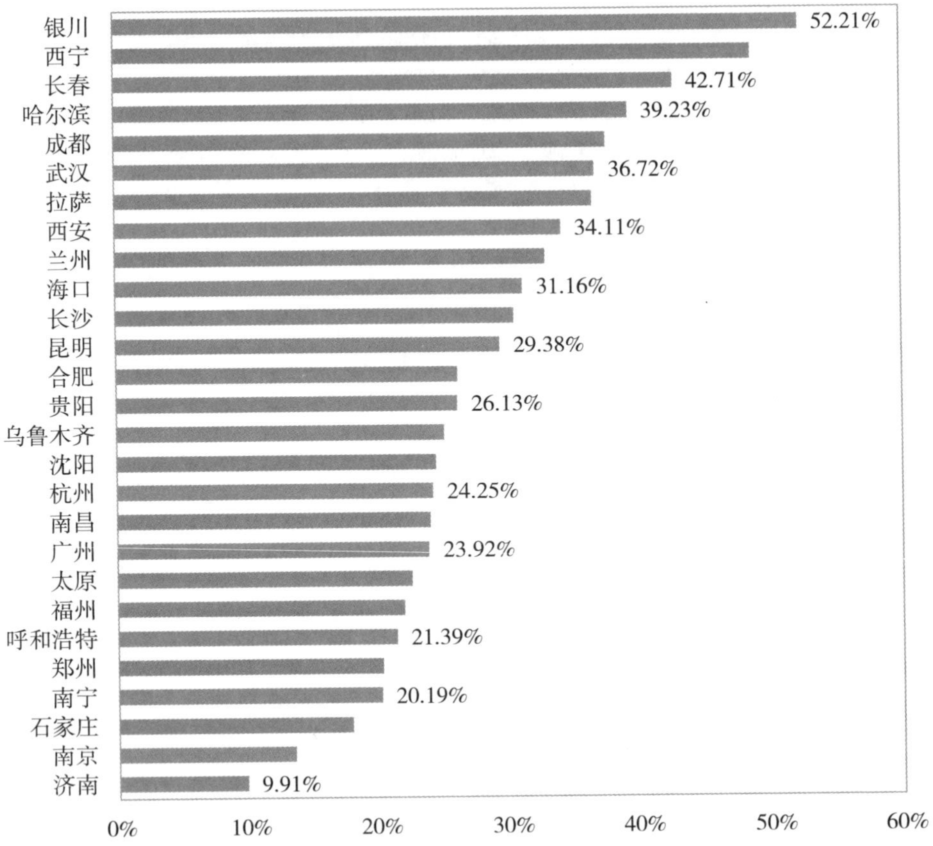

2017年27个省会城市城占全省GDP的占比

数据来源：国家统计局，2017年各省、自治区统计年鉴

时下，蒙中“金三角”以及整个自治区实现跨域式发展的一个很重要的问题，就是呼和浩特市这一“核心”既不大也不强，凝聚力与辐射力远远不够，因此当务之急应当依托呼和浩特的首府地位，全力打造区域经济的增长极，成为自治区发展的一大引擎。有鉴于此，呼和浩特要成为全自治区的增长极，成为引领呼包鄂协同发展的领头羊，就必须要有一个强力带动区域发展的超级引擎。

2016年11月，自治区第十次党代会和十届二次全会做出了建设和林格尔国家级新区的决策部署。和林格尔新区规划建设面积496平方公里，位于内蒙古首府呼和浩特市东部和南部，南临黄河，北拥草原，属呼包鄂榆城市群的核心地区，具有独特区位优势。和林格尔新区成立之初的起点就很高，其发展目标是举全市之力，借全区、全国之力，建设国家级新区，成为整个自治区的战略增长极。这个重大战略的提出对于提升呼和浩特城市能级和经济首位度，引领呼包鄂榆城市群建设，更好的对接服务京津冀协同发展，最终带动全区经济创新发展和转型升级都具有重大意义。

当前，我国要解决发展中一些深层次的问题，特别是破解一些制度上的瓶颈，既和技术产业特性有关，也和地理区域特性有关，既和整个社会治理有关，又和管理体制及政府的政策等很多方面有密切的关系，所以就需要更综合的措施来解决这样一系列问题。“国家级新区”正是在这样的思路之下应运而生，从政府管理、社会治理，到各项政策落地落实，再具体到市场与企业组织，多渠道多角度综合入手，探索发展新模式。国家级新区作为国家战略，是在新的发展背景下，对特定区域的发展做出重新定位，在进一步整合资源的基础上，发挥该区域的潜在比较优势和竞争优势，进而优化产业布局，提升产业能级，提高经济发展的质量和效益。国家级新区承载着三大核心职能：落实国家战略、协调区域发展和政策先行先试。

内蒙古和林格尔新区的战略定位，内蒙古自治区党委书记李纪恒就曾表示，该新区将成为内蒙古未来10年乃至更长时期经济增长的新引擎、转型升级的大平台、改革开放的试验区。新区设立有利于集聚创新资源，培育壮大经济发展新动能，加快新旧动能接续转换，形成新的区域经济增长极，带动边疆民族地区经济繁荣发展

内蒙古建设和林格尔国家级新区的战略部署，对呼和浩特市乃至自治区经济社会发展都会产生重大而深远的影响，正是呼和浩特市实现首府经济“首起来”的重大机遇。未来，紧紧围绕新区建设目标与战略地位，综合考虑新区资源环境承载力、现实基础和发展潜力，构建功能分区、定位清晰、有机统一、绿色协调的“一核两翼”发展格局。

“一核”。位于新区中部，与呼和浩特主城区构成首府城市双核，集聚人口与城市功能，重点发展现代服务业、总部经济和优势主导产业，由盛乐现代服务业集聚区、和林格尔经济技术开发区、沙尔沁工业园区、临空经济

区组成。盛乐现代服务业集聚区，作为核心起步区，重点发展大数据、云计算、现代金融、健康养老、生态环保、教育科研、文化旅游、商贸会展等现代服务业，打造“中国云谷”、区域总部基地和金融服务中心；和林格尔经济技术开发区，在做强做优现有产业基础上，重点发展绿色食品和生态产业，打造“中国乳都”核心区；沙尔沁工业区及金山高新技术产业开发区，着力发展新能源、新材料和高端设备制造业，重点打造国家重要光伏产业基地；临空经济区，重点发展航空物流、通用航空制造等相关产业，打造通用航空产业集聚区。

“两翼”。由北部金桥开发区、白塔片区和南部托克托工业园区、清水河工业园区组成，与核心区有机融合，重点打造呼和浩特市主城区和新区发展的支撑拓展区和人口、产业集聚区。北翼：包括金桥开发区、白塔片区及沙良物流园区。金桥开发区，重点推进产业结构调整和转型发展，有序推进重化工企业搬迁改造，实现由工业区向城市功能区和服务业集聚区转型。白塔片区及沙良物流园区重点发展现代物流、电子商务等现代服务业，加快建设“双创”服务平台，打造主城区向东发展的拓展区和人口集聚区。南翼：托清工业集中区。重点发展煤电灰铝循环经济、高端铝后加工、高端环保建材、生物制药等产业，打造国家清洁能源和现代煤化工示范基地。

笔者认为，呼和浩特市与和林格尔新区的战略定位应该更加清晰，更加长远。遵循自治区对呼和浩特的定位，即首府、政治中心、经济中心、科教中心、文化中心，和林格尔新区的产业体系布局方面应该朝着高精尖的经济结构方向去努力，尽量避免与包头、鄂尔多斯的同质化布局，要有所差异化发展，尤其杜绝对于一般制造业的恶性争抢竞争。

目前，中国正面临产业升级的巨大压力，如何从“中国制造”到“中国智造”需要每一个决策者深思，同质化的中低端产业竞争势必不可持续。和林格尔新区作为呼和浩特和自治区在未来打造的增长极，我们认为其发展可以围绕着“微笑曲线”的高端部分和产业链条的服务环节，在科技创新中心、现代服务业集聚中心、总部经济集聚区和对外开放高地等方面优先布局，打造区域经济增长的龙头和引擎。

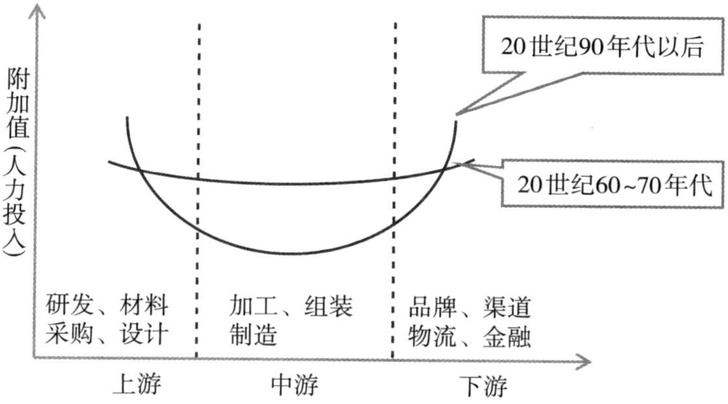

产业微笑曲线

一核举而三城融。“一核”指的便是打造和林格尔国家级新区，“三城”指的是呼包鄂三城。在“一带一路”倡议背景下，建设内蒙古首个国家级新区和林格尔新区是牵一发而动全身、落一子而活全局的大战略、大布局、大创举。随之而来的便是，“大呼和浩特”近在咫尺，她将成为区域发展重要增长极、现代化区域性中心城市、国家向北开放桥头堡的重要支撑、和谐宜居幸福的示范区与更具活力、更为美丽、更加和谐的首善之区。做强呼和浩特的首府经济，推动呼包鄂协同发展，最终强力带动整个自治区经济的腾飞，这正是内蒙古区域经济实施非均衡协调发展的重大历史抉择。

第十五编　蒙东“一心一线”策略：一心引领，一线贯串

蒙东地区是指东北经济区中内蒙古自治区东部的呼伦贝尔、兴安盟、通辽、赤峰、锡林郭勒盟5个盟市。历史上，蒙东地区是内蒙古自治区的诞生之地，是新中国的肇兴之地，也是历史上鲜卑（北魏）、契丹（辽国）、女真（金国）、蒙古（元朝）、满族（后金及清朝）等少数民族政权的兴盛之地。这里形成了一部完整的中华民族融合史并深刻影响了中国历史的走向。

这里是全国乃至全世界蒙古族人口的聚居区，是内蒙古自治区的“根”。目前，全球蒙古民族共约有1000万人口，主要分布在中国（约600万）、蒙古国（约280万），俄罗斯（约100万）三个国家。中国境内的蒙古族主要分布于内蒙古自治区，全区现有蒙古族人口约达到422万，其中有接近一半人口是蒙古族人口（138万）在通辽市。目前，通辽是全国全区蒙古族人口最集中的地区。“通兴赤”三地更是有高达300多万蒙古族人口聚居，占全国蒙古族人口的80%多。

2007年，内蒙古蒙东五盟市被纳入国家东北振兴战略实施范围。从此，国家振兴东北战略的春风吹进内蒙古，落实东北振兴战略，推动蒙东地区跨越发展，既是重要政治任务，也是内蒙古重大发展机遇。自此，内蒙古自治区成为我国同时享受西部大开发和振兴东北老工业基地双重优惠政策的地区。

蒙东地区历来与东北三省唇齿相邻，地缘相接、水系相通、人缘相亲、资源互补、市场互通。着眼全局，蒙东地区加入振兴东北方阵，可协调解决东北四省区市场条块分割、产业结构趋同、生态环境保护等问题，实现资源优化配置，促进区域经济持续协调健康发展。

蒙东地区借助东北振兴，加速自身发展的最大瓶颈，主要来自于两个方面——

第一，蒙东地区的城镇化水平偏低，尤其缺少区域性中心城市的强力拉动。“十三五”时期，蒙东地区面临着继续加快推进工业化、城镇化、农牧业现代化的历史性任务。尤其是加快城镇化的发展，培育区域性中心城市，可以迅速提高经济实力，增强辐射和带动能力，拉动区域整体发展，提供更多就业机会，为民生改善提供基础条件。通过推动城镇化加速发展，带动蒙东地区的经济社会全面发展，是自治区区域协调发展的有效途径。然而，内蒙古自治区主要实力城市集中分布于中西部，蒙东地区人口相对分散，没有孕育出具有较强辐射能力的中心城市。因此，在蒙东地区选取交通枢纽和重要节点城市，打造大型综合性区域中心城市，带动区域经济的大发展，已经成为迫在眉睫的重要任务。

第二，目前东北振兴遇到的问题表现在区域发展格局上，就是典型的“偏瘫型经济”。哈大轴线与蒙东“西线”，作为振兴东北的“任督二脉”，本来应当步调一致，齐头并进，但现实状况却是“一条腿长，一条腿短”。因此，蒙东作为东北振兴的西线工程，如何实现区域振兴，是关系东北振兴成败的关键因素。

□ 凝“心”聚力，打造蒙东区域中心城市

内蒙古自治区的重要城市大多集中分布于中部，蒙东地区尚未孕育出具有较强辐射能力的中心城市。如前所述，内蒙古中西部跨区域合作及城市群发展已具雏形，初步形成了两个“金三角”——呼包鄂金三角、乌大张金三角。其中前者还是我国重要的区域性城市群。在蒙东地区选取交通枢纽和重要节点城市，打造大型综合性区域中心城市，带动区域经济的大发展，已经成为迫在眉睫的重要任务。

一百多年前，在蒙东偌大的土地上，曾经有一片闻名世界的天然草

原——科尔沁大草原，曾是中国四大草原之一，地处内蒙古东部，大兴安岭南坡，松辽平原西端，范围包括通辽、兴安盟、赤峰三个盟市，以及吉林省西部和辽宁省西北地区，其核心腹地就在今天的通辽市。

而今，科尔沁草原已部分退化为科尔沁沙地，但科尔沁草原的历史影响力却历久弥新，光辉永驻。科尔沁是著名的蒙古族地域文化——科尔沁文化的发祥地，历史上科尔沁草原是成吉思汗之弟哈萨尔的领地，蒙语是“最忠于皇帝的部落”的意思。这片曾经的大草原是一个人杰地灵、英雄辈出的地方，是“清代国母”孝庄皇后、抗英将领僧格林沁、著名民族英雄嘎达梅林的故乡。

当年，孝庄从科尔沁部前往盛京的古道，如今已被密密麻麻的高速公路所交织，今天开车从通辽至沈阳只有两个小时的路程。另外，随着内蒙古自治区连接东北地区的首条高铁——辽宁新民北至内蒙古通辽全线贯通，未来从科尔沁部落出发再到盛京只需要1.5小时了。

笔者认为，基于共同的生活习性、民俗特征、相亲的文化氛围，蒙东可以通辽为中心谋划打造科尔沁经济圈，辐射整个蒙东地区和吉林西部、辽西北地区。

从内蒙古自治区发展来看，尽管对蒙东地区也有侧重，但广度和深度仍然不足。目前，整个蒙东地区经济社会发展较快，取得了一定的成绩，但相对于以呼包鄂为中心的内蒙古中西部，仍有较大的优化和提升空间。整体而言，东部盟市的发展水平还不够高，经济总量、产业层次、城镇化水平、保障能力等与先进地区还有较大差距，发展面临的体制机制问题和结构性矛盾还比较突出，全面振兴发展的任务依然十分繁重。尤其是近年来，内蒙古在中部呼包鄂经济发展趋缓的时候，可以将蒙东地区打造成为自治区一个新的经济增长极。

目前，蒙东地区主要城市间距离较远，仅有乌兰浩特与白城、齐齐哈尔有构建一个新的金三角的可能，但乌兰浩特城市经济和人口体量较小，而且位置较偏，交通条件也不太好。赤峰市则在人口、经济、教育等方面颇具优势，但距离东北腹地较远，仅是曾经冀热（热河）辽地区的重要城市，而且交通也不具备通辽居中四联的优势。相对来说，通辽打造蒙东及东北地区重要的区域性中心城市，有多方面的良好基础和优势条件。

第一，通辽区位交通优势明显。通辽是全国性交通枢纽之一，是蒙东地区最大的铁路综合枢纽。通辽地处蒙东五盟市的中心，北侧连接兴安盟、呼伦贝尔市，西侧连接锡林郭勒盟和赤峰市，也是东北地区“西线”，即齐齐哈尔—白城（及乌兰浩特）—通辽（及锦州）—赤峰（及朝阳）的转承枢纽。通辽距沈阳和长春仅有200多公里，距营口和大连两大海港500公里左右。即使是从整个东北地区来看，地处哈长城市群和辽中南城市群之间的通辽，十分接近东北地区的人口重心。交通方面，六条铁路干线（平齐、京通、通让、大郑、通霍、集通）在这里交汇并贯穿全境，是连接东北与华北、西北的铁路交通枢纽。通辽机场在全国机场中位列中上游，航线网络连接四方。

第二，通辽人口体量大，呈现民族多元性特征。通辽市是自治区内仅次于赤峰的人口大市，截至2017年底，常住人口达320万人。主城区科尔沁区人口已经达到80多万。此外，通辽市还是少数民族聚集地，境内居住着蒙、汉、满、回、朝鲜、达翰尔等32个民族，其中蒙古族人口152万人，分别占内蒙古自治区、全国蒙古族人口的1/3和1/4，因此通辽市成为我国蒙古族人口最集中的地区。

第三，通辽经济实力较为雄厚和发展速度较快。近几年来，通辽经济排名已跻身内蒙古盟市第四位，连续保持着“呼（和浩特）包（头）鄂（尔多斯）通（辽）”的前四位格局。2016年9月，通辽市入选“中国地级市民生发展100强”。通辽市还在2016、2017年连续入选“中国城市经济100强”，是内蒙古自治区继呼包鄂之后的第四个，也是蒙东地区唯一一个入选100强的盟市。如果从更大范围来讲，包括蒙东和东三省在内的41个地级市中，通辽市经济实力稳居于大连、沈阳、哈尔滨、长春、大庆、吉林、鞍山7个城市之后，位列第8位，且连续保持较高经济增速和发展态势。由于交通发达、区位优势明显，通辽是周边500公里范围内重要的商品集散地，商贸物流等服务业发展迅猛。同时，通辽市也是目前东北地区“西线”上经济体量最大的城市。对于通辽这样一个建市只有半个多世纪、城市等级并不高的地级市

（非省会城市、非副省级城市、非老工业城市），取得如此成绩，实属不易。

第四，通辽是全国蒙古族的高教中心，蒙医、蒙药和草原文化核心。通辽是拥有国蒙古族唯一的综合型高等大学（内蒙古民族大学）。自古至今，以通辽为中心的蒙东、吉西、辽西北地区都是蒙古族文化的重要承载地。通辽文化资源丰富，是科尔沁民歌、安代舞、蒙医蒙药、蒙餐文化等蒙古族文化的故乡，而且有传统曲艺“好来宝”、麦饭石、扎鲁特山地草原、科尔沁版画等草原文化符号。

除此以外，我们想讲一个有趣的发现，自古至今，“辽”字既作为河流（辽水，即今辽河）、国家（契丹辽国）的名称，也作为省份（辽宁）和城市的名称。地处西辽河上游的通辽，与周边的双辽（即原郑家屯）、辽源（东辽河之源）、辽阳（地处小辽水之北）等城市，均属同一个文化圈、经济圈，为辽河文明所哺育和滋养的热土，自古以来地缘相近、人缘相亲、语言相通、习俗相类，有着加快区域协同发展人文基础。

近年来，结合自身资源禀赋和周边市场需求，通辽市形成了三大产业集群：北部铝工业新材料和现代煤化工产业集群；中部自主创新高端产业集群；南部融入东北经济一体化和绿色经济产业集群。“十三五”期间，通辽市倾力谋划和培育“拳头产业”，着力建设有色金属、清洁能源、玉米生物科技、绿色农畜产品、蒙医蒙药和自驾旅游体验“六大基地”。

随着“一带一路”倡议加快实施，通辽作为亚欧大陆草原通道的重要物流节点的位置优势愈发凸显。近年来，通辽一直积极主动融入东北振兴战略，肩负起沟通两省（辽宁和吉林）一区（内蒙古自治区）的重要使命。2015年9月，辽宁省提出“辽蒙欧”运输大通道概念，将通辽纳入其中，融入国家“走出去”战略，使蒙东地区在整个内蒙古层面变得越来越重要。2015年12月，通辽市大连港综合保税物流园开园，这是通辽市政府与大连市政府及大连港集团战略合作取得的新进展。同时，京沈高铁通辽支线项目启动，这对于促进蒙东地区发展，加强蒙东地区与辽宁及环渤海地区的联系，具有重要战略意义。

“十三五”期间，通辽市的发展目标是着力打造自治区发展的重要增长极和向东向南开放的桥头堡，努力建设各族人民和谐幸福美好家园，奋力夺取全面建成小康通辽的新胜利。笔者建议无论是从通辽市政府层面还是自治区层面均需进一步发力，凝“心”聚力，重新定位通辽，提高城市功能和产业能级，以便与周边区域加快协同，促进“一带一路”中俄蒙经济走廊建设。

通辽应在加快转型中提档升级，打造蒙东区域中心城市，真正带动整个蒙东和东北区域城市和经济的发展。加快通辽内陆港保税库建设，支持通辽、赤峰与沈阳、长春、铁岭、四平等地区开展协同创新合作，打造东北创新发展新高地，提高对俄罗斯、蒙古国、日本、韩国等国家的开放合作水平。坚持以交通、生态、产业、文化等为纽带，加强通辽与吉西、辽北地区的协同合作，形成以通辽为中心的蒙东吉西辽北经济体，进而与东北两大城市群（哈长城市群和辽中南城市群）形成“品”字形鼎足之势，支撑东北振兴。

□ 振兴蒙东：破解东北振兴的阿喀琉斯之踵

当下，东北振兴、京津冀协同发展、长江经济带、粤港澳大湾区并称为四大国家级区域经济战略。2018年9月，习近平总书记视察东北地区时更是深刻提出，东北地区是我国重要的工业和农业基地，维护国家国防安全、粮食安全、生态安全、能源安全、产业安全的战略地位十分重要，关乎国家发展大局。我们必须深入推进东北振兴与京津冀协同发展、长江经济带发展、粤港澳大湾区建设等国家重大战略的对接和交流合作，使南北互动起来。

东北地区作为中华雄鸡版图中的“鸡头”，在地缘政治、国家版图中的重要性不言而喻。东北区域，包括黑吉辽三省和蒙东五盟市，总面积达147.3万平方公里，占整个中华民族版图接近六分之一；总人口达1.2亿，占国家总人口接近十分之一。

近年来，内蒙古和东三省就共建经济圈召开了多次论证会，提出了“一轴、两纵、四横”的发展规划。所谓“一轴”，就是以哈尔滨、长春、沈阳和大连等中心城市为主要发展轴。“两纵”，一是东北东部铁路，又称东边道铁路，南起大连市、北至鹤岗市，跨越辽宁省、吉林省和黑龙江省，全长1380公里；二是西部铁路，即齐齐哈尔—白城（及乌兰浩特）—通辽（及锦州）—赤峰。“四横”分别指从绥芬河到满洲里，从珲春到阿尔山，从丹东到霍林河，从锦州到锡林浩特。

如上所示，哈大轴线与蒙东“西线”，作为振兴东北的“任督二脉”，本来应当步调一致，齐头并进，但现实状况却是“一条腿长，一条腿短”，即纵向的哈大轴线（哈尔滨—长春—沈阳—大连）强，而西侧与之平行的齐齐哈尔—白城（及乌兰浩特）—通辽（及锦州）—赤峰的轴线（以下简称“西线”）则相对较弱。此外，在横向的诸通道中，除了绥芬河到满洲里这一通道较畅通外，珲春到阿尔山，丹东到霍林河，锦州到锡林浩特三大通道仍然联系不畅。

我国经济进入新常态以后，东北地区黑吉辽三省的经济均出现了增长乏力，下行压力不断增大的严峻局面。尤其是人口的负增长进一步加剧了经济发展的停滞和倒退，长期存在于东北三省的人口老龄化、生育率低、人才流失严重等“人”的问题集中爆发。加之，东北地区的人口增长本是近代“闯关东”“开发北大荒”等特殊时代的产物，所以当地移民较多，人文根基相对不稳，这也加剧了经济新常态下，东北地区的人口与经济困境。

与之相对应的是，蒙东地区的一路高歌猛进，快速发展。近十年来，蒙东地区GDP年均复合增长率为15.8%，高于东北三省经济增长速度，也高于全国的增长速度，显示了极强的后发优势。经历大半个世纪的开发建设，东北三省的能源与原材料资源日趋减少，资源瓶颈制约显现。与之相应的是蒙东地区资源富集，与东北三省经济互补性强，是振兴东北老工业基地重要的能源原材料接续地。

蒙东地区各类资源十分丰富。蒙东五盟市有耕地面积0.6亿亩（4万平方公里），占自治区耕地总面积的58%；水资源总量432.7亿立方米，占自治区总量的85%；矿产资源方面，可采石油储量预测超过10亿吨，煤炭探明储量为1000亿吨，全国五大露天煤矿中，伊敏、霍林河、元宝山三大露天煤矿均位于蒙东地区。仅呼伦贝尔市煤炭探明储量就是东三省总和的1.8倍。通辽市天然硅砂储量约为550亿吨，成为我国最大的铸造砂和玻璃生产用砂基地。赤峰市还是自治区主要黄金产地，累计探明储量占全区原生金矿储量的80%以上。旅游资源方面，蒙东地区不仅拥有世界上原生植被保存最好的呼伦贝尔大草原和锡林郭勒大草原，而且还有原始森林、湿地、温泉、湖泊、冰雪、边疆少数民族民俗文化、历史遗迹等。蒙东地区还拥有口岸优势，满洲里口岸和二连浩特口岸是我国东北、华北地区对接俄罗斯、蒙古，共建中俄蒙经济走廊的最重要口岸。

因此，蒙东作为东北振兴的西线工程，实现区域振兴意义重大，这是关系东北振兴成败的关键因素。着眼全局，蒙东地区加入振兴东北方阵，可协调解决东北四省区条块分割、产业结构趋同、共同保护生态环境等问题，实现资源优化配置，促进区域经济持续协调健康发展。

东北要振兴，西线必须补短板。建议东北四省区要合力加强西线建设，做强齐齐哈尔—白城（及乌兰浩特）—通辽（及锦州）—赤峰这一纵向通道，使之上连满洲里陆港，下通锦州海港。横向上，实现满洲里至绥芬河（及海参崴），二连浩特—锡林浩特—赤峰—锦州，霍林河—通辽—丹东等陆港与海港互动。

近年来，蒙东地区和东北三省从空中到地下、从经济到文化开始全方位加强互动。

在能源化工方面，前面我们提到过，相较于东北三省能源枯竭的困境，蒙东地区的能源较为丰富，加强蒙东地区和东北地区的能源协作意义重大。为了加快资源要素的自由流动，呼伦贝尔—锡林郭勒—兴安盟大型煤化工基地、通辽（霍林河）—锡林郭勒—兴安盟煤电铝产业基地、赤峰—锡林郭勒煤电化一体化基地三大煤化工基地制定统一的招商引资、承接产业转移政策，协商制定项目管理、税收等利益共享机制。乌兰浩特—长春—吉林煤制气管道正在建设中，建成之后将兴安盟40亿立方米煤制天然气送往东北腹地。

在交通互联互通方面，随着内蒙古首条跨省界的高铁连接线——乌兰浩特至白城快速铁路（白阿铁路）开通，以及长春至西巴彦花兴安盟段、乌兰浩特至江桥等铁路项目建设，蒙吉黑三省区交界处迎来了发展良机。这一革命老区的发展，有助于实现乌兰浩特—白城—松原—长春—吉林—图们这一横向通道的贯通。目前，通辽—赤峰—沈阳高铁开工建设，预计2019年底通车，将进一步加快蒙东地区和辽宁省之间要素的流动。庞大交通网的建立，必将促进蒙东地区与东三省主要城市的横向联通，从而打通东北振兴之西线发展的软肋，极大助推东北振兴。

在文化合作方面，赤峰市与朝阳市共同拥有的红山文化是新石器时代晚期的一种农耕文化，主要分布在内蒙古东南部和辽宁西部，因最早发现于赤峰市红山而得名"红山文化"。2014年，赤峰市与朝阳市共同签署了《红山文化遗址联合申报世界文化遗产工作备忘录》宣布将联合对红山文化进行申遗。

实际上，除了政治和经济上的合作外，蒙东地区和东三省在民间层面的交往也极其密切。一方面，海拉尔、满洲里、通辽等蒙东城市吸引了很多东三省的人口前往休闲度假和居住。另一方面，作为东北四省的几个区域性中心城市——沈阳、大连、长春、哈尔滨，源源不断地吸引了大量蒙东地区人口前往求学或者就业。此外，由于靠近俄罗斯和蒙古国，蒙东和东三省也吸引了不少蒙、俄、日、韩等国家的民间人士前往交流合作，涉及经贸、文化、教育、技术等多个方面。

笔者建议蒙东地区应全方位对接国家振兴东北战略，双方既要在能源、产业、人才、文化等方面继续加强合作，又要抱团发展共同建设成为中国向俄、蒙和欧洲开放的战略支点。一方面，发挥对俄陆路口岸作用，加强满洲里、海拉尔与哈大齐工业走廊的对接，形成满洲里至齐齐哈尔、哈尔滨，乃至日本海的经济通道。另一方面，发挥二连浩特对蒙陆路口岸作用，加快沿线交通和城镇建设，形成二连浩特—锡林浩特—赤峰—朝阳—锦州海港的经济通道。

□ 一线贯串：振兴西线连俄蒙，融入两大城市群

内蒙古地区普遍有较高的城市化率，但受制于人口密度和人口规模，很难形成城市群。目前，只有区域性城市群——呼包鄂（榆）城市群初具形态。广大蒙东地区不但缺乏能级高、辐射强的中心城市，更是缺乏城市群支撑，其周边只有紧邻的哈长城市群、辽中南城市群两大国家级城市群可为倚重。

2016年2月，国务院批复哈长城市群发展规划。哈长城市群以哈尔滨、长春为中心，还包括黑龙江省大庆市、齐齐哈尔市、绥化市、牡丹江市，吉林省吉林市、四平市、辽源市、松原市、延边朝鲜族自治州。哈长城市群总面积为26万平方公里，总人口约为4000万。其发展目标是：到2030年，建设成为东北亚区域具有核心竞争力和重要影响力的城市群。

辽中南城市群以沈阳、大连为中心，包括鞍山、抚顺、本溪、丹东、辽阳、营口、盘锦等22个城市。该地区城市高度密集、大城市所占比例最高，经济发达，基础雄厚，工业化起步较早，是我国最为成熟的城市群之一。区域内总面积为9.7万平方公里，总人口约为3300万，城市化率67.8%，高出全国平均水平约10个百分点。辽中南城市群的双核中，沈阳是黑吉辽以及蒙东五盟市的经济、交通、文化和信息中心，全国最大的综合性重工业基地；大连是东北亚地区重要的国际航运中心，东北地区最大的港口城市和对外贸易口岸，也是重要的旅游城市。

东北地区作为共和国的长子，尤其是辽中南地区和哈长地区，曾经的辉煌可谓深入人心。20世纪40年代的东北更是在全国范围内独领风骚——工业基础雄厚、产业体系完善。1943年，东北地区的煤炭产量占全国49%，生铁产量占87%左右，钢材产量占93%，电力占78%，铁路里程占42%。1942年，东北城市化水平达到23.8%，相当于全国1986年的水平。中国东北在1945年时甚至超过日本成为亚洲第一经济体。

借助东北振兴的战略东风，依托东北雄厚的产业基础，蒙东五盟市与哈长、辽中南两大城市群进行区域合作的空间无限广阔，潜力无比巨大。因此，我们建议呼伦贝尔、兴安盟加快融入哈长城市群及哈大齐工业走廊并开展广泛的区域合作；通辽、赤峰加强与辽中南城市群及辽西北地区的对接协作。其中，交通、能源、旅游等方面的区域合作可先行启动。

（1）融入哈长城市群

我们认为，蒙东地区和哈长城市群的融合可以优先启动起来。一方面依托哈长城市群的超级带动作用，蒙东地区可以在科技、文化、教育、实业等领域实现逐步提升；另一方面，蒙东地区地缘广阔、产业基础较好，又是中俄蒙的国际大通道，综合考虑可以加快哈长城市群的科技产业化与国际化进程。

早在20世纪初，沙俄就曾在东北地区"丁"字形中东铁路的交汇处——哈尔滨，投入大量人才、资本，发展城市建设和实业、教育等，由此铸就了哈尔滨独特的城市建筑风格和国际化气质。今天黑龙江省的战略重点——哈（尔滨）大（庆）齐（齐哈尔）工业走廊，西侧需要依靠内蒙古满洲里的陆港口岸，东侧需要依靠俄罗斯符拉迪沃斯托克市（海参崴）的海港口岸。随着中俄蒙经济走廊的建设，这条从呼伦湖到兴凯湖，横向串联满洲里、海拉尔、齐齐哈尔、大庆、哈尔滨、牡丹江、绥芬河、海参崴等多个城市的陆海大通道将会被打通并激活。未来中俄蒙经济走廊西抵蒙古高原及亚欧腹地、东抵日本海及太平洋，"草原丝路"将实现全面复兴。

满洲里

哈尔滨

（沿着滨洲铁路线从满洲里到哈尔滨，靓丽而独特的建筑展示着中俄蒙经济走廊文化、旅游等产业蓬勃发展）

届时，在这一陆海通道中，如果说满洲里、海拉尔是门户与窗口，那么哈尔滨则是创新驱动引擎。哈尔滨市拥有全国罕见的科教资源，尤其在其主城区——南岗区，科技资源规模与质量在全国名列前茅，仅次于北京中关村核心区（海淀区）与上海杨浦知识创新区。南岗区集聚了普通高校18所，省部级科研机构50余个，国家级大学科技园3个，在校大学生25万人，两院院士31名，博士生导师1000余名，各类专业技术人员11万余人，约占全市总数的1/3；尤其是哈尔滨工业大学、哈尔滨工程大学、哈尔滨理工大学等工科院校在航空航天、船舶工程、电缆与通讯等方面学科优势明显，产业化前景广阔；年研究与开发（R&D）经费投入超过30亿元，每年形成重点科技成果近千项，各类科技企业孵化器50多个，集聚小微科技企业1000余家，已成为黑龙江省科技创新的“动力核”与“辐射源。以此为基础，哈尔滨及黑龙江省正在打造南岗高科技产业经济带，为新一轮东北振兴提供动力。

在未来的发展中，蒙东地区可以借助哈尔滨的科技、文化的辐射效应，进行产业化布局，支撑带动当地经济转型发展。此外，哈尔滨、长春、沈阳等地具有农林、农机、农资等现代农业技术、装备与物资方面优势，而蒙东地区地广人稀，人均耕地、林地、草场面积很大，因此在现代农业、科技农业方面，二者合作大有可为。其中，坐落于哈尔滨市的东北农业大学、东北林业大学，作为全国农林类院校的排头兵，辐射与服务能力也在不断释放。双方合力推动现代农业供给侧改革，有利于内蒙古东部地区的发展，也有利于东北平原农业现代化水平进一步提升。

（2）融入辽中南城市群

随着京沈客专及通辽、赤峰支线的建设，骏马形版图的内蒙古，在其东南地区将出现“野马分鬃”形态的高铁格局。而且，由通辽—彰武—阜新—朝阳—赤峰之间干线交通（铁路、公路、管线等）合围而成的梯形区域，将成为蒙东及东北地区协同发展的新引擎。该区域地处蒙吉辽三省区交界处，曾长期作为我国经济版图上的“塌陷区”而不为人所关注。

在新的形势下，该区域作为东北和华北的结合部，也是中俄蒙经济走廊南（京津冀—二连浩特—乌兰巴托）、北（哈尔滨—满洲里—乌兰乌德）两条线路的中间地带，交通便捷，人口众多，文化关联（无论是赤峰为中心的红山文化，还是通辽为中心的蒙古族文化），是蒙东最早通高铁的地方，周边连接二连浩特陆港、锦州海港、东北最大城市沈阳，以及目前长城以北唯一的自贸区——辽宁自贸区，是未来可以重点谋划的区域。做强这一梯形区域，振兴蒙东南与辽西北，既能强化通辽作为区域中心城市的支撑作用，也可以提升东北振兴中“西线”地区的能级，助推中俄蒙经济走廊加快建设。

□ 蒙东的反思："双融一自"谋创新

实施东北振兴战略以来，纳入东北振兴实施范围的我区东部五盟市经济总体实力逐步提升，基础设施建设成效明显，社会民生事业进一步发展，对外开放合作日益深化，生态保护与建设取得新进展。但从总体上看，东部盟市的发展水平还不够高，经济总量、产业层次、城镇化水平、保障能力等与先进地区还有较大差距，发展面临的体制机制问题和结构性矛盾还比较突出，全面振兴发展的任务仍然十分繁重。

东北地区的发展模式的转型受到思想观念陈旧、资源环境压力过大、产业集聚度过低等多种因素的制约，实现东北振兴的过程中面临的问题往往不是发展问题，而更多的是转型问题。由于长期受传统发展模式影响，思想、观念上僵化，导致不能适应市场经济的要求、不能快速地适应产业结构转型升级，制约东北振兴的体制性、机制性、结构性矛盾尚未根本解决。

在东北振兴过程中，蒙东五盟市与东北三省既有联系又有区别，东部五盟市与东北三省是有机的整体，这就决定了他们面临的困难是一致的，需要国家的政策支持也是一致的，蒙东五盟市要与东北三省捆绑发展，不能被边缘化。

然而，蒙东五盟市在发展过程中同时具有后发优势，有些积重难返的困难在蒙东五盟市体现得并不明显，这就决定了蒙东五盟市与东北三省在东北振兴过程中要有所区别，东部盟市很多产业处在产业发展周期中的上升阶段，面临的只是东北三省及其他地区传导过来的传导性困难，而不是原发性困难，蒙东五盟市应顺势而为，趋利避害，发挥蒙东五盟市优势特色产业，变融入东北为"双融一自"，即融入东北，融入京津冀，自主打造产业创新高地，充分利用蒙东五盟市资源优势和低成本优势，补短板，谋创新，抛开传统的依赖路径，建造具有蒙东五盟市特色的发展新模式。

第十六编　蒙西“国际大通道”经略：打通三大要道，连接“一带一路”

内蒙古连接东北、华北、西北，如果将视野再扩大一些，以国际视角来看，可以发现内蒙古连接着东北亚、中亚等地区。就像内蒙古在历史上承担起草原丝绸之路纽带的作用，在“一带一路”倡议下，内蒙古可以发挥独特的区位、交通和文化优势，连通起“一带一路”的三大交通走廊与经济通道，即新亚欧大陆桥经济走廊、中俄蒙经济走廊、中巴经济走廊，紧密联系东北亚、中亚、南亚等板块。

尤其是，内蒙古西部的三大盟市——阿拉善、乌海和巴彦淖尔，更是连接“一带一路”三大通道（新亚欧大陆桥、中俄蒙、中巴）、三大板块（东北亚、中亚、南亚）的关键区域，在未来将发挥不可替代的重要作用。

□ 蒙西三盟市

阿拉善，地处内蒙古最西端，自古以来就是古丝绸之路北道和古草原丝绸之路的重要节点。如今，在国家“一带一路”的发展蓝图上，阿拉善是服务丝绸之路经济带和中俄蒙经济走廊的重要通道。随着临哈铁路、临哈高速的开通和乌力吉口岸的开放，对外开放的优势得到全面提升，一举由发展的“边缘”转变为开放的“前沿”。

阿拉善在国家“一带一路”、向北开放战略的实施过程中，拥有非常优越的区位优势。国家正在建设的临哈高速、临哈铁路，将东西贯通，使华北、西北和中亚地区联系起来。过去欧亚大陆桥主要是走河西走廊，现在通道打通后会比过去缩短1000多公里，降低了成本、缩短了出行时间。这条大通道横贯阿拉善全境800多公里。

目前，阿拉善有两个口岸，第一个是策克口岸，已经开放24年，是内蒙古第三大、全国第四大陆路口岸，向北开放的基础条件经过多年建设已经非常好。第二个是乌力吉口岸，国务院于2017年批准的开放运营，这是一个是高等级公路客货运输口岸。这两个口岸为内蒙古向北开放提供了非常好的基础。与此同时，阿拉善向南规划的交通也不断延伸，乌力吉口岸到中卫的铁路、公路，可以一直往南到陕西、四川、重庆直接长江上游，也就是南北大通道可以把阿拉善跟长江经济带联系起来。未来，阿拉善发展格局是北开南联、东西贯通的大交通格局，这正是阿拉善在“一带一路”和向北开放过程中最大的区位优势。

数千年以来，阿拉善一直是“丝绸之路”上的重要驿站，丝绸之路又称为“玉石之路”，现代考古证明，从新疆和田到阿拉善，直到辽西，曾经长期存在一条“玉石之路”。现在阿拉善有许多历史遗存，古代玉器、玛瑙饰品分布广泛。阿拉善在传播东方文化艺术，沟通东西方经济、科技和文化交流中发挥了重要作用，这也为阿拉善的玉石文化增添了悠久深厚的历史底蕴。

乌海，被誉为“黄河明珠”“乌金之海”。黄河出宁夏进内蒙古，流经的第一座城市便是乌海。乌海市是国家呼包银榆经济带重要节点城市，是“蒙宁陕”经济区的结合部，处于新疆、甘肃、宁夏开发运行的大通道，同时又是自治区西部小金三角区域中心城市，区位优势突出。

乌海市境内公路、铁路、航空网络通畅，辐射全国，方便快捷。包兰铁路、东乌铁路、京藏高速、荣乌高速、109国道、110国道贯穿其境，乌海机场具备4C级规模飞行区，未来包银客专建成，交通将更加便捷。

近年来，乌海市依托自身优势，主动融入“一带一路”建设。特别是乌海作为“一带一路”沿线重要枢纽城市，近年来先后与21个“一带一路”沿线国家建立贸易往来，有力推动了乌海市外向型经济发展，进一步深化了对外合作交流。2017年7月，乌海国际陆港投入使用，12月开通“中欧班列”，构建“产在乌海，直销世界”的产品输出平台，乌海在建设我国向北开放的重要桥头堡和充满活力的沿边开发开放经济带中的作用日益明显。

巴彦淖尔市，内蒙古自治区西部重要城市，东接包头，西连阿拉善盟、乌海市，南隔黄河与鄂尔多斯市相望，北与蒙古国接壤。该市处于国家“呼包银榆”经济区，是“一带一路”重要交汇点，是国家西部大开发的重点区域。包兰铁路、110国道和京藏高速横贯全市，进出新疆通道临哈铁路、京新高速公路2017年全线通车。中蒙跨境铁路——神华甘泉铁路建成运营。巴彦淖尔机场航班直达北京、西安、天津、呼和浩特等枢纽城市。北京至兰州途径巴彦淖尔市的高铁已列入国家“十三五”规划，预计2020年可实现通车。该市以铁路、公路和航空为重点，正在加快建设沟通大西北、贯通大西南、连接蒙古国的交通网络。

巴彦淖尔市与蒙古国有369公里的边境线，是内蒙古向北开放的前沿。依托优越的区位优势，巴彦淖尔市已成为中巴经济走廊、中俄蒙经济走廊、中国—中亚—西亚经济走廊的重要节点城市，在“一带一路”建设中发挥着日益重要的作用。同时，作为呼包银榆经济区的成员城市，巴彦淖尔与呼和浩特、鄂尔多斯、包头、阿拉善、乌海等内蒙古西部盟市的交流日益密切、合作日益广泛，尤其在绿色有机高端农畜产品、境外资源落地加工、清洁能源输出、现代旅游、电子商务等方面，不断为区域经济发展注入新动能。

内蒙古西部的三大盟市——阿拉善、乌海和巴彦淖尔，在“一带一路”倡议的引领下正蓄势待发。

□ 内蒙古连新疆，丝路变通途

中国两个面积最大，边境最长的自治区，一旦携手，世界将会怎样？

尽管内蒙古与新疆不直接相邻，但在“一带一路”倡议下，二者有很强的互补性，加强交通、口岸及贸易等方面的互动与协同，对于贯通沙漠丝绸之路与草原丝绸之路，连接中亚和欧洲，具有不可估量的战略价值。

河西走廊及新疆地区，作为我国西北半月形文化传播带和丝绸之路的中间一段，自古以来就是东西方文化传播的重要节点。国学大师季羡林先生把世界文明划分为四大部分：中华文明、印度文明、希腊罗马文明和阿拉伯文明，四大文明的交汇点只有一处，那就是新疆，以及世界三大宗教：佛教、基督教、伊斯兰教也都在新疆汇集交织，相互影响。新疆的首府城市乌鲁木齐，是离海洋最远的城市，成为亚洲大陆的地理中心（简称“亚心”）。

通常而言，区域间的高速公路、光纤宽带与干线铁路共廊共线，因此随着内蒙古与新疆的铁路连通与对接，高速公路、光纤宽带也随之延伸。目前，新疆地区的交通及口岸建设不断完善，随着格尔木—库尔勒，喀什—巴基斯坦等重要铁路的修通运营，新疆将成为名副其实的陆上丝路核心区，新疆境内将大致形成“工”字形的铁路主通道格局。即上面一“横”为阿拉山口（博尔塔拉蒙古自治州境内）—乌鲁木齐—哈密。这一段铁路本身即是新亚欧大陆桥的重要一段，哈密向东除了通过兰新、陇海铁路连接兰州、西安、郑州、连云港外，还可以通过内蒙古境内的额哈、额呼、集通、通让、滨洲等铁路连接额济纳（策克口岸）、呼和浩特、集宁（二连浩特口岸）、通辽、海拉尔、满洲里（口岸）（详见“内蒙古及周边重点铁路布局示意图”）。这有助于将东北地区北部的哈尔滨、大庆、齐齐哈尔等城市与蒙东地区紧密结合，促进东北亚与中亚地区的经济合作，分担哈大通道（哈尔滨—长春—沈阳—大连）的客流压力，提升其西侧与之平行的平齐（四平—双辽—白城—齐齐哈尔）、大郑（大虎山—通辽—双辽）沿线交通与经济水平，使得东北地区的经济布局更加均衡。

新疆境内“工”字形铁路主通道格局的一“竖”为乌鲁木齐（吐鲁番）穿越天山至库尔勒（巴音郭楞蒙古自治州政府驻地）的铁路。

下面一“横”为喀什—库尔勒—若羌—格尔木。其中，库尔勒经若羌至格尔木的格库铁路，已经开工建设，正线全长超过1200公里，预计2019年开通运行。该铁路建成后，新疆首府乌鲁木齐和西藏首府拉萨实现列车直达，无须通过西宁中转。格库铁路作为第三条进出新疆的铁路，既能将西北地区资源富集区塔里木盆地（总面积40多万平方公里，是中国最大的盆地）和柴达木盆地（总面积25万平方公里，是青藏高原的聚宝盆）直接相连，而且可以将广大藏区（卫藏、康巴、安多）、蒙区（格尔木即位于青海省海西蒙古族藏族自治州境内）、新疆地区（尤其是南疆地区）紧密联系起来，有助于西部开发及与内地交流，提升我国内陆与中亚、南亚等地的陆路通道，助力“一带一路”建设。

在“一带一路”框架下，新疆被定位为“丝绸之路经济带核心区”。进一步发挥内蒙古的区位交通优势，通过与新疆的对接协同，逐步构建起以铁路为骨架，以公路、航空、光纤、管道等为支撑，以各类开放口岸为触点的大通道，连通“一带一路”中北部的三大交通走廊与经济通道，即新亚欧大陆桥经济走廊、中俄蒙经济走廊、中巴经济走廊，紧密联系东北亚、中亚、南亚等板块。

□ 协同陕甘宁区域，连接伊斯兰世界

伊斯兰教是仅次于基督教的全球第二大宗教，穆斯林人口约有16亿，占全球总人口的23%，且呈现出快速增长的态势，是未来世界不可忽视的市场力量。

伊斯兰国家是指以伊斯兰教为国教和多数居民信奉伊斯兰教的国家，全世界共有57个之多，主要分布在中亚、西亚（中东）、北非、东南亚等地。其中，穆斯林人口超过一亿的国家有四个：分别是印度尼西亚、巴基斯坦、印度、孟加拉，他们都是“一带一路”建设的重要参与者。此外，哈萨克斯坦、伊朗、沙特阿拉伯、埃及等“一带一路”建设参与者，也是伊斯兰国家。上述国家和地区中，哈萨克斯坦、印度尼西亚是我国最早提出“一带一路”倡议的见证国[1]，也是目前“一带一路”建设的重要节点国家；“一带一路”框架下的新亚欧大陆桥、中俄蒙、中巴三大经济走廊，所倚重的中亚、俄罗斯、巴基斯坦，穆斯林人口占有绝对优势。其中，俄罗斯有1400多万穆

[1] 2013年9月和10月，中国国家主席习近平在出访中亚国家哈萨克斯坦和东南亚国家印度尼西亚期间，先后提出共建“丝绸之路经济带”和“21世纪海上丝绸之路”的战略构想，得到国际社会高度关注和有关国家积极响应。

斯林，是欧洲穆斯林人口最多的国家。

（1）蒙西协同宁夏，融入中阿合作

宁夏回族自治区是中国与阿拉伯国家交流合作的前沿和窗口。地处黄河上游、北部紧邻内蒙古的宁夏，是我国最大的回族聚居区，人口总数为670万，其中，汉族400多万，回族220多万，占全国回族人口总数的1/5。同时，宁夏连同其临近的甘肃、青海、新疆，这四个省区共有1500多万的穆斯林（其中宁夏约有200万穆斯林），占我国穆斯林总人口的3/4。

元朝时期，宗教政策较为宽容，东西方贸易往来空前频繁，伊斯兰教也在此时大规模进入宁夏，形成并发展为回族。朱元璋充分借助宗教的力量建立明朝后，回族人在中央政府任职较多，如常遇春、沐英等大将，以及此后率船队七下西洋的郑和。这些都影响了中央政权对待回族人的政策，这也是今天宁夏能成为回族自治区的历史根源。

从经济发展来看，宁夏能源资源储量丰富，是国家重要的煤电化基地和新能源开发示范区，但辖区面积狭小，深居内陆，不沿边、不靠海，发展动力不足，开放度较低，发展相对滞后。宁夏的经济总量较小，2017年实现国内生产总值（GDP）3453亿元，居于全国后列。另一方面，宁夏与阿拉伯国家和穆斯林地区宗教信仰相同，生活习俗相近，并且拥有清真食品与穆斯林用品等方面的良好产业基础。在“一带一路”的视角下，宁夏在中国与阿拉伯国家和世界穆斯林地区的交流往来中具有独特的优势。因此，宁夏把“中阿所需”和“宁夏所能”紧密结合，积极举办中阿经贸论坛和中阿博览会，打造成为中阿合作的先行者和排头兵。

黄河文明将内蒙古和宁夏紧密地联系起来。黄河依次穿过宁夏的中卫、吴中、银川、石嘴山，以及内蒙古的乌海、巴彦淖尔、包头。其中，中卫、吴中、银川、石嘴山是宁夏沿黄河城市群的核心城市，而内蒙古除了加快呼包鄂榆城市群的建设，还重点推动乌海及周边地区一体化发展，乌海、巴彦淖尔、阿拉善将迎来较大投入，并很可能将与宁夏沿黄河城市群对接，形成黄河“几”字形布局的城市群发展战略，加快区域一体化进程。

在“一带一路”沿线地区中，内蒙古是我国向北开放的排头兵，中俄蒙经济走廊的战略支点。而宁夏是作为中阿论坛的永久性会址，对整个穆斯林世界的影响力巨大。内蒙古与宁夏，在各有分工和侧重的同时，还应优势互补、加强合作，促进“一带一路”重要板块的整合与联动。

银川

（纪念中阿经贸论坛永久落户银川，银川为此修建了寓意中国阿拉伯国家友谊源远流长的文化景观——中阿之轴）

丝绸之路经济带建设的国家大战略的提出，为宁夏的发展提供了千载难逢的机遇。宁夏地处新亚欧大陆桥国内段中枢位置，是中国最大的回族聚居区，又是国家重要的煤电化基地和新能源开发示范区，在中国与中亚中东、阿拉伯国家和世界穆斯林地区的交流往来中具有独特的区位优势、人文优势和资源优势。推进中阿合作，“塞上江南”宁夏，无疑是中国向西开放的首选。

阿拉伯国家作为伊斯兰国家中的一个相对完整而独立的部分，也是“一带一路”建设的重要推动者。阿拉伯国家联盟（简称“阿盟”），包括约旦、阿联酋、突尼斯、阿尔及利亚、吉布提、沙特、苏丹、伊拉克、阿曼、巴勒斯坦、卡塔尔、利比亚、埃及、摩洛哥、也门、叙利亚等20多个成员国，占伊斯兰国家数量的1/3左右，主要分布在中东、北非。中国与阿盟长期保持友好关系。截至目前，中阿合作论坛已连续举办七届，成为中阿合力推动“一带一路”建设的重要平台。

目前宁夏已成为构建中阿合作桥头堡，打造丝绸之路经济带战略支点。宁夏立足区情，提出了推进丝绸之路经济带建设的总体思路：以实现习近平总书记提出的“政策沟通、道路联通、贸易畅通、货币流通、民心相通”为目标，以阿拉伯国家和穆斯林地区为重点，以构建开放型经济新体制为支撑，促进中阿全方位交流合作，构建中阿合作桥头堡，打造丝绸之路经济带战略支点。按照这一定位，宁夏确定了参与建设“一带一路”倡议、推进试验区建设的“123”重点任务——构筑中阿博览会大平台，打造中阿空中、网上丝绸之路纽带，建设中阿人文交流合作、贸易投资便利化、金融合作示范区。

搭建空中丝绸之路，是宁夏参与“一带一路”建设的一大创举。一直以来，宁夏向阿拉伯国家出口货物，必须要先运到沿海港口走海运；阿拉伯国家的客商来宁夏，也需先飞到北京、上海转机。在陆上丝绸之路短期内无法实现无缝对接和高效运营的情况下，针对宁夏作为内陆省区的区位特点和陆海运输的巨大瓶颈，宁夏联合国家民航局，加快天空开放步伐，已开通至迪拜、吉隆坡、曼谷等国际航线，向阿联酋开放了第三、四、五航权，与阿拉伯国家及世界各国的要素流动加快。

加快网上通道建设，是宁夏联通阿拉伯国家及伊斯兰世界的另一重要措施。长期以来，中阿之间的经贸内容主要以传统货物为主，服务贸易尤其是基于互联网的服务贸易比例小，发展潜力大。发展面向阿拉伯国家的互联网经济，有利于带动中阿贸易的快速增长。目前，国家正支持宁夏建设大型数据中心和网上丝绸之路枢纽，支持银川市建设全国首批电子商务示范城市、跨境电子商务试点城市。因此，宁夏将结合跨境电子商务试点和阿拉伯语言人才优势，发展面向阿拉伯国家的电子商务和服务外包等互联网经济业态。目前，已有亚马逊、阿里巴巴等国内外知名电商进驻宁夏建立数据中心，将使国内更多商品通过网上丝绸之路宁夏枢纽走向阿拉伯及伊斯林市场。

面对未来穆斯林世界的巨大市场，相对而言，内蒙古的区位条件与腹地纵深、陆路交通与边境口岸、人口经济规模、工业体系与生产能力等方面，都要优于宁夏，而且内蒙古可以起到承东启西连接“一带一路”的作用；而宁夏的空中丝绸之路建设、网上丝绸之路建设都优于内蒙古，尤其是对接阿拉伯及伊斯林国家的文化优势明显。

另外，内蒙古西部地区与宁夏地缘相接、文化相连。贺兰山是内蒙古与宁夏的天然界山，贺兰山主峰是两地共有的最高峰。内蒙古西部地区与宁夏同属汉代之河朔地区、宋代之西夏国土，共享居延—黑水城文化。内蒙古饮食，涵盖牛羊肉、烧卖、莜面、奶制品等，且多数可以做成清真食品，深得宁夏、甘肃等西部地区各族群众的喜爱。笔者建议下一步将内蒙古打造成为“一带一路”重要的清真产业基地，依托内蒙古逐渐壮大的餐饮产业，及形成的蒙食品牌（伊利、蒙牛等），重点培育和发展清真产业，为青海、宁夏、新疆、甘肃等省区及“一带一路”沿线国家提供清真食品。

2014~2018年，我国与“新丝路经济带”沿线国家进出口贸易额超过5000亿美元，其中清真产业所占份额同比增加约16%。然而，一旦将这些数字置于全球清真产业的框架内，就能看出中国清真食品产业明显滞后，与中国全球第一贸易大国的角色极不相称。目前，我国清真产业所占沿线国家进出口贸易额比例不到0.5‰。

清真产业市场庞大，根据马来西亚清真产业促进署数据，2014年全球清真产业年产值已经突破3.2万亿美元，其中清真食品年贸易额已经达到5000亿美元。2018年全球清真产业年产值增长至6.4万亿美元。中国食品企业应该把目光从市场逐渐饱和的欧美发达国家转向“一带一路”沿线国家和国内地区。

有一个不可忽视的事实是，“一带一路”沿线伊斯兰国家中80%的清真产品依赖进口；而就国内而言，穆斯林聚居的青海、宁夏、新疆、甘肃等省区，共有1500多万的穆斯林，占我国穆斯林总人口的3/4。而即使如此，在这四个省区规模化生产和出口清真食品的企业也是寥寥无几的。据中国伊斯兰协会资料统计，中国的清真食品生产正在由传统的西北部地区向东南地区转移。目前，中国最大的清真食品出口省市为广东，有110多家企业；其次为江苏（50多家）、北京（30多家）和福建（20多家）。

综上所述，笔者建议蒙西地区和宁夏广泛合作，实现联动，通过“一带一路”发力，与伊斯兰国家在综合交通、综保口岸、清真食品、穆斯林用品等方面加强合作。尤其是综合交通方面，宁夏不在“一带一路”主通道上（省会银川距离新亚欧大陆桥上的兰州约400公里），但快进快出的航空优势明显，而内蒙古具有连通“一带一路”的三大交通走廊与经济通道的独特优势，双方合作潜力巨大。另外，随着铁路运力与运速的提升，以及内蒙古西部航空运输及通用航空的快速发展，内蒙古与宁夏两地大进大出的铁路运输与快进快出的航空运输将得到均衡发展，货物贸易、服务贸易将得到兼顾，同时实现互利共赢。

（2）蒙西协同陕甘，加强科技合作

内蒙古除了在航空、互联网、大数据方面与宁夏加强协同，促进中阿经贸文化发展外，航天及卫星服务也是内蒙古西部地区加强区域协同，走进穆斯林世界的重要方面。而这一领域，需要与甘肃、陕西等省份加强合作。

近年来，我国的航天科技日益走在世界前列，载人航天、探月工程、深空探测、重载火箭、北斗导航及空间站建设等都取得了举世瞩目的成绩。其中，中国北斗卫星导航系统（BDS）作为我国自行研制的全球卫星导航系统，是继美国全球定位系统（GPS）、俄罗斯格洛纳斯卫星导航系统（GLONASS）之后第三个成熟的卫星导航系统，也是联合国卫星导航委员会已认定的供应商，可在全球范围内全天候、全天时为各类用户提供高精度的导航与授时服务。

各类应用卫星在通讯、遥感、导航等领域有着广泛的市场需求。2015年，军民融合上升为国家战略，我国航天科技产业化发展迎来重大契机，北斗导航系统的产业化和商业运营也将进入快速发展通道。随着2018年1月12日，我国以“一箭双星”方式成功发射第26、27颗北斗导航卫星，北斗卫星导航系统将于2020年左右实现全球覆盖。届时，我国将拥有独立的全球卫星导航系统，为航船、飞机、野外工作者提供导航服务，商业前景十分广阔，将会带来每年数千亿元的经济收益和不可估量的社会效益。

“一带一路”沿线国家和地区，将是我国航天科技和卫星服务产业走出去的重要市场。一方面，这些国家和地区除了俄罗斯外，普遍缺乏航天技术，发挥我国运载火箭的技术优势，帮助其发射商用卫星就是一个切入点。目前，埃及、阿联酋等启动卫星发射项目，阿拉伯通讯联盟加紧推进卫星布网，中阿双方合作潜力巨大，甚至在载人航天方面，中国也可以为这些国家

提供支撑和服务。

另一方面，“一带一路”途经的地区有高山、有海洋，甚至有戈壁沙漠，以前对这些地区的卫星覆盖较差，其他地区即使有卫星覆盖，也由于工作频段相对较低，带宽较窄，无法满足未来“一带一路”建设发展中对大数据传输、商务和娱乐的井喷式需求。实际上，中国北斗导航系统已经走进了沙特阿拉伯市场，而且，中阿卫星数据产业园已经在银川挂牌，这将为推动阿拉伯国家和地区卫星数据应用、加速互联网产业发展打下坚实基础。相对于美国、欧洲的卫星导航服务系统，我国的卫星数据服务具有较高的性价比，而且在数据安全上能有所保障，深得阿拉伯及伊斯兰国家的青睐。

前面我们提过，位于内蒙古与甘肃交界处的中国东风航天城（酒泉卫星发射中心），见证了我国实施“两弹一星”工程，从航天大国走向航天强国的伟大历程。东风航天城周边的航空航天休闲体验游、文化旅游方兴未艾。甘肃省在航空航天、核工业、材料科学、医疗健康等领域具有科技研发优势。拥有国家科学重器——重离子加速器等大科学装置的兰州市，或将继北京、上海、合肥、广东之后，成为国家综合性科学中心，这也是我国西部地区唯一一个国家综合性科学中心，将产生强大的科技创新驱动力。陕西省在全国航空航天工业中具有举足轻重地位，拥有中航工业、航天科技集团在内的航空航天龙头企业30多家，科研单位40余家，科技人员2.6万人，拥有西飞、陕飞两家飞机整机研制生产企业，在产业规模、聚集程度、科技研发力量、人才资源、技术基础等方面具有较大优势。近些年，随着国家大飞机制造基地、国家民用航天产业基地相继落户西安，一个航空、一个航天，两大基地都在陕西，陕西的通用航空、飞机制造、地理信息服务、卫星定位及授时服务（拥有北斗产业园、国家授时中心）等航空航天产业将加速向西北地区及“一带一路”沿线国家扩展。

综上所述，我们认为在未来发展中，蒙西及陕甘宁地区，可以在文化旅游、清真产业、通用航空、沙产业、航空航天等方面进行跨区域产业协作，加强产业链上下游的分工协作，共同开发“一带一路”的巨大市场。此外，蒙陕甘宁还应积极借鉴以色列的一些先进经验，进一步加强沙产业的理论研究和模式输出，为南疆地区、中亚地区的生态脱贫、光伏脱贫提供帮助。

□ 联动青藏文脉，守卫高原净土

青藏高原和内蒙古高原，处于我国西北半月形文化传播带两端，分属中国地理第一、第二阶梯，是我国面积最大的两个高原。其中，主要位于西藏自治区、青海省的青藏高原，平均海拔4000~5000米，有“世界屋脊”和“第三极”之称，是亚洲许多大河的发源地。内蒙古高原则作为内蒙古自治区的主体部分，海拔约1000~1400米，既有碧野千里的草原，也有沙浪滚滚的大漠，是中国最大的牧场和沙漠分布地区之一。

自13世纪以来，历经元朝、明朝、清朝、“中华民国”，直到今天，蒙藏两地一直有文化、宗教、经济、政治等方面的密切交流，为我国西北半月形文化传播带和草原丝绸之路的发展提供了推动力。尤其是以藏传佛教为纽带，蒙藏两个民族长期交好，至今还有不少蒙古族与广大藏族同胞一道，和平安定地生活在青藏高原上，如青海西部的海西蒙古族藏族自治州。清朝历史上，还发生了一件比较有趣的事，满族联合蒙古入主中原后，康熙、乾隆等人充分发挥了藏传佛教和蒙古贵族通婚的纽带作用，有效维系了满族—蒙古贵族—藏族统治者的利益阵营，可谓是清代版的民族统一战线。

如今，北方稳固，西方略显薄弱，中央提出“治国必治边，治边先稳藏”的政治方针。在“一带一路”的框架下，西藏正在加快建设南亚大通道，积极对接“一带一路”和孟中印缅经济走廊，推动环喜马拉雅经济合作带建设。地处半月形文化传播带和草原丝绸之路另一端的内蒙古，应进一步加强与西藏、青海等地的文化交流，加强历史、文学、艺术等方面的研究，发挥各自在全球蒙古人、藏人中的影响力，提升文化话语权，共同守卫高原净土，维护民族团结，保障“一带一路”建设。例如，可以共同开展对《格斯尔传》《格萨尔王传》的研究，结合草原丝绸之路、藏传佛教、西北半月形文化传播带等文化纽带，深入挖掘其文化内涵，古为今用，推陈出新，向世界阐述其历史价值与现实意义。

内蒙古与包括西藏在内的广大藏区，在民族文艺（歌曲、舞蹈、戏曲等）、民族医药（蒙医蒙药、藏医藏药）、有机食品、民族工艺品、文化衍生品、影视作品等方面有很强的关联性。由此也造就了蒙藏相似的民俗习惯和人文特色，以当代民族歌唱家和流行音乐为例，蒙古草原、青藏高原地区相继涌现出一大批民族歌唱家，如德德玛、才旦卓玛、容中尔甲、降央卓玛等人，他们歌唱高原与草原，演唱风格也较为类似。另一方面，高原上人口和产业承载力相对有限，污染源较少，天蓝蓝、草青青、水甘甜，有机食品的质量能得以保障。

因此，文化与大健康产业是新的时代背景下蒙藏地区联动的重要纽带。例如，圣城拉萨围绕国家发展健康产业的政策，结合无污染的大气、土地和水源等优势，突出世界第三极净土特色，大力发展净土健康产业带，打造绿色GDP增长极，探索高原现代农牧业。目前，冠以“拉萨净土”品牌的健康产品涉及藏药、藏香、唐卡、天然饮用水、牦牛制品、高原特色农产品等多个行业。已形成完整产品系列，包括青稞产品（米、酒、茶、葡萄糖）、牦牛肉干及乳制品、藏香鸡、藏香猪、红景天、虫草、冰川水等。其中，部分产品已经进驻京、沪、深等地的商场超市，以天然绿色为卖点的净土产品得到消费者的青睐。

“十三五”期间，拉萨市将继续把净土健康产业作为重要支柱，推动饮品、食品、药品、饰品品牌化发展。与之相类似，内蒙古也有健康产业优势，虽然海拔没有青藏高原高，但产量优势明显。作为全国重要的粮食基地，内蒙古粮食年产量中，经农业部认证的有机食品产量约86亿斤（430多万吨），居全国第一位。牛奶、羊肉产量居全国首位，建立追溯体系经有机认证的羊肉每公斤售价高达千元。源自大兴安岭深处的“阿尔山”矿泉水（阿尔山即蒙语“圣水”），在市场上可以与来自念青唐古拉山脉的“5100西藏冰川”矿泉水媲美。因此，各方应加强技术交流，加强产品开发和加强生产协作，积极注入文化内涵，共同开拓市场，尤其是国内一线城市和“一带一路”的广阔市场。

第十七编 “大都连上都”：京蒙携手开新天，区域协作大发展

八百多年前，蒙古人建立的元朝实行两都制，大都是首都，上都是陪都、夏都。一座历史名城大都（今北京）和一颗草原明珠上都（今内蒙古锡林郭勒盟上蓝旗），两都均是元代的政治中心，由一条辇路相连，皇帝每年来往于两都之间。

这条路尘封了八百年，当年元朝皇帝仪仗浩浩荡荡、溪流清澈、青草茂美、骏马奔腾。如今已是沧海桑田，八百年前的辉煌，正在被京蒙之间的跨区域协作所续写，扶贫帮扶，产业协作，首都带首府，大都连上都[1]，一篇篇惊天动地，翻天覆地的时代凯歌正在强劲奏响。

京蒙合作由来已久，从1996年京蒙两地建立对口帮扶关系，迄今已达22年。1996年党中央、国务院做出开展东西扶贫协作的重大决策，决定北京对口帮扶内蒙古的贫困旗县，京蒙两地建立了对口帮扶关系。京蒙对口帮扶合作是中央东西部扶贫协作重大战略部署，是支持民族地区、西部地区发展的重大决策，也是贯彻民族区域自治法、促进各民族共同繁荣发展的重大举措。

2016年7月，习近平总书记在东西部扶贫协作座谈会上强调：“东西部扶贫协作和对口支援，是推动区域协调发展、协同发展、共同发展的大战略，是加强区域合作、优化产业布局、拓展对内对外开放新空间的大布局，是实现先富帮后富、最终实现共同富裕目标的大举措，必须认清形势、聚焦精准、深化帮扶、确保实效，切实提高工作水平，全面打赢脱贫攻坚战。”

[1] 本编“上都”是广义的概念，特指整个内蒙古自治区。

目前，北京对内蒙古开启了全方位的帮扶模式。从干部支持上，2018年北京市选派了59名挂职干部赴内蒙古挂职，其中新增18名挂职干部，均调整职责，主要协助分管扶贫协作工作并保持相对稳定。同时，内蒙古选派了首批73名赴京挂职干部均也已全部到位。

随着我国建设现代化经济体系步伐的不断加快，区域协调发展将成为拉动经济增长的新动力。国家提出实施京津冀协同发展战略，要求北京构建“四个中心”新优势，加快疏解非首都功能，优化发展环境和空间布局。内蒙古毗邻北京，资源丰富、空间广阔，可以承接北京产业转移和功能疏解，为缓解北京发展瓶颈提供重要支撑，增强两地发展活力和创新驱动新动力，提高整体竞争力，推动经济社会持续健康发展。

新时期，京蒙帮扶合作将围绕“四个全面”战略部署，践行“创新、协调、绿色、开放、共享”五大发展理念，以“精准帮扶、协调发展”为主题，以推进脱贫攻坚战和区域发展紧密结合、协同并进为主线，紧抓发展机遇，创新对口帮扶和区域合作模式，围绕产业、基础设施、社会资源、生态环境等领域的互联互通互补，实施精准帮扶、产业对接、基础设施提升、生态保护、科技创新、公共服务完善以及区域开放协作等举措，开创京蒙区域合作新局面，促进实现北京建设国际一流和谐宜居之都新目标，努力把内蒙古这道祖国北疆风景线打造得更加亮丽。

□ 京蒙一家亲，区域不可分

党的十八大以来，中国掀开全面深化改革的历史新篇章，区域一体化成为更高层面的发展主题。在未来数十年，“一带一路”、京津冀一体化、长江经济带、粤港澳大湾区将成为中国最重要的区域发展战略。内蒙古作为连接“三北”，畿辅京津的重要省份，是京津冀协同发展的重要支撑和保障，这既体现在能源资源、生态环境上，也体现在互为犄角的城市群格局上。

作为重要的国家战略，京津冀协同发展已不再局限于过剩产能、非首都功能从北京向天津、河北转移和疏解，而是在更大的空间尺度上进行统筹布局。同时，正如左宗棠所言："保蒙古者，所以卫京师。"内蒙古之于北京的重要性更是不言而喻。内蒙古的生态屏障、能源保障、国际通道等价值，直接影响到京津冀地区的生态环境治理、资源能源供应和对外开放格局。因此，内蒙古在基础设施、能源资源、生态环境、公共服务、农牧业、旅游等领域与京津冀进行深度协作，已经成为关系到未来发展的重大战略抉择。

首先，在能源资源方面，内蒙古作为产煤大区、风光资源富集区、现代煤化工强区，正在为京津冀协同发展提供源源不断的电力、天然气等能源保障。然而，目前内蒙古电力外送、燃气输出等能源通道建设滞后，导致资源禀赋和发展潜力没有充分释放，互补优势没有充分发挥，亟须加强能源基础设施的互联互通。目前，内蒙古和山西恰从北、西两侧环绕京津冀地区，是京津冀地区的后方能源与材料战略基地，成为京津冀实现腾飞的两翼。以电力为例，目前，北京65%的电，天津35%的电，石家庄、保定、沧州、衡水、邢台和邯郸6个市17%的电，唐山、张家口、秦皇岛、承德、廊坊5个市50%的电，几乎都由内蒙古、山西输入。

其次，在生态环境方面，内蒙古是京津冀地区重要的生态屏障。从地势上看，内蒙古高原与华北平原的海拔落差近千米。内蒙古高原这道屏障之下，便是一马平川的华北平原。因此，内蒙古的生态环境，直接影响到华北、东北乃至沿海地区的生态安全。从气候区分布看，内蒙古由西向东，跨越了极端干旱区、干旱区、半干旱区、半湿润区和温带湿润区，分布着巴丹吉林、腾格里、乌兰布和、库布齐四大沙漠，毛乌素、浑善达克、科尔沁和呼伦贝尔四处沙地，以及面积辽阔的戈壁，它们在中国大陆的北缘构成了一道西起新疆、东至黑龙江的万里风沙线。加之，内蒙古是中国的风口，来自西伯利亚干燥、寒冷的西北风，可以直抵内蒙古，一旦内蒙古高原黄风飙起，沙尘东去南下，几乎势不可挡。因此，京津冀建设新型首都圈和世界级城市群，必须依赖内蒙古的生态屏障作用。

最后，在京津冀协同发展中，内蒙古也是京津冀地区最便捷的国际合作陆路通道。以北京为起点，经二连浩特到莫斯科，比经满洲里口岸的滨洲线近1100公里。1956年1月正式开通的北京—乌兰巴托—莫斯科国际联运列车，连接了中俄蒙三个国家的首都，使得这条通道不仅具有重要的经济意义，更有重大的政治意义。该通道不仅是内蒙古中部地区借助京津冀融入环渤海经济圈的主动脉和“辐射轴”，更是我国华北地区，特别是京津冀地区向北开放，连接亚欧经济板块最便捷的陆路通道。同时，它也是蒙古等内陆国家最便捷的出海通道。

□ 方向调整：从“扶贫帮扶”到“产业协作”

从1996年国家确定京蒙对口帮扶以来，北京市投入大量的人力、财力和物力，实施了上千个扶贫开发项目，鼓励支持企业到内蒙古投资，在产业发展、基础设施建设、生态环保、市场开拓、干部人才、教育科技、文化卫生、体育等方面，给予了内蒙古全方位的支持，使内蒙古脱贫攻坚取得了明显成效。

2017年，在内蒙古自治区迎来70华诞之际，回顾京蒙合作成就，硕果累累——北京成为内蒙古最大的投资来源地，“十二五”期间，北京市对内蒙古投资到位资金5600多亿元；北京向内蒙古转移200多项科技专利；近200名北京挂职干部为建设内蒙古奔波在大草原上……内蒙古在对口帮扶中也对北京给予“回报”：内蒙古目前是北京最大的电力供应基地，保障北京40%以上的电力需求；内蒙古是北京重要的冷凉蔬菜供应基地，北京餐桌75%以上的马铃薯来自内蒙古；内蒙古全力做好北京市的绿色屏障和生态水源涵养地的保障工作。

2018年4月，北京市党政代表团赴内蒙古自治区对接扶贫工作，签署了全面深化北京—内蒙古扶贫协作三年行动框架协议，明确提出北京市16个区结对帮扶内蒙古自治区31个旗县市，助力内蒙古自治区受帮扶地区到2020年如期实现脱贫目标。北京对口支援内蒙古从最初的18个贫困旗县增加到现在的31个旗县，且帮扶的资金、项目、人才支持等更集中倾斜。自此，无论从合作的广度还是深度，京蒙对口帮扶和区域合作都开创了新局面。

历经22年的京蒙帮扶合作成绩斐然，有目共睹。然而我们认为京蒙合作不应只局限于政府层面、对口帮扶层面、基础建设层面等，而应该向着更长远的京蒙双方合作共赢的方向去努力。

首先，应该从以政府行政为主导的对口支援，向更广泛的市场配置资源、政府搭台唱戏的对口合作进行转变。从当前京蒙帮扶合作的实际情况来看，两地的合作主要是由两地政府主导并推动的合作。政府主导方式的不利方面在于前期项目引入力度大，而后期扶持和监管力度小，这就导致项目引入的时候轰轰烈烈，项目后期经营和管理弱化。伴随市场经济体制的确立，京蒙之间这种以政府为主角，以帮扶为基调的区域合作却越来越难以为继，单纯地财政“输血”导致内蒙古产业造血功能的严重匮乏，市场主体的缺失导致对口帮扶难以真正惠及内蒙古经济。我们建议，两地合作项目应该依靠政府、企业、园区和社会的参与。政府推动、企业主体、市场融合、产业协同、社会参与的大格局还需要进一步提升，特别是全社会的广泛参与，协同推进至为重要。

其次，应该从“重砖头瓦块，轻产业协作”的对口支援形式，向更广泛的产业协作、合作共赢的模式转变。当前，京蒙帮扶资金大部分用于建设学校、医院、幼儿园、道路等基础设施，以北京“输血”式为主，产业协作投入相对较少，在一定程度上造成“重输血，轻造血”的局面。尤其在产业协作方面，京蒙两地区位相近，交通便捷化初步形成；资源禀赋各异，经济互补性较强；比较优势突出，合作发展空间和潜力巨大，京蒙两地的产业合作领域还有很大的上升空间。

再者，京蒙产业协作需要系统谋划，全面对接。要深刻理解京蒙两地发展的差异性，包括自身基础条件差异，经济发展的阶段不同，产业结构有差异。因此，在对口合作的行动理念、人才支撑、科技辅助、金融支持等方面需要系统谋划、全面对接，力促一些项目落地。

当前，北京非首都功能的对外疏解对内蒙古而言是一次前所未有的历史契机。内蒙古正处于经济转型升级的关键期，面临着加快发展和结构调整双重压力。内蒙古利用自身独特的区位优势和产业基础设施条件积极承接北京产业，有利于吸纳北京的外溢要素，形成新的经济增长极；有利于提高科技创新能力，推动产业优化升级，构建现代产业体系；有利于优化基础设施，改善生态环境，完善公共服务；有利于缩小城乡差距，促进内蒙古贫困地区发展。

我们也可以看到，京蒙两地正在共同发力，从最初的“输血式帮扶”正悄然转变为“造血式协作”。进入“十三五”时期，内蒙古愈发展现出惊人的活力与干劲，随着国家“一带一路”建设、京津冀协同发展等重大战略的实施，京蒙合作也迎来了新的发展机遇。大力承接首都产业转移，融入首都经济圈，正在成为新常态下内蒙古各盟市加快发展的动力之基、活力之源。

今天，内蒙古与北京的合作比以往任何时候更加紧密。京东方、京能、北控、首创等一大批国内知名的北京企业项目相继落户内蒙古。“十二五”期间，内蒙古引进北京市合作项目达1930多个，到位资金5600多亿元，占同期引进资金总额的30%，承接产业转移，推进区域合作，取得了丰硕成果。今后，京蒙协作应该是更加开放包容、多方共赢的合作，让社会资本广泛参与，政府搭台、企业唱戏式的协作，这样才能全面激发内蒙古的发展活力。从未来发展看，京蒙合作可以围绕农牧产业、文化旅游产业、现代装备制造、医疗健康产业、新能源产业和基础设施建设等领域，积极搭建合作平台，发挥京企在技术、管理和资金等方面的优势，创新地方政府与京企合作模式，推动京企与当地企业合作，带动当地特色产业优化升级，实现资源共享、合作共赢。

□ 瓶颈制约：一边捆着草，一边饿着牛

目前，京蒙协作的当务之急在于内蒙古如何抢抓京津冀协同发展、北京非首都功能疏解的重大历史机遇，更好地承接首都产业转移，进一步推动大企业、好项目和战略性新兴产业落户内蒙古自治区，这是眼下京蒙双方都要

深入研究的重大问题，其中既包括北京的产业疏解模式再造，也包括内蒙古的产业承接模式创新。

自2014年2月，习近平总书记亲自做出推动非首都功能疏解，促进京津冀协同发展的战略部署以来，北京的产业疏解作为其中的关键环节和重中之重，一直吸引着大量来自全国各地，尤其是内蒙古十二个盟市的园区负责人，纷纷前来进行产业对接，积极要求承接北京企业。他们闻风而动，跑步进京寻求产业对接和产业协作，一时间场面热火朝天，盛况空前。然而，四年多的高歌猛进与全面开花，效果却差强人意。

一个不容回避的严峻现实已经摆在面前，北京的产业疏解是一项没有经验可循的创新性系统工程。无论是制定产业转移名单，倒逼企业主动撤离的存量疏解，还是引导大量准备进京落户的企业主动布局周边区域的增量控制，都触及一些深层次的体制机制问题，是一场充满机遇和挑战的“大考”。

近年来，北京市主要通过对口支援、帮扶协作、区域合作等行政举措推动与新疆、西藏、青海、内蒙古、南水北调受水区等贫困落后地区的经济合作，先后摸索出了一些产业合作模式，在“空对空”的政府之间合作、“地对空”的政企之间合作以及“地对地”的企业之间合作，都进行了大量的尝试。但由于这些区域产业基础比较薄弱，在产业协作方面难有实质性进展和突破。最具代表性的案例，便是京蒙合作二十年来，面临的三大瓶颈——

第一大瓶颈：北京周边区域及全国广大的后发地区，经济实力弱，产业基础差，财政底子薄，基本还都是“吃饭财政”，没有足够的资金、技术和经验进行产业园区的大规模设施建设、产业招商和运营管理。

第二大瓶颈：各地同一区域内，开发区林立，互不通气、互不相让、过度竞争、争抢项目，存在同质化的恶性竞争；推介会一场接一场，签签字、鼓鼓掌，“字面”多、落地少，花费多、收效少，缺乏有效整合。尤其是各地在京“点对点”式的招商模式，已经陷入死胡同，针对单个企业的招商公关收效甚微，而进京招商的盲目性，导致得不偿失，难以为继。

第三大瓶颈：各地园区的管理模式落后，融资渠道狭窄，行政服务效率低下。很多地方的园区大多采用“官办官看”的行政推动模式，卡拉OK，自娱自乐，缺乏市场主体的深度参与，既缺乏市场化和资本化运营的战略思路，又缺乏灵活运用“资源→资产→资本→资金”的有效手段，不但没能成为地方经济的财富引擎，反而沦落为财政包袱。

目前，由于北京与周边区域历史上形成的“产业悬崖”现象，以及全国后发地区僵化落后的招商引资模式，致使北京的产业疏解及跨区域产业协作困难重重，瓶颈众多。这些问题正严重制约着北京产业“走出去”的步伐，因此，北京产业疏解与跨区域产业协作的模式再造已是迫在眉睫，刻不容缓。

北京的产业疏解是一篇大文章，不仅需要理论，更需要实践；不仅需要战略，更需要策略；不仅需要理念，更需要手段。在中国经济步入新常态的时代大背景下，北京非首都功能的疏解及与全国各地尤其是内蒙古等后发地区的跨区域产业协作将何去何从，国人正拭目以待。

“一边捆着草，一边饿着牛”北京要疏解，内蒙古要承接，但两地对接缺乏市场机制和模式创新，这就是当前京蒙产业协作的尴尬局面。京蒙协作，只有确立了企业的主导地位，严格遵照市场规律行事，杜绝政府间强拉郎配，做好合作模式设计，两地协作共赢的新时代才能真正到来。

目前，国内经济下行压力增大，招商引资竞争进一步加剧，企业投资愈来愈谨慎。经过多年的产业协作研究，笔者对北京转移企业到外地投资发展进行了长期跟踪与深入研析，总结出京企的六大需求，分别是“市场开放”的需求、“基金引导”的需求、“飞地政策”的需求、“人才配备”的需求、“营商环境”的需求、“协助搬迁”的需求。基于此，我们提出了如下加强京蒙产业协作、合作共赢的发展策略。

第一是“市场开放”的需求，即以市场换投资。北京企业在选择疏解或者对外扩大再生产时，希望当地能够开放一部分市场，能够在当地得到更好的发展。无论对于生产制造型企业或者是文化旅游、健康养老等现代服务业，开放部分市场，都对北京企业有相当的吸引力。基于此，内蒙古各地市要深入挖掘自身优势和潜力，结合相关产业与本地市场的匹配度，巧妙利用“以市场换产业”的方式，带动地方经济快速发展。此外，还要学会“以项目换投资”。围绕“十三五”期间内蒙古重点发展的产业目录，政府可以联合专家精心策划包装一批战略性强、投资额度大、辐射带动作用明显的项目，吸引央企、地方国企、实力民企等各方资本参与到内蒙古各盟市的投资建设中来，以点带面，以外促内，拉动当地的产业园区建设。

案例一：太原—比亚迪联姻三步走战略

2015年12月22日，比亚迪总裁王传福分别与山西省政府和太原市政府签订了《山西省人民政府比亚迪股份有限公司战略合作框架协议》与《太原市人民政府比亚迪汽车工业有限公司投资协议书》。

根据协议，比亚迪总投资40亿元在山西太原建设生产基地。其中一期投资20亿元，到2016年年底将形成年产2000辆纯电动客车、2000辆纯电动专用车的生产能力。二期投资20亿元，增加工矿作业车生产线，并扩大客车和专用车产能，形成年产5000辆纯电动客车、5000辆纯电动专用车和2000辆工矿作业车的生产能力。

太原市政府则以最大的市场诚意回报比亚迪的投资，且投资回报速度之快、执行力度之强，在全国尚属首例。太原市原有的8200多辆出租车在2016年全部替换为比亚迪的纯电动E6。按照该车型30.98万元的市场价计算，将是高达25.4亿元的市场规模。根据太原市政府的规划，2016年到2018年，太原将每年更新纯电动公交车1000辆，三年内累计投放3000辆纯电动公交车，政府优先采购比亚迪产品。

第二是“基金引导”的需求。产业引导基金对于东北、西北和一些经济欠发达的地区来讲意义比南方更为深远。由于北方受地缘、气候条件限制，经营、生存的环境相对来讲比较恶劣一些，企业投资产出运营远逊于南方的便利条件，所以当地政府必须加大支持力度。政府为加快企业投资落地，解决企业融资难、融资贵的问题，组建各类产业引导基金，从长远来讲对于培养域内企业家的经营管理理念，提升企业核心竞争力，加速推进产业转型升级将大有裨益。基于此，自治区以及各盟市政府可以探索从预算安排和财政资金中拿出一部分，组建产业引导基金。一方面，扶持自治区内、各盟市内的产业发展，可实现让利于民、推动企业发展、培养税源的目的。另一方面，促进首都优质资本、项目、技术、人才向本地聚集，实现政府主导与市场化运作的有效结合，推进全域创业创新和产业转型升级。

第三是“飞地政策”的需求。“飞地经济”是发达地区与欠发达地区合作的“飞地扶贫”模式。在北京对口支援的多个地市中，内蒙古各地市如何能在北京的众多的飞地中实现突破性的进展，成为示范性项目，还需要当地政府、北京市乃至中央出台一系列更优惠、更适用的税收政策、土地政策、上市政策，唯有如此才能吸引到更多的企业在当地落户。

案例二：霍尔果斯产业飞地最优政策

近两年，很多明星的公司里都带有霍尔果斯几个字，设市之后的2年间，霍尔果斯注册公司就有5000多家，因为它具有堪比“避税天堂”。

为了招商引资，霍尔果斯特区给予企业非常大的税收优惠，比如所得税5免5减半（即前五年免企业所得税，后五年企业所得税减半征收），增值税按比例返税（缴纳的税额越高，返还的比例越高，最高可返还50%）等，除此之外还有个人所得税补贴，厂房补贴，快速上市通道，等等。一系列优惠政策和开放包容的态度吸引了一大堆企业驻扎，也成为许多影视明星的避税天堂，霍尔果斯被戏称“霍莱坞”。

不仅如此，霍尔果斯开始加速国际金融产业布局，霍尔果斯新丝路（跨境）金融小镇于近日揭牌成立，小镇支持设立、进驻小贷（网络）、租赁、保理、担保、供应链金融、消费金融等各类新兴金融机构，覆盖全金融产业链。

第四是“人才配备”的需求。目前，人才“短板”已成为项目落地难的关键要素。像内蒙古这种后发地区在发展大数据、电子信息、现代农业等战略性新兴产业的过程中势必遇到企业不愿落户，或者即使靠政府力量落地后却发展不起来的种种困境。因此，配备相关产业的人才资源是必不可少的方面。建议自治区相关盟市联合教育发展机构投资建设职教园区，根据内蒙古各地产业发展规划的需求设置相关的专业，培养产业工人、管理人员、基层服务人员等，形成产教融合、以教促产、以产带教的良性局面。按照北京待疏解的产业特点，以及结合内蒙古各地实际情况，突出加强教育、卫生、农业、工程、文化等重点领域和新产业、新业态急需的紧缺技工队伍建设，培养造就一支规模合理、符合产业需要、立足基层发展的基层专业技术人才队伍，为北京外迁产业落户提供人才条件。另外，内蒙古的人才培养方向，还应当适时调整，从“对接产业”“服务产业”向“提升产业”和“引领产业”延伸，为产业转型升级预留空间。

案例三：潍坊滨海区产教融合:全国职教体制创新先行区

潍坊滨海国家职业教育园区着眼于解决市场需求与学校培养不对称造成的“职业院校招生难、学生就业难和企业招工难”问题。滨海区以海洋科技大学园为依托实施生均补助标准（区财政每生每年补助1000元）、校企合作、企业办学等一系列制度创新，大力推动涉海职业院校和专业建设，努力打造海洋职业院校聚集发展的平台。

目前，入园项目达32个，19所科研院校、院所及培训机构进驻，潍坊职业学院、山东海事职业学院、山东信息职业学院等10所院校实现招生，在校师生达到8万人。各职业院校从“对接产业”与“服务产业”向“提升产业”和“引领产业”延伸，先后设置和组建了轮机工程、港口与航道管理、海乘服务等21个专业，基本覆盖了区域内的优势产业、基础产业和部分战略性新兴产业的主要岗位与工种，形成了与蓝色海洋产业对接的现代职业教育专业体系。

职教园区紧跟区域产业转型发展趋势，力促潍坊市产业转型、新旧动能转换。据初步统计，园区内职业院校的毕业生就业率在98%以上，70%以上的学生到山东、上海、江苏、福建等沿海城市的涉海岗位就业。

第五是“营商环境”的需求。内蒙古属于后发地区，行政效率和服务意识等营商环境改进的空间很大，而北京企业对于政府工作效率和平台支持力度的要求比较高，高效到位的平台支持对于北京企业落地至关重要。当今时代，环境就是竞争力。营商环境是关系未来发展的软实力。一个“制度税”奇高的地区，自然难以积蓄眼前的优势，更遗憾的是，还将会在新一轮资本、技术、人才的城市竞争中，缴上一笔“智商税”，延误当地经济发展。当地政府能否提供高效便捷的行政服务，是北京企业落户的重要考量要素。内蒙古各地市政府要贯彻以亲商、安商、富商的招引理念，积极构建“亲”“清”的新型政商关系，做到工作到位、政策到位、服务到位、关爱到位，让广大企业家投资放心、创业安心、发展顺心。建议内蒙古各地市对标杭州，在减少审批事项、提高办事效率、优化投资环境、增强企业获得感等多方面持续下苦功夫，营造积极良好的营商环境。政府和企业应该牢固树立一种“我负责雨露阳光，你负责茁壮成长”的共赢理念。

案例四：对标国际一流，杭州打造最佳营商环境

进入2018年，招商引资和营商环境就受到了全国舆论的集中关注。近日，国内著名互联网医疗公司、估值近百亿人民币的丁香园，其创始人针对招商引资营商环境讲述了自己的亲身经历：他创业途中，从哈尔滨一路南下杭州，切身体会到了不同地区招商引资营商环境的真实感受。

丁香园的创始人感叹，杭州让我重新认识了政府，重新认识了政府公务员。在杭州创业十多年，工商、税务等政府机构人员，我们几乎一个都不曾相识，但我又感觉和他们非常熟悉，一点都不陌生。杭州市政府给了企业家一个自由、开放、平等的软环境，平时帮忙不添乱，需要服务时出现，这种“亲”“清”的政商关系正是企业需要的。

现在，杭州创业的氛围越来越浓厚，越来越多像丁香园这样的企业如雨后春笋般出现在杭州的创业版图上，杭州在各种排行榜上也正向新一线城市快速迈进。作为新浙江人，我想说：经济快速发展的驱动力有很多，市场、资本、技术等都会推动产业结构的升级和转型，但友好的政策、开放的意识、高效的作风等软环境也同样重要。

第六是协助搬迁的需求。北京的制造业生产环节、商贸物流市场在向外地搬迁的过程中，由于路途遥远、企业的负担较大而导致搬迁的动力不足，如政府能协助整体搬迁，企业搬迁的动力会加大，非首都功能疏解会更有效率。

雄关漫道真如铁，而今迈步从头越。在北京市的大力支持下，经过内蒙古各族干部群众的共同努力，京蒙产业协作正在破冰前行，积极探索，未来有望取得突破性进展。

□ 战略破局：一个成功的实践，超过一千打纲领

京蒙合作，从“输血式帮扶”到“造血式协作”，其间道路曲折漫长，充满探索的艰辛，必须要有敢为天下先的坚韧勇气。这其中，呼和浩特作为内蒙古的首府，又是全自治区的首善之地，在京蒙产业协作中率先发力，勇于探索，为京蒙两地趟出了一条崭新的协作之路，我们谓之“首都带首府，共奔富裕路”模式。

呼和浩特作为自治区首府，北京作为国家首都，必须联手才能推动呼包鄂成为京津冀拓展区，而京蒙协作的最高形态就是推动呼包鄂成为京津冀协同发展拓展区，共同联手打造世界级城市群，带动内蒙古融入全球经济，配置全球资源，实现全球定位。

无疑，呼和浩特在推动京蒙协作，实现区域经济一体化，从而走向全球经济一体化的进程中，应该站得更高，看得更远，想得更多，做得更实。

目前，呼和浩特正处于机遇叠加、蓄势奋发的重要时期，正面临“三新四大”的全新战略挑战。“三新”，即中国进入沿边开放新时代；京蒙协作开启务实新阶段；呼市面临国家新区建设新起点。“四大”，即构建大城市、培育大产业、完善大交通、融入大战略。

京蒙（呼和浩特）高端产业合作对接会现场

2017年12月22日，京蒙（呼和浩特）高端产业合作对接大会在京隆重举行，规模空前，史无前例。北京16区县66座园区105家企业报名，218名董事长和总经理参会，既有财力雄厚的中央企业，也有资源丰富的北京国企，还有大量技术先进的民企集团，涉及旅游休闲、文化创意、养生养老、现代农业、商贸物流、信息技术、大数据云计算、高端医疗设备、军民融合、节能环保、新能源开发等众多领域。

呼和浩特市委副书记、代市长冯玉臻介绍呼和浩特情况

呼和浩特市委副书记、代市长冯玉臻在致辞中指出，目前呼和浩特正按照工业集中、集聚发展的思路，依托1个国家级经济技术开发区，1个国家级高新技术产业开发区和11个自治区级开发区科学布局产业项目。自治区正在举全区之力、汇全区之智规划建设和林格尔新区，目前正在申报国家级新区。伴随着各项工作的快速推进，为项目引进落地提供了广阔的发展空间。

呼和浩特经过近年来的快速发展，已经打造形成了绿色食品加工、电力能源、石油化工、新材料、生物医药、电子信息六大支柱产业，大数据云计算、新能源、装备制造等战略性新兴产业蓬勃发展，全市高新技术企业达到199家，战略性新兴产业占工业比重超过28%。

呼和浩特还以打造我国北方大数据中心为目标，引进中国移动、中国电信、中国联通三大运营商建立数据中心，服务器装机能力达到70万台，吸引了百度、腾讯、搜狗、京东、浪潮等一批知名企业入驻，大数据产业已经成为呼和浩特未来发展的新引擎。

此次，京蒙高端产业合作对接大会，呼和浩特开创京蒙务实协作新纪元：市场成主导，企业唱主角，政府服务好，项目落地高。近5小时的精准对接会，4.2小时留给了企业家，政府服务意识好，企业投资热情高，真正做到了政企互动，产业对接，合作共赢。近30家重点企业就自己在呼和浩特的发展计划及希望政府配备的政策做了详细的介绍。

京蒙（呼和浩特）高端产业合作签约仪式

现场，来自中关村创新区、亦庄经开区、临空经济区、亚奥文体区、未来科技城、总部基地、金融街、CBD等北京高端产业功能区的17家高新企业集团与呼和浩特签署战略合作协议，准备深耕内蒙古市场，辐射俄蒙市场，走向全球市场。

首府对接首都，榜样的力量是无穷的。此次，京蒙（呼和浩特）高端产业对接大会圆满成功，意义非凡，开创了京蒙务实合作的新篇章。此次会议标志着，京蒙协作开始走向以企业为主导地位，政府搭台、企业唱戏，遵照市场规律行事，两地协作共赢的新时代。面对疏解非首都功能新形势新机遇，呼和浩特努力寻找双方共同的契合点。呼和浩特市委、市政府郑重承诺，真诚对待来呼和浩特投资的每一家企业、每一个项目。充分尊重企业的市场主体地位，切实把主要着力点放在为企业提供服务上来，保护好企业权益。坚持信守诺言，做不到的不向企业随意承诺，凡是承诺给企业的优惠政策，会不折不扣地兑现，绝不含糊，绝不推诿。同时，进一步完善“一站式审批”“一条龙服务”的体制机制，全力为企业提供高效快捷的行政服务，切实做到报批无梗阻、建设无障碍、经营无干扰、服务无止境。

下一步，呼和浩特将借助京津冀协同发展战略的深入实施，发挥距离近、区位优、资源足、政策好等综合优势，积极参与、主动对接、深度融入，努力做好区域协作、互利共赢这篇大文章。

一个成功的实践，超过一千打纲领。这就是此次京蒙（呼和浩特）高端产业对接大会的重大意义所在。

□ 京蒙合作助力内蒙古农牧业发展

内蒙古广阔的土地上人口和产业承载力相对有限，污染源较少，天蓝蓝、草青青、水甘甜，有机农牧食品深得北京市人民的喜欢。与此同时，北京市先进的科学技术成果可以助推内蒙古农牧业产业升级。因此，在京蒙合作中，农牧业可以大有作为。将北京先进农业技术输入内蒙古，将内蒙古优质农产品引入北京，实现合作共赢。

乌兰察布市是我国重要的马铃薯产地之一，生产的马铃薯占北京市场份额的70%以上，素有“中国薯都”之称。但很长一段时间里，北京市民甚至是乌兰察布人都很少知道这一情况，以为马铃薯多出自“中国菜都”寿光。究其原因，就是乌兰察布的马铃薯没有形成自己的“品牌”。当时，乌兰察布外销的马铃薯多数是通过贩运到山东寿光等地，经过包装之后又运往京城的，因此，人们根本不知道这些优质的马铃薯是产自乌兰察布。这样即使当地的产量再多、质量再优，也没有知名度、美誉度，更不用提及竞争力和影响力。

从二十世纪八九十年代起，乌兰察布便提出并实施的“土豆立盟”思路，到2009年的打造“中国马铃薯之都”，再到2011年举办开始逐年举办马铃薯展销大会等，都是立足乌兰察布极力推广当地马铃薯做出的实际举措。即使如此却收效甚微，一直以来乌兰察布的马铃薯在国内并没有话语权，外界知之甚少，甚至几度出现难卖的问题。长期以来乌兰察布马铃薯的种植面积稳定在200万亩左右，总产鲜薯440多完吨，种植面积和总产量在全国地区级的市中位居第一，占内蒙古的1/2，约占全国马铃薯年均种植面积和产量的6%。

这种局面出现改观，是从2015年北京市延庆举办世界马铃薯大会之后，世人们开始真正认识到乌兰察布的马铃薯。自2010年新一轮京蒙对口帮扶工作启动以来，北京市延庆区与内蒙古乌兰察布结为结对帮扶地区。多年来，在延庆和乌兰察布两地党委、政府各部门的积极推动下，形成了自上而下推进对口帮扶的良好工作氛围，各项工作取得了显著成效。世界马铃薯大会落户延庆后，北京市为了更纵向、更深入地支援乌兰察布，结合乌兰察布每年巨大的马铃薯产量，双方一致性地认为延庆世界马铃薯大会的举办势必为乌兰察布的马铃薯打开一扇大门。

得益于北京市在乌兰察布的对口支援干部的精心出谋划策，在2015年举办的延庆世界马铃薯大会上，乌兰察布的马铃薯出尽了风头，在国内市场和世界范围内引起了不小的反响。自此，乌兰察布才真正意义上做到了“中国薯都”，打上乌兰察布马铃薯标牌的产品开始销往全国各地，并销往日本、韩国、欧洲、美国等地。

京蒙乌兰察布协作除了为当地打开市场和知名度以外，由北京赴内蒙古挂职团队在京蒙两地政府的支持下，北京企业也主动和乌兰察布就马铃薯产业进行了广泛合作。北京市企业在乌兰察布建设了100万吨的马铃薯仓储库，在乌兰察布察右前旗投资8亿元建设全自动薯条加工厂，引进北京企业投资建设的全自动薯条加工厂，建设完成一座展览面积3000平方米的“中国马铃薯博物馆”。北京为乌兰察布提供了市场、技术、人才、资金等；乌兰察布则反馈给北京更优质的食品和服务，为北京企业创造了更广阔的商机，这正是京蒙合作共赢的优秀典范。

乌兰察布——中国马铃薯博物馆

提到京蒙合作助力内蒙古农牧业发展不得不提的另外一个案例便是锡林郭勒的羊肉。前面我们讲过，锡林郭勒羊吃的是野生草，喝的是矿泉水，每天行走十余里，羊肉形成了肉质鲜美、口感鲜香、多汁不膻、味道浓郁、营养价值高的独特品质。作为全国科技创新中心，北京创新资源密集，创新要素聚集，创新成果富集，创新动能强劲，辐射作用突出。在北京与锡林郭勒的产业协作中，北京更多的是技术输出，将大数据技术、云计算、“互联网+”等相关手段与锡林郭勒羊联合，设立“锡林郭勒羊肉”全产业链追溯体系，即通过数据和网络系统把一只羊从牧场到餐桌的所有信息搜集起来并可查询。

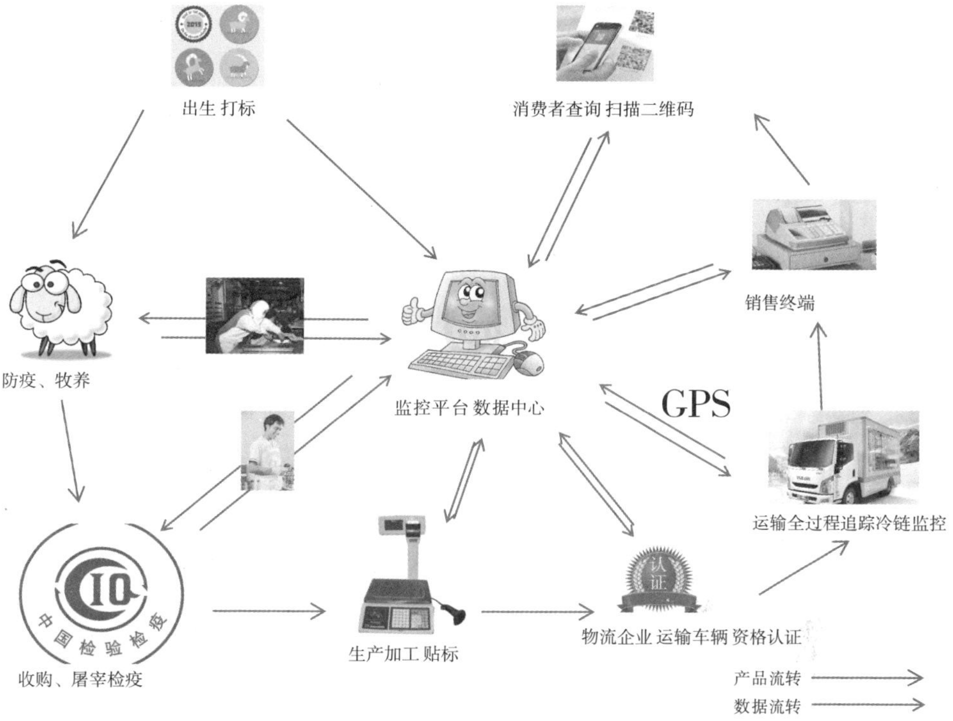

锡林郭勒羊肉全产业链追溯体系

“锡林郭勒羊肉”全产业链追溯体系建设工作，是运用物联网技术以及数据库等现代信息技术手段建立追溯管理平台，实现羊肉从养殖、屠宰加工、物流配送、消费终端等全产业链的无缝监管，做到来源可追溯、去向可查证、责任可追究的全程追溯体系管理。在北京的协助下，锡林郭勒被国家工信部作为全国唯一开展全产业链追溯体系建设的试点地区。

京蒙锡林郭勒在羊肉方面的科技、产业协作既提升了羊肉的品质，又带动了当地“草原+羊”旅游产业的发展，更深入推进了锡林郭勒羊全链条的可追溯体系，意义重大。

第十八编　开放带开发：建设北疆桥头堡 打造“远东共同体”

这是一个区域一体化和经济全球化的时代，开放是繁荣的必由之路。伴随国家“一带一路”建设和经略周边战略的深入实施，内蒙古在国家对外开放格局中的地位更加重要、作用更加凸显，对外开放到了一个打造升级版的重要窗口期，不开放没有出路，开放徘徊不前也没有前途。只有通过实施更加主动、务实的对外开放战略，把内蒙古的潜力和优势充分释放出来，才能在新一轮竞争中抢占先机，为经济发展注入新动力、拓展新空间，在新常态下实现新突破。

改革开放以来，内蒙古对外开放水平不断提高，开放对发展的促进作用日益显现，但是与沿海发达地区相比，与内蒙古具备的区位优势相比，开放型经济还存在不少瓶颈，开放不够仍是内蒙古现实，是经济发展中的薄弱环节。

2014年1月，习近平总书记考察内蒙古时强调，要通过扩大开放促进改革发展，发展口岸经济，加强基础设施建设，完善同俄罗斯、蒙古国的合作机制，深化各领域合作，把内蒙古建成向北开放的重要桥头堡。

内蒙古自治区政府在《“十三五”规划纲要》中指出，要深化对外开放，并着重提出三点要求：坚持以推进基础设施互联互通、深化与沿线国家经贸合作、加强人文交流、完善对外开放区域布局为重点，深度融入“一带一路”的建设；坚持以加强开放平台载体建设、打造中俄蒙经济走廊为重点，提高对俄罗斯蒙古国的开放合作水平；坚持以完善投资机制、通关便利化机制和创新政策机制为重点，营造良好营商环境，构建开放型经济新体制，拓展开放型经济新空间，建成我国向北开放的重要桥头堡和充满活力的沿边开发开放经济带。

前途无限光明，但道路却十分曲折，而且艰辛。

内蒙古在中俄蒙经济走廊建设中，其战略定位如何更加清晰，避免大而化之，目标模糊？其战略对接如何更加精准，避免一厢情愿，自说自话？其战略运营如何更加务实，避免四面出击，泛泛而谈？

2018年，正值中国改革开放40周年之际，内蒙古的对外开放又站在了新的历史起点上，何去何从，值得深思。

□ 内蒙古与六大经济走廊

2013年9月和10月，中国国家主席习近平在出访中亚国家哈萨克斯坦和东南亚国家印度尼西亚期间，先后提出共建“丝绸之路经济带”和“21世纪海上丝绸之路”的战略构想，得到国际社会高度关注和有关国家积极响应。自此，“一带一路”倡议成为世界热点，逐步引发全球共鸣。中国希望加大对周边国家的开放来促进区域合作与谋求经济发展，从而不断推动欧亚大陆经济的互联互通，由此我国确立了与邻国进行对接的六大“经济走廊”，分别是中俄蒙、新亚欧大陆桥、中国—中亚—西亚、中国—中南半岛、中巴、孟中印缅六大经济走廊。这六大经济走廊成为建设“一带一路”的主要载体。

内蒙古横跨东北、华北、西北，毗邻黑龙江、吉林、辽宁、河北、山西、陕西、甘肃、宁夏八省区，北面与俄罗斯、蒙古两国接壤，有着长达4200多公里边的境线，是“一带一路”陆路通道中的重要节点，同时也是我国向北开放的前沿，具有沿边开放的独特优势。

当前，内蒙古正以澎湃的热情，积极主动地服务和融入“一带一路”的建设，积极构建“北上南下、东进西出、内外联动、八面来风”的对外开放新格局，联动陕甘宁新等周边区域，全力打造“一带一路”建设的重要枢纽，全面参与到六大经济走廊建设和开发的进程中去。

（1）中俄蒙经济走廊

中俄蒙经济走廊涉及中国、蒙古、俄罗斯三个地缘毗邻的国家，是国家所列“一带一路”六大经济走廊中的第一重要廊道，也是首条完成规划纲要编制并顺利签署的经济走廊，获得中俄蒙三国的强力推动，建设进度较快。2016年6月，中俄蒙三国元首在上海合作组织塔什干峰会上见证签署《建设中俄蒙经济走廊规划纲要》。

中俄蒙经济走廊主要分为两条线路。第一是从京津冀到内蒙古的乌兰察布及呼和浩特，再从边境城市二连浩特到达蒙古国首都乌兰巴托，然后汇入俄罗斯远东铁路网。第二是沿着老中东铁路从大连、沈阳、长春、哈尔滨到满洲里和俄罗斯的赤塔。

两条线路均将中国的环渤海经济圈通过中俄蒙经济走廊与欧洲经济圈连接起来，形成一条从亚洲到欧洲的北方通道。与丝绸之路经济带从西北地区走新亚欧大陆桥相比，这条经济通道连接我国东北、华北地区，向东可以抵达俄罗斯海参崴出海口，向西延伸到俄罗斯赤塔并进入亚欧大陆桥，具有运输时间短、途经国家少、通关成本低等优势，是一条潜力巨大的经济走廊。

内蒙古在中俄蒙经济走廊中具有独一无二的区位优势，上述两条线路均要借道内蒙古，尤其是满洲里和二连浩特两大口岸。目前，经由满洲里已开通“津满欧”“苏满欧”“粤满欧”“沈满欧”等“中俄欧”铁路国际货物班列，并基本实现常态化运营。

（2）新亚欧大陆桥经济走廊

新亚欧大陆桥又名“第二亚欧大陆桥”，是一条从中国东部城市江苏连云港到荷兰鹿特丹港的国际化铁路交通干线。国内由陇海铁路和兰新铁路组成，到中哈边界的阿拉山口出国境。出国境后经哈萨克斯坦、斯摩棱斯克、布列斯特、华沙、柏林到达荷兰的鹿特丹港，全长10900公里，辐射世界30多个国家和地区。

从交通便利化程度而言，新亚欧大陆桥将环太平洋经济圈和欧洲经济圈连接起来，是两者距离最短的陆路物流通道，它比北侧的“第一亚欧大陆桥”（主要依赖俄罗斯的西伯利亚大铁路）缩短了陆上运距2000~5000公里，比绕道印度洋和苏伊士运河的水运距离缩短了1万余公里，运费节约20%，时间减少一半。不足之处在于，新亚欧大陆桥横贯亚欧大陆，沿线途经中国、哈萨克斯坦、俄罗斯、波兰等众多国家，通关成本高，经济社会状况较为复杂。

（3）中国—中亚—西亚经济走廊

该条线路国内部分与新亚欧大陆桥经济走廊重叠，在新亚欧大陆桥从阿拉山口—霍尔果斯出中国国境后，折向西南，经哈萨克斯坦、乌兹别克斯坦、吉尔吉斯斯坦、塔吉克斯坦、土库曼斯坦、伊朗、伊拉克、土耳其，形成一条新的经济走廊。与亚欧大陆桥突出铁路交通优势不同，这条连接中国—中亚和西亚沿线国家的经济走廊是一条能源大通道，是中国—中亚石油管道和天然气管道的必经之地。目前，中国同塔吉克斯坦、哈萨克斯坦、吉尔吉斯斯坦先后签署共建丝绸之路经济带双边合作协议。随着合作的深入，除能源之外，一批物流合作基地、农产品快速通关通道、边境口岸相继启动或开通，双方海关物流更加通畅，中国—中亚—西亚经济走廊将不断延伸到伊朗、伊拉克、沙特、土耳其等西亚北非地区众多国家，成为另一条打通亚欧非三大洲的经济走廊。不足之处在于，中国—中亚—西亚经济走廊涉及国家、民族、宗教众多，通关成本高，且易受沿线国家与地区时局动荡影响。

（4）中巴经济走廊

中巴经济走廊涉及中国和巴基斯坦两个国家，主要路线为中国新疆乌鲁木齐—喀什—红其拉甫—巴基斯坦苏斯特—洪扎—吉尔吉特—白沙瓦—伊斯兰堡—卡拉奇—瓜达尔港，全长4600多公里。

巴基斯坦是我国最重要的邻邦国家之一。在与我国确立“伙伴关系”的国家中，巴基斯坦是唯一的“全天候战略合作伙伴”。中巴经济走廊贯穿巴基斯坦全境，北通丝绸之路经济带，南接21世纪海上丝绸之路，成为“一带一路”重要组成和联动枢纽。中国国家主席习近平在2015年4月访问巴基斯坦，提出以走廊建设为中心，以瓜达尔港、能源、基础设施建设、产业合作为重点，共同推进修建新疆喀什市到巴方西南港口瓜达尔港的公路、铁路、油气管道及光缆覆盖“四位一体”通道的远景规划。随着我国第二条进疆铁路格尔木—库尔勒铁路（远期将连接至喀什及瓜达尔港）的建设，作为中巴经济走廊后方腹地的新疆、内蒙古西部、青海等地区将进一步巩固双向开放发展态势。

（5）孟中印缅经济走廊

在亚欧大陆巨大的褶皱山系——喜马拉雅山脉南侧，是孟中印缅经济走廊。这条连接太平洋与印度洋的桥梁与纽带，主要涉及孟加拉、中国、印度和缅甸四国，主要路线是从中国西南地区出发，连接印度东部、缅甸及孟加拉。孟中印缅经济走廊缘起于20世纪90年代云南省提出的中印缅孟地区经济合作构想，但此后各方合作进展缓慢。近年来，经中印两国力主推动，孟中印缅经济走廊迎来快速发展的转机，特别是将珠三角经济圈与印度经济连接起来，对沿线国家的发展是一个巨大的推动，将有利于该地区乃至整个亚洲的经济大繁荣，也有利于沿线各国人民生活水平的提高。

（6）中国—中南半岛经济走廊

随着中国与东盟自由贸易区的发展，中国珠三角经济圈与中南半岛国家的经济联系日益密切，在中国—东盟命运共同体架构下，一条连接珠三角经济圈与中南半岛国家的经济走廊开始浮现。该经济走廊东起珠三角地区，沿南广高速公路、桂广高速铁路，经南宁、凭祥、河内至新加坡，将以沿线中心城市为依托，以铁路、公路为载体和纽带，开拓新的战略通道和战略空间。目前，在两广地区，已经在积极推进沿线大城市间的合作，并通过产业园区开发和基础设施互联互通，推进经济大通道的形成，特别是沿线国际性交通运输大通道的建设，必将把中国与东盟更加紧密地联系在一起。

综上所述，中俄蒙经济走廊作为六大经济走廊中的第一重要廊道，战略意义极为重要，且三国对此走廊的合作契合度较高。中俄蒙三国是永久的邻居，也是经济共同体、利益共同体、责任共同体、安全共同体。而内蒙古基于与蒙古、俄罗斯天然相近的区位和民族等优势，在中俄蒙经济走廊的地位可谓是核心枢纽，下一步内蒙古在中俄蒙经济走廊的合作中将会大有可为。

除了如上所说的内蒙古在中俄蒙经济走廊重点的重要地位外，我们通过研究可以发现，内蒙古在其他三大经济走廊中可发挥的作用依旧可以很大。正如我们在“第十五编”“第十六编”所述，蒙东地区联合黑吉辽三省区域合作可以打通中俄蒙经济走廊中的第二条线，即与老中东铁路从大连、沈阳、长春、哈尔滨到满洲里和俄罗斯的赤塔。蒙西区域联合陕西、甘肃、青海等区域合作可以打通“新亚欧大陆桥经济走廊”。蒙西区域联合新疆合作可以打通“中国—中亚—西亚经济走廊”和“中巴经济走廊”。对于如上三大经济走廊的开发和合作，内蒙古与陕甘宁新区域和产业合作的新思路我们在“十六编”中已有详细的阐述。下面我们会重点就内蒙古在中俄蒙经济走廊中定位和发展思路做进一步阐述。

□ 中俄蒙：从经济共同体到命运共同体

近年来，在“一带一路”大框架下，中俄蒙经济走廊的积极推进为沿线国发展带来了新机遇，也为中俄蒙三国区域间合作增添了新活力。从2014年9月11日，中国国家主席习近平在出席中俄蒙三国元首会晤时提出，要将“丝绸之路经济带”同俄罗斯“跨欧亚大铁路”、蒙古国“草原之路”倡议进行对接；到2015年7月9日，三国元首在乌法会晤，发布了《中俄蒙发展三方合作中期路线图》；再到2016年6月23日，三国元首在上海合作组织塔什干峰会上见证签署包含7大方面32个具体项目的《建设中俄蒙经济走廊规划纲要》，标志着“一带一路”框架下的第一个多边合作规划纲要正式启动实施。细数清单，三国政府和首脑为了务实推进中俄蒙经济走廊建设所作出的不懈努力和成果跃然其上，三国未来合作美好蓝图已徐徐展开。

然而，我们也深知，中俄蒙经济走廊的发展如何从“三张皮”变成“一张图”？如何从背靠背，走向手拉手，最终实现心连心？这一切都亟待内蒙古发挥主体带动作用，作为核心引擎带领区域经济实现腾飞。

最为紧要的是，内蒙古需要深入思考其在中俄蒙发展战略对接中的主体定位问题。内蒙古在“8337”发展思路中有“五大基地、两个屏障、一个桥头堡和沿边经济带”八大发展定位，但其仍未跳出内蒙古自我认同，单向设计的范畴。至少内蒙古应进一步思考三个定位：其一是内蒙古既有地方区域和民族区域双重区域身份，又有维护国家北疆安全稳定的地缘战略身份，如何在中俄蒙发展战略对接中确立一种可以被三方接受的身份定位，需要周全考量。其二，在中俄蒙经济走廊建设中“发挥内蒙古联通俄蒙的区位优势”，是仅仅发挥地理交通上的“通风道”优势，还是发挥从点到线到面的“聚宝盆”与“战略平台”优势，需斟酌定位。其三，在地理上，内蒙古外与蒙、俄毗邻，内与黑吉辽冀晋陕宁甘八省区相连，如何定位其与内外各种主体的地缘关系，需要深思。

（1）中俄蒙经济走廊：三国战略融合的结晶

首先，我们要把握内蒙古在中俄蒙经济走廊中的战略定位，前提是要知悉中俄蒙各自的发展战略，进而从中提炼、提升和提纯内蒙古的战略价值。

中国极为重视中俄蒙经济走廊战略。中国将中俄蒙经济走廊建设放在国际经济合作“六大走廊”中的第一位，并且将其上升到与周边国家合作，建立基础设施、产业合作等互联互通网络的战略高度。目前中俄蒙经济走廊是首个完成规划纲要编制并顺利签署的经济走廊，获得中俄蒙三国的强力推动，建设进度较快。这些都表明了中国对中俄蒙开放合作战略对接的高度重视。

俄罗斯将中国所提的“一带一路”倡议提升到与本国所倡导的欧亚经济联盟战略合作的高度。俄罗斯认为由中国倡导的丝绸之路经济带战略与俄罗斯主导的欧亚经济联盟，同为欧亚大陆的经济发展战略，二者在战略利益上趋同，在地域辐射空间上有重叠，在经济合作内容上有交叉。俄罗斯尤其将西伯利亚和远东地区作为中俄合作的地缘经济和对外政策的一个关键发展方向。俄罗斯经济联邦委员会副主席谢尔盖·沙基洛夫认为，“一带一路”帮俄罗斯走出了西方的制裁困境，是俄罗斯经济增长的兴奋剂。俄罗斯总统普京在2016年国情咨文中就已清楚地提出“亚太地区在俄罗斯的对外关系中占优先地位”。“转向东方”符合俄罗斯经济发展的需要，是俄罗斯扩大与亚洲各国的经济合作的必然结果，也是发展西伯利亚和远东地区的强有力的推进器。

蒙古国将中国所提的“一带一路”倡议与本国所倡议的“草原之路”战略高度契合。蒙古国希望利用“草原之路”倡议的落实来发挥其地处中俄之间的地理位置优势，利用跨境运输贸易振兴经济，这与推进“一带一路”及中俄蒙经济走廊建设高度契合。蒙古国《今日报》撰文说，有了“一带一路”建设，蒙古国的矿业、农业、畜牧业、轻工业、旅游业和自由贸易区建设等领域都将面临新的发展机会，这也将有利于蒙古国的产品进入其他国家市场。

同时，从全球格局来看，近年来全球地缘政治格局出现新变化，英国退出欧盟，恐怖主义与难民问题将长期困扰欧洲、西亚地区，文明冲突论再度抬头，欧洲一体化进程面临重大挫折；美国、日本持续在南海、朝鲜半岛制造紧张局势，“一带一路”中的海上丝绸之路及西亚通道受到强烈挤压，中俄蒙经济走廊的战略意义得以凸显。

当前，中国希望加快西部开发与振兴东北经济、俄罗斯遭遇西方制裁希望加快开发远东地区、蒙古则期盼将其能源大力出口。俄方提出跨欧亚发展带构想，希望吸引欧洲和亚洲国家的资金和技术，形成一系列高新技术产业集群，以此为抓手实现西伯利亚和远东最大限度的开发。俄罗斯总统普京也建议用跨欧亚大铁路与丝绸之路经济带进行对接。2008年蒙古国通过《千年发展战略》，不仅要建成同中俄两个邻国相连的欧亚跨境运输线路，而且要租用其他国家港口开展海上运输。2011年还通过国家铁路网规划，要建设三纵一横铁路网。2014年进一步通过决议，将在与中国邻近的两段铁路采用与中国相同的标准轨，实现与中国铁路网的接轨。此外，蒙古国正在积极努力希望在天津建立专属经济区，还要打通乌兰巴托到天津港的出海通道。可以说，中俄蒙对于本国经济发展的需求使得中俄蒙经济走廊的打造具有紧迫性。

（2）中俄蒙经济走廊：理想很丰满，现实很骨感

其次，我们要把握内蒙古在中俄蒙经济走廊中的战略定位，还要清楚中俄、中蒙在战略对接中所面临的主要挑战，以便对症下药，精准定位。

中俄合作现状及战略对接所面临的挑战——

中俄两国交往历史久远，从明末清初至今已有三百多年了。在历史上两国关系错综复杂，既有竞争也有合作。但中俄双方均认为现在这个阶段是两国关系处于历史最好时期，俄罗斯将中国视作独特的战略合作伙伴。据中国海关总署发布的数据，2017年中国和俄罗斯贸易额达到840.7亿美元，增长20.8%，中国连续八年保持俄第一大贸易伙伴国地位。2018年1月至7月，中俄两国贸易额为583.51亿美元，同比增长25.8%。其中，中国对俄罗斯出口总额为269.03亿美元，同比增长16.6%；中国自俄罗斯进口总额为314.48亿美元，同比增长34.9%。

然而，两国在中俄蒙经济走廊的相互投资规模仍较小，相对两国如此之大的贸易额，显得微不足道，相互投资的领域也比较单一，支撑性、长远性的投资合作项目不多。究其原因，如果从俄罗斯方面来看，俄罗斯东部与西部地区经济发展不平衡现象严重，与中俄蒙经济走廊密切相关的俄罗斯远东地区自然条件恶劣，生存和工作环境艰苦，人口数量持续减少，开发资金严重短缺，道路交通、供电供热、电信和住房等基础设施建设长期滞后。如果从中国方面来看，我们之前讲过中国东北地区也面临如上的困境，而且东北的投资合作环境仍有待改善。我国东北地区投资合作政策环境较差，投资风险较高，使得双方投资合作的潜力未能完全释放。

最后不可忽视的一点仍然是国际形势动荡，中俄关系依旧扑朔迷离，不可预测性较强。中俄两国的合作尚未建立稳定、有效的协调管理机制和信息交流机制，而这种机制是保证彼此合作对接的前提条件。这些因素可能会给中俄两国的区域合作尤其是中俄蒙经济走廊建设、我国东北老工业基地振兴与俄罗斯远东超前发展区建设的对接合作带来一定的困难甚至增加变数。

如上所述，我们认为中俄双方贸易渠道还有待畅通，尤其是中国东北四省——黑吉辽蒙与俄罗斯远东地区的生产合作、技术合作等现代合作方式需要不断加强。

中蒙战略对接合作所面临的挑战——

蒙古国地处中俄两国之间，从地缘政治学角度其具有重要的战略地位。它是我国北方的重要邻国也是俄罗斯的重要邻邦，在中俄两大国之间起着一定的缓冲作用，在东北亚地区的发展与稳定大局中，蒙古国也成为平衡各方力量的一个重要因素。中国与蒙古有着深厚的历史渊源，且两国都是发展中大国，伴随着我国改革开放的脚步加快，两国经贸关系开始快速发展并不断推进。

自1999年开始，中国已连续18年保持蒙古国第一大贸易伙伴国地位，贸易总额不断上升连创新高。2014年两国外贸总额达到73.1亿美元，蒙对中贸易额占比达到66.45%，其中出口份额为88.21%，进口份额为42.45%。

蒙古国进出口贸易及与中国的贸易占比　　单位：亿美元

年度	蒙古国贸易状况			蒙古国出口状况			蒙古国进口状况		
	蒙古国进出口贸易总额	蒙古国对中国进出口额	蒙对中贸易额占比	蒙古国的出口贸易总额	蒙古国对中国的出口贸易额	蒙对中出口额占比	蒙古国的进口贸易总额	蒙古国对中国的进口贸易额	蒙对中进口额占比
2005	22.41	8.16	36.41%	10.63	5.13	48.26%	11.77	3.03	25.74%
2006	29.77	14.14	47.50%	15.42	10.49	68.03%	14.36	3.65	25.42%
2007	40.09	19.80	49.39%	19.48	14.11	72.43%	20.62	5.69	27.59%
2008	57.80	25.35	43.86%	25.35	16.36	64.54%	32.45	8.99	27.70%
2009	40.23	19.33	48.05%	18.85	13.94	73.95%	21.38	5.39	25.20%
2010	61.09	34.37	56.26%	29.09	24.66	84.77%	32.00	9.71	30.34%
2011	114.16	64.64	56.62%	48.18	44.40	92.15%	65.98	20.24	30.68%
2012	111.20	66.00	59.35%	43.85	42.46	96.80%	67.35	23.54	34.95%
2013	106.30	59.56	56.03%	42.65	35.06	82.20%	63.65	24.50	38.49%
2014	110.00	73.10	66.45%	57.70	50.90	88.21%	52.30	22.20	42.45%

数据来源：中国海关、蒙古国海关

然而由于中蒙两国资源禀赋差异，导致双方贸易结构不合理、中国对蒙古国投资结构不合理的现象也较为严重。蒙中贸易正常化以来，两国贸易结构就一直停留在中国出口以机电、轻工产品等劳动密集型产品为主，进口以矿产资源和畜牧产品等初级产品为主，而在其他领域的贸易合作则较薄弱，贸易结构的不合理使蒙中两国长期处于贸易不平衡状态。对蒙古国来说，长期出口原材料、未加工的产品获取利润非常低，而进口的产品大部分是粮食、蔬果、服装等快消品以及机械类产品（几乎80%以上依赖从外国进口），蒙古国不满意于这种出口利润低、进口消费大的贸易结构。

中国作为蒙古国第一大投资国，但投资结构较为单一。据蒙古国外国投资局统计数字显示，中国十多年来一直保持蒙古国最大投资国地位。蒙古国登记的国外直接投资中来自中国的直接投资为占总额的3/4以上；注册的外资企业里中资企业高达一半。然而，中国对蒙古国的投资结构过于单一，中国的投资资本约2/3集中在地质和矿山等能源领域，小部分投入到贸易和餐饮业，其他领域极少涉足。

很多蒙古人认为，用蒙古的矿产换取中国低廉的日用品是在掠夺蒙古国的自然资源，阻碍蒙古国经济的发展。这种思想的存在使得中国在蒙古国的一些企业人员常被抱有不满情绪，因此中国劳务人员在蒙经常遭遇冲突和不公平待遇。

（3）战略破局：从经济共同体到命运共同体

目前，尽管中俄蒙合作充满挑战，但我们依然认为中俄蒙合作对于三国来说意义都非常重大，是一种互利共赢的合作。如今，在全球范围内，尽管有单边主义和贸易保护主义抬头的现象，但我们依然认为，多边合作是发展的趋势。多边主义则指一国在处理国际事务时愿意遵守一般性共同规则、采取协调行动的理念和行为。当前全球经济面临的三大根本性矛盾是增长动能不足、经济治理滞后和全球发展失衡。而要从根本上应对这些问题，多边合作是唯一正确的方向。美国兰德公司曾发文表示，全球多边合作和地区合作正在加速发展，并将对世界经济产生深刻影响。

然而，目前看来，中俄蒙经济走廊有点类似于“三国演义”，即使合作也是基本以本国为中心，无视相关国家的利益诉求。加之中俄蒙经济走廊的建设，俄罗斯的核心引领意识也是极其强烈，现在中俄双方都把自己定位为核心引擎。如果两国找不到高度契合的战略对标，无疑就很难形成战略合力，只能是同床异梦，自说自话。同时，如今在蒙俄学者中“中国威胁论”有一定市场。那中国就更应该深入思考，如何更好地在“一带一路”倡议背景下，发展与俄罗斯、蒙古的多边合作关系，建立中俄蒙多边合作区、建立多边合作机制，实现共赢。同时这也是共建丝绸之路经济带的关键环节。如何变“中国威胁论”为“中国机遇论”，或者普世意义的“多边合作机遇论”。

因此，我们必须要兼顾三国的战略利益，真正放下身段，求同存异，登高望远，谋划大局，统筹考虑地区间的生态安全、军事安全与经济安全，不应妄自尊大，一厢情愿，要靠雄厚的国力，完善的配套，良好的环境，实现近者悦、远者来的目标，潜移默化中引领区域发展。

2015年5月19日，俄罗斯联邦总统普京签署总统令，宣布每年在符拉迪沃斯托克举行东方经济论坛，以促进远东地区经济发展和国际合作，并成立组委会，责成俄罗斯联邦政府提供必要的财政和组织工作支持。自此，东方经济论坛与圣彼得堡国际经济论坛一道成为俄罗斯以总统令形式确定举办的两大综合性、国际性论坛，一东一西构成了俄罗斯总统牵头的经济“西学东鉴”的战略性平台。同时，也足以看出俄罗斯的两大发展重点。符拉迪沃斯托克是俄罗斯在西太平洋最重要的港口城市，战略地位极高的每年一届的东方经济论坛清楚表明俄远东地区要打造成整个俄罗斯面向亚太地区的最重要窗口。

为加快对接亚太新兴经济区，推动俄罗斯西伯利亚和远东地区的发展，积极融入亚太经济圈，俄罗斯联邦政府于2012年5月组建了远东地区发展部。2013年俄科学院社会政治研究所所长奥西波夫、莫斯科国立大学校长萨多夫尼奇和俄罗斯铁路总公司总裁雅库宁共同撰写了《作为国家优先发展方向的互联互通的欧亚基础设施体系》的报告，其中重点提出“跨欧亚发展带”，并以此作为开发西伯利亚和远东的重要抓手。值得注意的一点是，俄罗斯还提出开发西伯利亚和远东的21世纪大工程，积极促进跨欧亚发展带与中国的丝绸之路经济带的对接，俄罗斯总统普京也希望能够将俄罗斯的西伯利亚大铁路与中国的丝绸之路经济带和海上丝绸之路相对接。

2018年9月12日，第四届东方经济论坛全会在符拉迪沃斯托克举行。中国国家主席习近平应邀出席并发表题为《共享远东发展新机遇，开创东北亚美好新未来》的致辞。习近平指出，“中国一直是俄罗斯远东合作的积极支持者和参与者。双方合作地缘优势独特，政治基础牢固，政策保障有力，机制完备高效。在双方共同努力下，近年来，中方参与俄罗斯远东合作成果显著。今明两年是我和普京总统确定的中俄地方合作交流年，为双方远东合作开辟了更加广阔的空间。中方愿同俄方一道努力，优势互补，互利共赢，推动中俄远东合作取得更多成果。”

蒙古外长朝格特巴特尔表示，蒙古批准了一个旨在全世界开设经贸代表处的计划，其中包括2019年在符拉迪沃斯托克开设代表处。首先，蒙古制造的大量商品在俄远东地区有需求。其次，远东地区是蒙古商品出口的中转地区。

有鉴于此，我们认为应该多方顾及中俄蒙各自的国家级发展战略，即兼顾“中国—振兴老东北战略”与“俄罗斯—远东开发战略”和“蒙古国—草原之路计划”三国的战略利益，求同存异，共同打造一个三国共同的战略契合点，深化东北亚区域经济合作，打通欧亚大通道。笔者认为中俄蒙经济走廊“求同存异”的发展方向应该是以东方经济论坛为关注点，以俄罗斯重点关注的远东地区为核心扩大到中俄蒙三地管辖的相关区域，并且将这个区域作为中俄蒙多边合作的重点突破区。同时，这也是我们在探讨中俄蒙经济走廊能否行稳致远需要考虑的一个关键问题。

其实，笔者研究发现，早在2012年国务院批准发布的《中国东北地区面向东北亚区域开放规划纲要（2012~2020年）》明确提出“支持呼伦贝尔打造中俄蒙合作先导区”，2015年8月，八部委批复了《呼伦贝尔中俄蒙合作先导区建设规划》，同意在三国交界区域建设中俄蒙合作先导区。呼伦贝尔的定位是要联通俄蒙、对接东北、联系内地，发挥国内、国外互动共进的作用，在丝绸之路经济带建设中发挥重要的支撑作用。

然而，由于呼伦贝尔或者说内蒙古甚至中国的一厢情愿，这个先导区并没有对中俄蒙的合作起到实质性的影响，呼伦贝尔规划的中俄蒙合作先导区有点形单影只、卡拉OK、自娱自乐的味道。呼伦贝尔既没有联动黑龙江一起参与到中俄蒙经济走廊的建设中来，也缺乏俄罗斯和蒙古的积极参与。其实不必苛求，毕竟呼伦贝尔的力量着实单薄，在东北地区，以及中国，或者整个东北亚区域中的地位都太微弱，想“以小博大”来撬动中俄蒙经济走廊的建设，胸怀和格局可嘉，但由于各方的不买账，最初很好的设想而今也几近沉寂。

综上所述，笔者认为在如今的国际大形势下，中国应放低姿态，求同存异，务实合作，一方面可以打消俄蒙“中国威胁论”的困扰，另一方面可以寻求更多的经济机遇，为打通中俄蒙经济走廊奠定更好地合作基础。因此，我们提出中俄蒙经济走廊最核心的契合点便是中俄蒙共同打造“大远东共同体”的承载区。初级阶段，三方在承载区内共建经济共同体；高级阶段则要形成命运共同体。打通中、蒙、俄三国的经济走廊并在此基础上进行多边合作。

“大远东共同体”（下文或简称“远共体”）的战略构想是基于远东铁路对中俄蒙三国的共同的深刻而广泛的影响来构建的，战略布局简言之为“一心两翼两通道”。一心，主要指以俄罗斯远东地区为核心，扩大到中俄蒙三国相邻区域，包括俄罗斯远东地区，蒙古国+内蒙古+东北三省；两翼，是指涵盖日本列岛与朝鲜半岛的东翼，辐射中东与东欧的西翼。两通道主要指前面所说的中俄蒙经济走廊所言的两条通道，将中国的环渤海经济圈通过中俄蒙经济走廊与欧洲经济圈连接起来，即第一条通道是从华北、京津冀到内蒙古的乌兰察布及呼和浩特，再从边境城市二连浩特到达蒙古国首都乌兰巴托，然后汇入俄罗斯远东铁路网；第二是沿着老中东铁路从大连、沈阳、长春、哈尔滨到满洲里和俄罗斯的赤塔。

如此中俄蒙经济走廊贯串一心，正如一根扁担，将两翼挑起，承东启西，气贯长虹。中俄蒙三国将彼此连接的区域打造成为“大远东经济共同体”，将会一举成为东北亚的核心区域。

□ 内蒙古：“远共体”的战略支点

我们认为，内蒙古在打通中俄蒙经济走廊，打造“大远东共同体”中发挥着战略支点的重要作用。内蒙古作为中国北部联通俄蒙的边疆省份，是中俄蒙经济走廊的核心枢纽地区，在全方位对外开放中发挥着重要作用，可以作为“大远东共同体”的重要承载区。

首先，内蒙古和俄蒙合作具有天然相近相亲的优势。内蒙古作为中国与俄蒙毗邻的自治区，有着4200多公里的边境线，与国内八省区相连且紧靠京津冀，加之联通中俄蒙的铁路枢纽二连浩特和满洲里的战略地位，凡水陆空的客货运输，均须经内蒙古，故其地理枢纽价值至关重要。

其次，内蒙古具有得天独厚的地缘文化交融价值。内蒙古是汉、蒙、满、回、达斡尔、鄂温春、朝鲜、俄罗斯等民族互相友好相处的大熔炉，与蒙古国在中蒙接壤地区民族构成相似，与俄罗斯的西伯利亚和远东地区的民族构成紧密关联，甚至在三国接壤区还有跨境民族。这些特征导致中俄蒙毗邻的相关地区在民族、种族、语言、历史、宗教、文化传统、风俗习惯、生活方式、居民性格等方面形成相近性，甚或在观念上也有趋同性。

值得一提的是，俄蒙和内蒙古三地人民的性格和风俗习惯，均或多或少地受到了成吉思汗及其后代的深刻影响。自13世纪起，蒙古人对俄罗斯进行了300多年的统治，并且蒙古贵族与沙俄贵族有长达800多年的通婚史。莫斯科基本是蒙古人创造的一座城市，“克里姆林宫”是蒙语“院墙”的意思，克里姆林宫的大圆穹顶颇似蒙古包。今俄罗斯境内的鞑靼人、卡尔梅克人、阿尔泰人、图瓦人、布里亚特人等多是蒙古人的后裔。俄罗斯历史上很多著名的人物，例如，伟大的无产阶级导师列宁，文学巨匠陀思妥耶夫斯基、屠格涅夫，科学巨匠门捷列夫、巴甫洛夫，等等，都具有蒙古血统。当1917年苏维埃政权建立时，俄国境内约有近700~900万蒙古人，分属卡尔梅克、雅库特、布里亚特等部落。

再者，我们前面有比较过内蒙古蒙东地区和黑吉辽三省的发展特征。整体而言，蒙东拥有丰厚的资源优势，目前正处于快速增长发展阶段；相比而言黑吉辽目前所面临的经济衰退、资源枯竭、人口流失等困境，加之新闻媒体不断报道出的东北三省恶劣的营商环境，令人心忧。因此，我们认为相比于黑吉辽三省，蒙东五盟市在发展过程中具有后发优势，有些在黑吉辽发生的积重难返的症结在蒙东五盟市体现得并不明显，蒙东五盟市很多产业处在产业发展周期中的上升阶段，面临的只是东北三省及其他地区传导过来的传导性困难，而不是原发性困难。

此外，我们认为很重要的一点是内蒙古具有促进俄蒙区域生产力发展的地缘经济价值。蒙古国产业结构较为单一，主要经济特色和支柱产业为：畜牧业和采矿业。其中，天然牧场占全国面积83%以上，居世界第六，人均草原面积列世界之首。采矿业属经济支柱，矿产资源中煤、萤石、钨、金、铁、锡等储量丰富，铜钼矿储量居亚洲之首；俄罗斯远东及其东南部赤塔州、阿穆尔州、伊尔库茨克州、布里亚特共和国、图瓦共和国、萨哈共和国等，其地理、气候、资源、生产力以及经济发展类型等，开发层次和发展水平较低，有待提升。

内蒙古在地形上，呈东北、西南的狭长带状的特征，在空间区域中，它既包括蒙古国的大部，又深进俄罗斯远东的腹部。在资源禀赋上，它素有“东林西铁、南农北牧、遍地宝藏、草原秀丽”之美誉。在生产力布局上，它与蒙俄有相似的地方，但在开放度及发展能力上均超过前两者的比邻区域；同时，内蒙古又有相邻八省区直接间接的广阔腹地支持，其经济发展水平在一定时期居于全国先进行列等，这些对俄蒙的区域发展具有辐射和促进作用。

需要说明的是，如上所述，内蒙古在中俄蒙走廊中具有聚集、疏通、协同和扩展的价值。但是内蒙古和俄蒙的合作绝对不能抛开黑吉辽，自己关起门来搞。因为黑吉辽三省，尤其是黑龙江在打通中俄蒙大通道的地位和意义都是非常重大的。因此，我们建议以内蒙古为核心枢纽联合黑吉辽与俄罗斯远东、蒙古国等地区进行合作，双方建立统一的制度保证、合作组织、健全的运作机制及创新的发展模式，共同建设中俄蒙经济走廊，打造“大远东共同体”的承载区。

□“远共体”的战略路径：承东启西，三区联动

坚冰已经打破，航向已经指明。战略目标一旦确定，那么路径选择便成为制胜的关键。如上所述内蒙古在整个中俄蒙区域的作用举足轻重，在打造“大远东经济共同体”中的战略地位无可替代。

内蒙古在“大远东经济共同体”中的发展方向应该是成为区域的中心区、产业互补的连带区、经济开发的协作区、多边开放的交流区。未来，内蒙古在共同体中的战略定位应当是要着力打造“一带一路”中的北疆桥头堡，即联手俄罗斯远东与蒙古国，共同打造“大远东共同体”的核心承载区。内蒙古的战略定位中应当承载两层含义：首先，打造中国与俄蒙的国际合作平台——“远共体”。其次，打造俄蒙辐射中国的服务平台——桥头堡，建立我国与蒙俄的人流、物流、信息流、资金流的双向便捷流动的重要承载区。

“大远东共同体”的战略路径，应当是依托草原丝绸之路，改变中俄蒙经济走廊单纯向北开放的策略，努力加大向西与向东开放力度，延伸草原丝绸之路的东西两翼，构筑一条多点、多线汇聚欧亚铁路大通道的国际大走廊，谋划一条“哑铃模式”的草原丝绸之路经济带。这条经济带既像一副哑铃，又像一根扁担，东边挑起涵盖东三省与中日韩的东北亚，西边挑起中亚、中东与东欧、西欧各国，而内蒙古地区则正好处于草原丝绸之路经济带的中间环节，在草原丝绸之路经济带建成的过程中起着桥梁和纽带的作用，在东西方的“哑铃”布局中，内蒙古扮演着最为关键的协调与平衡的角色。

2014年7月，内蒙古自治区成立向北开放工作领导小组，统筹协调内蒙古的对外开放工作，深化内蒙古与俄罗斯、蒙古国的交流与合作，不断提升

内蒙古向北开放的水平。我们认为，内蒙古应延伸单独的“向北开放”为向北、向西和向东、向南开放，即应进一步向北联通俄蒙；东拓联动东北亚；西扩打通草原丝绸之路和沙漠丝绸之路经济带；向南借力京津冀。变一面主攻为四面借势的跨区域联动发展的格局。

鉴于此，笔者认为内蒙古打造“大远东共同体”重要承载区的战略路径，应当是承东启西，接转南北，抓紧谋划三大区域：前沿先导区、核心动力区与拓展联动区三大部分。

（1）前沿先导区：携手黑吉辽，面向东北亚

前沿先导区，即依托远东铁路，面向“大远东共同体”的核心前沿地区，包括蒙东地区与东北三省。重点依托此区域的口岸和重要交通枢纽打通面向俄蒙和日韩的四大通道，分别是：从京津冀—乌兰察布—呼和浩特—二连浩特—蒙古国乌兰巴托—俄罗斯远东铁路网的陆路通道；沿绥芬河—满洲里—俄罗斯—欧洲铁路和绥芬河—俄远东港口陆海联运通道；沿着老中东铁路从大连—沈阳—长春—哈尔滨—满洲里—俄罗斯的赤塔的陆路通道；沿着通辽—长春—图们—日本海的陆海联运通道；沿着通辽—沈阳—丹东—平壤—首尔的陆海联运通道。

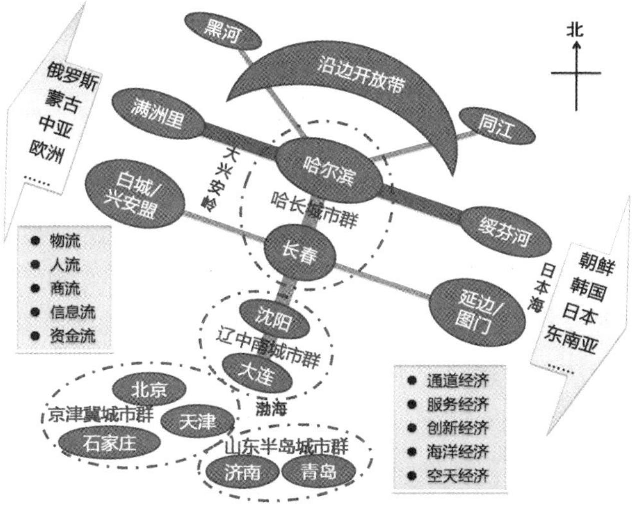

整合东北北部大区相关规划通道

首先，内蒙古要建设草原丝绸之路经济带并保障其良性地运转就必须建设好草原丝绸之路沿线的重要节点与口岸城市，特别是要建设好那些能够更好地服务于草原丝绸之路经济带建设的重点领域和引擎项目。

第一，发挥二连浩特作为欧亚大陆桥的“桥头堡”功能。二连浩特是国务院首批批准的全国13个沿边开放城市之一。与蒙古国扎门乌德口岸隔界相望，距蒙古国首都乌兰巴托714公里，过货能力350万吨，是中蒙两国唯一的铁路口岸，最大陆路口岸，也是欧亚大陆桥中的重要战略枢纽。同时，二连浩特是日本、东南亚及其他邻国开展对蒙古国、俄罗斯及欧洲各国转口贸易的理想通道，也是蒙古国走向出海口的唯一通道。就国内而言，二连浩特位于内蒙古自治区北部、锡林郭勒盟西部，距呼和浩特390公里，距北京690公里，是距北京最近的边境陆路口岸，位列国务院首批沿边开放城市，有“中国正北门户”之称。如上所述，二连浩特在中俄蒙经济走廊的地位之重要性不言而喻。下一步，要继续完善二连浩特口岸的基础设施与互联互通相关的各项服务，可为二连浩特加快构建中俄蒙经济走廊，为草原丝绸之路经济带迸发活力注入新动力。加快建设二连浩特跨境经济合作区，打造成为中蒙两国首都经济带的先行区和重要节点。推进二连浩特陆路口岸与天津、锦州等港口开展中俄蒙国际陆海经济合作，不断创新海铁联运新模式，建设成为中蒙经贸走廊的主动脉。

第二，支持满洲里携手黑龙江发挥口岸的服务功能，挖掘中俄蒙和欧亚合作的合作点，保障草原丝绸之路经济带的建设。近两年，作为对俄经贸合作第一大省的黑龙江在省政府的推动和国家大规划的支持下，积极谋划构建“东部陆海丝绸之路经济带”，以对接俄远东港口，经俄罗斯腹地至欧洲的国际大通道，将黑龙江以及东北亚地区的产品和市场与俄罗斯及欧洲的产品市场相对接，同时亦可运输长三角、珠三角和京津冀的货物。而黑龙江“东部陆海丝绸之路经济带”建设的主要通道又是以打造经过内蒙古东部地区特别是经过满洲里国际战略大通道，即主要是打造以绥芬河—满洲里—俄罗斯—欧洲铁路和绥芬河—俄远东港口陆海联运为主的战略通道。随着滨州线电气化改造的建设和竣工，将得到进一步彰显中俄铁路东部大通道的便捷性和高效性，内蒙古特别是内蒙古东部地区应积极融入黑龙江的中俄铁路东部大通道，对接黑龙江的东部陆海丝绸之路经济带建设，更好地促进内蒙古草原丝绸之路经济带的可持续发展。

第三，强化通辽交通枢纽的功能，助推草原丝绸之路经济带东线发展。正如前面所讲如今通辽已是全国性交通枢纽之一，是蒙东地区最大的铁路综合枢纽。我们认为应该将通辽打造成东北创新发展新高地，提高对俄罗斯、蒙古国、日本、韩国等国家的开放合作水平。随着2014年中韩自由贸易区协议的签订，2018年10月25日，日本首相安倍晋三开启了时隔7年的访华之旅，中国和东北亚的多边合作进入了新一轮的合作共赢阶段。因此，依托通辽作为重要性的交通枢纽来带动草原丝绸之路经济带的东翼辐射至东北亚和中国国内更多的发达经济区，意义重大。

如上所述，将二连浩特、满洲里和通辽打造成为内蒙古重要的口岸城市、重要交通枢纽城市打造成为草原丝绸之路上的通道中心、信息中心以及国内外产品与市场的服务中心，并且积极对接周边的重要节点城市，意义重大。

其次，在“大远东共同体”中，内蒙古可以携手远东地区构筑草原丝绸之路经济带的“哑铃模式”，即以中间能源产业为主、两端以初级产品和高附加值产品为互补共赢的草原之路。中欧之间的贸易量和贸易值巨大，欧盟已经连续十年保持中国第一大贸易伙伴地位，中欧已连续三年双边贸易额超过5000亿美元，每天的贸易往来约15亿美元。目前，中欧贸易模式在亚欧大陆两端基本形成了以俄罗斯相连接的“哑铃模式”。然而，面对西方经济的制裁，随着俄罗斯经济战略中心东移至远东地区，俄罗斯的能源出口也开始向东转移。因此，内蒙古作为“大远东共同体”承载区顺势而为，要充分发挥内蒙古在中欧能源和农产品贸易的新桥梁作用。

再者，内蒙古在“一带一路”中要充分发挥出联动民心相通的作用。我们建议可以文化交流为根基，打造前沿先导区的文化品牌。比如打造“万里茶道”文化品牌，对于进一步整合优质资源、调动中俄蒙三方力量、弘扬优秀文化，促进中俄蒙三国沿线城市文化交流、经济发展、旅游互动，具有重大意义。中、蒙、俄三方，应进一步加强人文交流，尤其在目前“万里茶道”“草原丝绸之路”文物考古与旅游线路对接基础上，加快申报世界文化遗产，共同打造一条跨国黄金旅游线路。

（2）核心动力区：借力京津冀、走向世界级

核心动力区，包括蒙中地区、蒙东地区分别与京津冀、哈长城市群的联动区，重点是呼包鄂与北京的联动、蒙东地区与哈长城市群的联动。我们前面讲过内蒙古发展动力的源泉有两个，即融入京津冀城市群和融入哈长城市群，并且我们认为北京和哈尔滨、长春对于内蒙古的存量产业升级、新增产业项目拓展等都具有很强的动力源泉作用。其中，基于北京目前正在大力推动非首都功能疏解的背景下，以及京蒙20多年的跨区域合作经验，我们认为北京会给内蒙古发展带来更强的动力。

在第“十八编中”已重点阐述了京蒙合作的方向。此外，基于最重要的一点是北京对于“一带一路”建设给出了足够的关注度和行动力，因此下面我们会就北京在“一带一路”中的新作为，来提出内蒙古新的发力方向。

2018年10月24日，在第22届京港洽谈会上，《北京推进共建“一带一路”三年行动计划》（以下简称《行动计划》）正式出炉。《行动计划》指出，未来三年，北京市将发挥“四个中心”功能优势，通过实施六个方面，共70项重点任务，全面服务共建“一带一路”，当好国家“一带一路”建设排头兵。我们分析，北京在与“一带一路”沿线国家或地区合作中，势必要借助一个承东启西、接转南北的区域平台来辐射国际市场，那内蒙古便是不二之选。下面我们结合北京市对于“一带一路”的支持政策，给内蒙古提出一些针对性的建议。

《行动计划》指出，推进“一带一路”科技园区建设。目前，北京已与“一带一路”相关国家共同建设了塔吉克斯坦北部有色金属产业园区、剑桥启迪科技园、纽卡斯尔启迪科技园、中意设计创新基地等一批特色鲜明的科技园区，建设了智泽汇孵化器菲律宾马尼拉众创空间、太库以色列中国创新中心等一批海外孵化基地。下一步北京将发挥中关村国家自主创新示范区品牌优势和辐射带动作用，打造“一带一路”上的中关村。发挥国际科技园区协会作用，支持企业联合各类创新资源，在“一带一路”相关国家重点城市建设一批特色鲜明的科技园区，成为国内科技企业海外集聚的重要载体。优化布局中关村海外联络处，建设中关村海外孵化器等离岸服务机构，建设面向海外的创新创业中心和跨境创新孵化平台，推动国际国内创新资源双向流动。

结合目前内蒙古打造“大远东共同体”承载区的区位优势与产业基础，笔者建议内蒙古可以借助北京的力量，在“大远东经济共同体承载区”内谋划数个国际合作园区。尤其是依托内蒙古现有的有色金属、食品、文化等支柱产业，以及即将培育的清真产业、航空航天等新兴产业，积极争取北京市在“大远东经济共同体承载区”区域内将国际合作园区的布局能够落户内蒙古，并调动各方力量，将园区做大做强，联动中俄蒙，辐射中日韩。

《行动计划》指出，北京将谋划构建“一带一路”协作创新网络，积极促进技术成果转移转化。广泛开展国际科技合作，推动怀柔科学城重大科技基础设施向全球开放共享，成为全球科学家联合研发的重要支撑平台。支持重点科研机构与“一带一路”相关国家有特色和优势的科研机构建立联合实验室，搭建长期稳定的科研合作平台。提升中国（北京）跨国技术转移大会国际影响力，深化与东盟、中亚、南亚、阿拉伯国家等技术转移中心合作，发挥中国国际技术转移中心、亚欧科技创新中心等平台作用，推进国际技术转移和成果转化。

在此方面，笔者建议内蒙古要与北京在科技方面加大合作力度。鼓励内蒙古企业与北京的科研机构和高校合作，在“大远东共同体”承载区内建设研发中心，开展关键核心技术研发和产业化应用研究。完善京蒙政府间科技创新合作机制和渠道，充分发挥重大项目对创新合作的引导作用，围绕关键技术领域开展研发合作。这方面合作的案例可借鉴，京蒙（锡林郭勒）的产业协作中，北京更多的是技术输出，将大数据技术、云计算、“互联网+”等相关手段与锡林郭勒羊联合，设立“锡林郭勒羊肉”全产业链追溯体系。

鼓励内蒙古当地的孵化器与北京有实力的科技企业孵化器合作，在“大远东共同体”承载区内布局，并辐射俄蒙区域。促进京蒙之间企业、高校院所、金融机构、知识产权机构以及其他技术转移服务机构之间的务实合作。积极推进“大远东共同体”承载区建设，借助京蒙科技合作的成果，将科研成果在国内外或俄蒙地区进行产业化。依托北京建设怀柔综合性国家科学中心的契机，通过京蒙科技合作在“大远东共同体”承载区内打造与国家战略需要相匹配的世界级原始创新示范区。

《行动计划》指出，**扎实推进基础设施互联互通**。聚焦周边国家和中俄蒙经济走廊，充分发挥北京市在基础设施技术研发、咨询设计、投资建设和运营管理等方面优势，在能源、市政、环保、轨道交通等领域开展一批示范项目。

在此方面，笔者建议由于在信息产业、卫星导航产业发展方面，京蒙各具优势，下一步可以加强京蒙在此方面的合作。双方携手开发“大远东共同体”沿线地区和国家在信息基础设施，利用好内蒙古打造国家级大数据综合试验区的机遇，和北京一起积极推动“数字丝绸之路”建设。

《行动计划》指出，**统筹推进国际产能合作**。落实北京推进国际产能和装备制造合作实施方案，在电子通信、汽车、轨道交通等重点领域加强合作，创新对外投资方式，支持北京拥有自主知识产权和品牌的领军企业与“一带一路”相关国家开展合作，培育以技术、标准、品牌、质量和服务为核心的竞争优势，推动新技术、新产业、新业态加快成长。

在此方面，笔者建议依托内蒙古现有的产业优势，以食品产业、矿产开发、大数据信息化等为例，和北京一道与“大远东共同体”沿线国家和地区开展项目合作，参与和推进“大远东共同体”承载区共建产业园区建设，以互补和完善的宗旨引导京蒙企业在这些地区集群化发展。

《行动计划》指出，**北京将聚焦文化、体育、教育、旅游、医疗五大领域，全面开展人文交流合作**。百花齐放春满园，北京将发挥全国文化中心优势，坚持文明交流、文明互鉴，统筹推进多领域国际人文交流合作。在文化领域，着力打造具有国际影响力的文化交流品牌。

在此，笔者建议内蒙古一定要抓住文化传播与国际交流的历史机遇，加大京蒙文化方面的合作，促进“大远东经济共同体承载区”的建设。“一带一路”建设不仅要商通四海，也要文博天下。中国正在建设的中俄蒙经济走廊，正是与草原丝路、万里茶道的历史渊源一脉相承。借助国家大剧院、北京人艺、首都博物馆等面向世界的国家级文化展示平台，大力推动草原文化、万里茶道、蒙元文化元素“走出去”战略，进一步加大“大远东共同体”承载区的国际文化影响力。

在体育休闲旅游领域，北京市将围绕举办冬奥会等重大国际体育赛事，加强运动训练、赛事组织、场馆管理运行等方面的全方位国际合作。而内蒙古尤其是“乌大张金三角”区域一定要充分借力冬奥会这次千载难逢的良机，以及借助京张高铁即将开通的契机，大力整合“大远东共同体”的冰雪产业资源，利用好中国“三亿人上冰雪”的市场机遇，共同谋划冰雪产业大发展。同时，充分发挥北京倡导并发起设立的世界旅游城市联合会的纽带作用，打造以北京、内蒙古为重要节点的“大远东共同体”国际精品旅游线路。

在教育领域，北京市要继续积极培育“留学北京”品牌，努力打造全球主要留学中心和世界杰出青年向往的留学目的地。而内蒙古在此的作为则可以借助目前已有的蒙古国、俄罗斯学生在当地的留学资源，加大教育方面的投入，和北京携手一道打造成俄蒙留学生圣地。

在医疗卫生领域，借助于北京的多家医院疏解的机遇，争取能够在内蒙古布局北京医院的分属医院，一方面可以广泛地惠及当地人民，另一方面可以辐射俄蒙区域，带动当地服务贸易的发展。

（3）拓展联动区：一路向西，共襄盛举

拓展联动区，包括蒙西地区与陕甘宁新，重点是阿拉善与新疆的联动，串联起三大国际通道，走向中亚与中东、东欧与西欧。我们认为内蒙古对外开发的策略，绝不仅仅是向北，向西开放的潜力更大。内蒙古向西是陕甘宁新青五省区，均属于我国西部大开发的重点区域。又是打通国际上六大“经济走廊”中“中国—中亚—西亚经济走廊”和“中巴经济走廊”三大“经济

走廊”的核心枢纽区域和重要节点。因此，内蒙古向西拓展，联动陕甘宁新青可谓机遇无限。

2016年，在国家发改委发布的《西部大开发“十三五”规划》（以下简称《规划》）中，对“十三五”时期西部大开发进行了全面部署，明确了西部大开发“十三五”时期的总目标：到2020年如期全面建成小康社会，西部地区综合经济实力、人民生活水平和质量、生态环境状况再上新的台阶。《规划》中指出明确指出内蒙古在西部大开发中作为重要交通走廊和区域中心的地位，如下是以沿边重点地区构建的“五横两纵一环”西部开发总体空间格局。

其中，关于内蒙古与西部地区合作的方向，我们在第十六编中已有详细的阐述，蒙西区域联合陕西、甘肃、青海等区域合作可以打通“新亚欧大陆桥经济走廊”。蒙西区域联通新疆合作可以打通“中国—中亚—西亚经济走廊”和“中巴经济走廊”。因此，内蒙古可以依托已发展壮大的食品产业优势，与陕甘宁协作建设清真产业基地，辐射整个“一带一路”穆斯林地区；联动宁夏作为“中阿合作论坛”永久举办地，极具中阿合作广泛性的特征，携手共同开发阿拉伯市场。

我们始终建议内蒙古作为西部大开发的一面旗帜和领头羊，不能故步自封，而是要加强与西北五省区的大合作，共建“大远东共同体”，共享“一带一路”的国际合作机遇，共谋区域经济的大发展。

结 语

世界大潮浩浩荡荡，顺之者昌，逆之者亡。当今世界，区域经济一体化与全球经济一体化，是不可阻挡的历史潮流。

我们乐观地预计，内蒙古只要有力抓住京津冀协同发展与“一带一路”建设两大历史机遇，利用好国内和国外两个巨大市场，全力建设好“京津冀协同发展的拓展区”与“大远东共同体的承载区”两大战略支点，内蒙古的再次腾飞必将指日可待。

未来十年，内蒙古将加速融入京津冀世界级城市圈，其领衔打造的“大远东共同体”的承载区将成为草原丝绸之路经济带中最具活力、最繁荣的欧亚经贸大通道。中俄蒙经济走廊将成为连接欧亚大陆的核心枢纽。这两项世纪工程，必将极大促进欧亚经济一体化，引领欧亚共同经济空间建设取得突破性进展。届时，远东经济共同体将引领亚太和欧洲的国家广泛参与欧亚大陆经济整合的新格局，从而对世界经济版图产生重要影响，加快形成全球政治、经济新秩序。

致　谢

内蒙古，从全域到全球的发展战略研究，是一个宏大的课题，也是一项复杂的工程。本书作为一次探险之旅，也是一次勇敢的尝试，其间，得到广大师友的真诚帮助，成书过程中受教于中国科学院科技战略咨询研究院康大臣研究员的悉心指导，得到了内蒙古财经大学中俄蒙草原丝路协同创新中心柴国君教授、中民新能投资集团有限公司周慧林先生的鼎力支持，陈晨、常洁善、石梦醒、窦二飞、张学龙、李鹏等多位同事和好友也出力颇多，在此一并表示诚挚谢意。